LES CONFÉRENCES [illegible]

Pélage et le pélagianisme

Sur le modèle des « lectures » anglo-saxonnes, la collection *Conférences de l'École pratique des hautes études* propose les leçons de spécialistes prestigieux et internationalement reconnus, invités par l'École. Portant sur des questions précises ou présentant de vastes panoramas, ces conférences concernent les trois domaines couverts par l'École pratique des hautes études, les sciences religieuses, les sciences historiques et philologiques et les sciences de la vie et de la terre. S'adressant à un large public cultivé, ces conférences sont présentées sous la forme d'un exposé clair et didactique.

Directeur de la collection : Gilbert Dahan
Secrétaire de rédaction : Cécile Guivarch
Secrétaire d'édition : Anna Waide

Les conférences de Winrich Löhr ont été données dans le cadre de la chaire « Histoire et doctrines du christianisme latin (Antiquité tardive) » de Michel-Yves Perrin, directeur d'études à l'EPHE.

Winrich Löhr

Pélage et le pélagianisme

Les Éditions du Cerf
www.editionsducerf.fr
Paris
2015

Imprimé en France

www.editionsducerf.fr
24 rue des Tanneries
75013 Paris

ISBN 978-2-204-09923-3

Avant-propos

« Pélagien ! ». L'épithète claque comme une dénonciation et expose celui qui en est frappé au dénigrement attaché à tout soupçon d'hérésie. « Pélagien », Nestorius au dire de certains de ses adversaires, et notamment le moine marseillais Jean Cassien[1] ; « pélagien », Jean Scot Érigène de l'avis de Florus de Lyon au mitan du IXe siècle[2] ; « pélagien », et même « ultra-pélagien », Érasme de Rotterdam sous la plume de Luther en 1525[3] ; « pélagien », Jacob Hermansz, l'Arminius inlassablement dénoncé par le calviniste de stricte obédience François Gomaer et ses soutiens[4] ; « pélagienne » enfin, au jugement de Joseph Ratzinger en 1968, la terminologie d'une section de la constitution *Gaudium et Spes* issue du second concile du Vatican de l'Église romaine[5]. Les exemples d'un tel usage polémique du qualificatif de « pélagien », où la réduction hérésiologique impose, selon un procédé de controverse éprouvé, l'amalgame de positions doctrinales diverses,

1. Jean Cassien, *De incarnatione Domini contra Nestorium* I, 3 (éd. M. Petschenig, *CSEL* 17, p. 240, l. 16 sq.) et V, 1-2 (p. 301, l. 24 – p. 304, l. 6).

2. Florus de Lyon, *Adversus Ioannem Scotum (prae I)*, V (éd. K. Zechiel-Eckes, *CCCM* 260, p. 145, l. 79-80) et VIII (p. 164, l. 256-260). Je dois ces références à mon ami Warren Pezé.

3. Martin Luther, *De servo arbitrio*, éd. A. Freitag, Weimar 1908 (*D. Martin Luthers Werke. Kritische Gesamtausgabe*, XVIII), p. 664, l. 18-19.

4. Pierre du Moulin, *Anatome Arminianismi seu enucleatio controversiarum quae in Belgio agitantur, super doctrina de providentia, de praedestinatione, de morte Christi, de natura et gratia*, Leiden, Abraham Pacard, 1619, XXXV, VII, p. 298.

5. J. Ratzinger, « Pastorale Konstitution über die Kirche in der Welt von heute. Erster Hauptteil. Kommentar zur I Kapitel », dans *Das zweite vatikanische Konzil. Konstitutionen, Dekrete, Erläuterungen lateinisch und deutsch. Kommentare*, t. III, Fribourg, Bâle, Vienne 1968 (*Lexikon für Theologie und Kirche. Zweite, völlig neu bearbeitete Auflage*), p. 332.

pourraient être tant multipliés de l'antiquité à nos jours que l'observateur finirait par ne plus savoir de quoi au juste il peut être question.

L'ouvrage qui est ici offert au lecteur bénévole invite à se déprendre des rets des antiques ou modernes querelles pour proposer une élucidation d'un moment singulier de dispute théologique entre chrétiens : c'est en effet probablement Augustin d'Hippone qui, à partir de 417[6], a forgé l'adjectif *pelagianus* (ou beaucoup plus rarement *pelagianista*) pour fustiger les thèses prêtées à l'un de ses adversaires doctrinaux, l'ascète Pélage, et à ceux qu'il considérait comme ses sectateurs. Le mot fut créé selon une méthode mise en œuvre depuis déjà plusieurs siècles dans le discours de controverse chrétien : pour dénier à un contradicteur toute légitimité et au fond le priver du nom de chrétien, on le désigne par un sobriquet formé sur le nom du chef de secte présumé. Il en va ainsi de la construction de l'*haeresis pelagiana*, le pélagianisme, dont chacun croit connaître les traits distinctifs : négation du péché originel, remise en question de la nécessité du baptême des petits enfants, affirmation de la possibilité effective d'une impeccabilité, etc. Or, dans l'analyse des disputes antiques, l'historien contemporain ne saurait endosser des perspectives hérésiologiques séculaires qui, visant à exclure de l'orbite chrétienne des thèses présentées comme déviantes, risqueraient par-là même de compromettre toute possibilité de compréhension adéquate des enjeux d'une querelle. Autrement dit, pour examiner *sine ira et studio* les origines de la crise dite pélagienne, il convient de prendre ses distances à l'égard de vulgates historiographiques, qui, même sous des dehors sophistiqués, ne font que proposer un simple décalque du discours hérésiologique de l'évêque d'Hippone, dominant car au final triomphant dans les décisions conciliaires appelées à faire jurisprudence comme dans les sources conservées. Autant dire que pour mener à bien une telle enquête de critique historique, il est nécessaire d'allier à l'érudition la plus sûre une vigilance toujours en éveil pour obvier aux distorsions polémiques de tous ordres, un sens aigu des lacunes et des

6. Augustin, *Lettre* 4* (éd. J. Divjak, *BA* 46B, p. 112, l. 61 *sq.*), en est l'un des premiers témoins.

déséquilibres de la documentation aujourd'hui disponible, une attention constante aux nuances, aux distinctions et aux singularités des thèses en conflit, une sensibilité enfin aux contextes divers, aux enjeux variés des affrontements doctrinaux, et à leurs possibles déterminations multiples, institutionnelles, politiques, sociales, culturelles, pour user ici de catégories sans doute trop grossières et qui n'embrassent qu'une partie du réel.

Le Professeur Winrich Löhr était sans aucun doute l'un des savants les plus qualifiés pour revisiter les premières années de la « crise pélagienne » et proposer à nouveaux frais une analyse de ses enjeux et de ses acteurs. Titulaire de la chaire d'histoire de l'Église ancienne et médiévale auprès de la Faculté de théologie protestante de l'illustre Ruprecht-Karls-Universität de Heidelberg, dont il a récemment été le doyen, il s'est affirmé comme un historien majeur des crises doctrinales du christianisme antique : il a en particulier consacré ses premiers travaux à l'analyse d'un moment crucial de la crise arienne au milieu du IVe siècle[7], puis a dédié une importante monographie au « gnostique » Basilide et à son cercle[8], avant de s'intéresser à la figure et aux œuvres de Pélage[9]. On notera que sa première publication dans ce dernier champ d'étude l'a été en 1999 dans les *Recherches Augustiniennes*. Il prépare actuellement l'édition critique des fragments de Pélage pour la *series latina* du *Corpus christianorum*, et vient de donner au *Reallexikon für Antike und Christentum* l'article « Pelagius/Pelagianer ».

Familier des historiographies française et anglaise – il a enseigné à Cambridge –, Winrich Löhr a tenu en 2007, à l'invitation de l'Université écossaise d'Aberdeen, les premières *Alexander Souter Memorial Lectures on Late*

---

7. W. Löhr, *Die Entstehung der homöischen und homöusianischen Kirchenparteien. Studien zur Synodalgeschichte des 4. Jahrhunderts*, Bonn 1986. On signalera aussi l'important mémoire, « Arius Reconsidered », dans *Zeitschrift für antikes Christentum* 9 (2005), p. 524-560, et 10 (2006), p. 121-157, et les contributions données à l'*Athanasius-Handbuch*, éd. P. Gemeinhardt, Tübingen 2011.

8. W. Löhr, *Basilides und seine Schule. Eine Studie zur Theologie und Kirchengeschichte des zweiten Jahrhunderts*, Tübingen 1996 (« WUNT » 83).

9. W. Löhr, « Pelagius' Schrift *De natura* : Rekonstruktion und Analyse », *Recherches Augustiniennes* 31 (1999), p. 235-294.

Antiquity : Pélage en était le sujet[10]. Les quatre conférences qu'il a données au mois de mars 2011 sous le titre « Pélage, le pélagianisme et le conflit des valeurs dans l'Antiquité tardive » à l'École Pratique des Hautes Études[11] s'inscrivent dans le prolongement de cet ensemble de travaux[12]. Aux participants à ces séminaires, étudiants, hommes et femmes de culture, comme chercheurs chevronnés, il fut offert aussi bien de scruter avec précision un certain nombre de sources, dont certaines peu fréquentées, que de prendre un salutaire recul pour voir s'ouvrir des perspectives interprétatives nouvelles et singulièrement éclairantes. Les amicales discussions nourries et passionnantes qui ont suivi chacune des conférences portent témoignage du vif intérêt qu'elles ont suscité. Gilbert Dahan, directeur de la Collection des conférences de l'EPHE, a souhaité qu'elles fussent publiées et y a apporté tous ses soins. Qu'il en soit ici remercié.

La clarté et la vigueur de l'exposé de Winrich Löhr dispensent d'en donner un résumé dans cet avant-propos. On voudrait seulement souligner un certain nombre de traits de son analyse. Dès la première section dédiée à la fabrication de l'*haeresis pelagiana* frappe l'alliance entre l'établissement minutieux des faits historiques ou philologiques et le sens des structures de comportement à l'œuvre dans la société de l'antiquité tardive : à la lumière d'études récentes consacrées à l'*amicitia* dans le monde romain, la question des protecteurs supposés de Pélage prend un autre relief. Sur le cas de la lettre de Pélage à la jeune Démétrias, le

10. W. Löhr, *Pelagius – Portrait of a Christian Teacher in Late Antiquity*, University of Aberdeen, 2007 (« The Alexander Souter Memorial Lectures » 1).

11. On en trouvera une brève présentation dans l'*Annuaire de l'EPHE. Section des sciences religieuses* 120 (2011-2012), p. 177-180 (http://asr.revues.org/1076). Je remercie mes collègues et amis Marie-Odile Boulnois et Jean-Daniel Dubois d'avoir bien voulu s'associer à cette invitation.

12. Voir aussi, sans exhaustivité, W. Löhr, « Der Streit um die Rechtgläubigkeit des Pelagius 414-418 », dans V. H. Drecoll, éd., *Augustin-Handbuch*, Tübingen 2007, p. 183-196 ; Id., « Augustinus und sein Verhältnis zu Pelagius : eine Relecture der Quellen », *Augustiniana* 60 (2010), p. 63-86 ; Id., « Augustin, Pelagius und der Streit um die christliche Lebensform », dans Th. Fuhrer, éd., *Die christlich-philosophischen Diskurse der Spätantike : Texte, Personen, Institutionen*, Stuttgart 2008, p. 221-244.

deuxième chapitre met en évidence l'efficace du recours à des considérations issues de la réflexion sur les genres littéraires en usage dans l'antiquité tardive, dès lors qu'il s'agit de déterminer la visée et la portée exactes d'un texte : l'identification de cette correspondance comme relevant essentiellement du discours protreptique conduit à mieux entendre ce qu'elle dit, la manière dont elle le dit, et le but qu'elle poursuit, mais aussi bien ce qu'elle ne dit pas et les raisons de ce silence. Les conceptions anthropologiques de Pélage en ressortent singulièrement éclairées. La troisième partie envisage des documents transmis sans nom d'auteur(s) et qu'il s'agit de tenter de situer dans un espace de controverse : Winrich Löhr offre un modèle d'établissement d'une sorte de cartographie fine d'une dispute doctrinale, soucieuse de faire droit à la diversité de ses protagonistes autant qu'à la pluralité de leurs points de vue. La dernière section tresse les fils tirés tout au long des précédentes analyses pour proposer une hypothèse très argumentée sur les enjeux intellectuels du débat entre Pélage et ses contradicteurs : à l'image des autres chapitres où elle était explicitement ou implicitement présente s'y exprime une évaluation critique, courtoise et généreuse, de contributions anciennes ou récentes à l'historiographie de la crise pélagienne. Elle n'a d'autre finalité que de préciser points d'accord, points de désaccord, apories et limites des connaissances actuelles, en vue d'ouvrir la voie à une interprétation d'ensemble : Winrich Löhr en identifie les ressorts dans la reprise en contexte chrétien de l'antique interrogation sur la puissance transformatrice du discours philosophique[13].

Cette simple évocation n'aura pu faire qu'entrevoir la richesse multiforme et l'importance de cet ouvrage. Au lecteur de la découvrir dans sa plénitude.

Michel-Yves Perrin

13. W. Löhr, « Christianity as Philosophy : problems and perspectives of an ancient intellectual project », *Vigiliae Christianae* 64 (2010), p. 160-188.

Liste des abréviations

ACO	*Acta Conciliorum Œcumenicorum*, éd. E. Schwartz, de Gruyter, Berlin 1959-1984.
Augustin, *ep.*	Augustinus, *Epistulae*. *CSEL* 34, 1 et 2; *CSEL* 44; *CSEL* 57
BA	Collection « Bibliothèque Augustinienne », Brepols, Turnhout.
CCL	Collection *Corpus Christianorum*, Series *Latina*, Desclée de Brouwer, Paris, puis Brepols, Turnhout.
CPL	*Clavis Patrum Latinorum*
CSEL	*Corpus scriptorum ecclesiasticorum latinorum*, éd. Österreichische Akademie der Wissenschaften, Tempsky, puis Österreiche Akademie der Wissenschaften depuis 1866, Vienne 1886-.
Const. Sirm.	*Constitutions Sirmondiennes*, dans Th. Mommsen, P. M. Mayer *et al.* (éd.), *Les lois religieuses des empereurs romains de Constantin à Théodose II (312-438)*, vol. II, *Code théodosien, I-XV – Code Justinien – Constitutions Sirmondiennes*, Éditions du Cerf (« Sources chrétiennes » 531), Paris 2009.
GCS	Die Griechischen Christlichen Schriftsteller der ersten Jahrhunderte.
PCBE	A. Mandouze, Ch. Pietri *et al.* (éd.), *Prosopographie chrétienne du Bas-Empire*, 2 t. en 3 vol., Paris 1982-2000.
PG	J. P. Migne (éd.), *Patrologie grecque*.

PL	J. P. MIGNE (éd.), *Patrologie latine.*
REA	*Revue des Études augustiniennes*
SC	*Sources chrétiennes*
s. 348A	F. DOLBEAU, « Le sermon 348A de saint Augustin contre Pélage. Édition du texte intégral », *Recherches Augustiniennes* 28 (1995).

Préface

Ce livre se fonde sur quatre conférences que j'ai eu l'honneur de présenter, en tant que Directeur d'études invité, en mars 2011 à la section des sciences religieuses de l'École Pratique des Hautes Études. Je remercie très vivement Michel-Yves Perrin et ses collègues, en particulier les responsables de l'École Pratique, pour leur invitation. Dès sa création, il y a plus de cent ans, l'École Pratique a toujours été un centre internationalement reconnu pour les recherches portant sur le christianisme antique, la philosophie antique et l'antiquité tardive. J'ai accepté l'invitation amicale de venir à Paris d'autant plus volontiers que – à vrai dire – tout au long de ma carrière en tant qu'historien de l'Église je n'ai cessé de profiter énormément des études et des éditions de savants français (dont quelques-uns sont liés à l'École), tels que François Dolbeau, Yves-Marie Duval, André-Jean Festugière, Pierre et Ilsetraut Hadot, Alain Le Boulluec, Simone Pétrement, Michel Tardieu (et plus récemment – comme cela deviendra évident par la suite – des publications de Michel-Yves Perrin et Jean-Marie Salamito).

Je remercie toute la section des sciences religieuses de l'École, et en particulier Michel-Yves Perrin, Isabelle Bochet, Jean-Daniel Dubois et Martine Dulaey, pour leur chaleureux accueil à Paris. Je me souviens avec plaisir des discussions si intenses et si gaies avec directeurs et doctorants après chacune des conférences, qui se sont poursuivies au café ou au restaurant. Pendant mon séjour à Paris, j'ai aussi profité de l'hospitalité de plusieurs bibliothèques excellentes : en particulier, il faut mentionner la bibliothèque de l'École Normale Supérieure (rue d'Ulm) dont l'utilisation m'a été permise grâce au soutien de son ancien élève, Michel-Yves Perrrin : jamais je ne me serais douté qu'elle dispose d'une section théologique si riche...

D'autres bibliothèques doivent être encore mentionnées : la bibliothèque de l'Institut des Études Augustiniennes et la bibliothèque du Centre d'études du Saulchoir.

J'ai décidé de consacrer ces quatre conférences à Pélage et au pélagianisme. D'un côté, ce sujet a déjà fait l'objet d'un certain nombre d'études : pour me limiter à des travaux modernes en français, on peut signaler les études de Georges de Plinval, la notice remarquable d'Aimé Solignac et de Flavio Nuvolone dans le tome 12 du *Dictionnaire de Spiritualité* et, plus récemment, l'importante monographie de Jean-Marie Salamito, tout comme les publications diverses d'Yves-Marie Duval. Et il ne faut pas non plus oublier la grande monographie d'Otto Wermelinger, *Rom und Pelagius*, qui a pris son origine à la Faculté de théologie de l'Institut catholique de Paris[1]. Mais, d'un autre côté, il faut remarquer que beaucoup de recherches, certaines très importantes, restent encore à mener : presque aucun des écrits pélagiens n'est publié dans une édition satisfaisante et, pour la plupart d'entre eux, on ne dispose ni d'une analyse ni d'un commentaire approfondi. De plus, comme on le verra dans le dernier chapitre, on ne semble même pas disposer d'une définition totalement satisfaisante du terme « pélagianisme ». Cela étant, ce livre ne peut pas et n'entend pas présenter une étude exhaustive de Pélage et du pélagianisme.

1. Pour l'état des recherches modernes sur Pélage et le pélagianisme, voir O. Wermelinger, « Neuere Forschungskontroversen um Augustinus und Pelagius », dans C. Mayer – K.-H. Chelius, *Internationales Symposion über den Stand der Augustinus-Forschung vom 12 bis 16 April 1987 im Schloss Rauschholzhausen der Justus-Liebig-Universität Giessen*, Würzburg 1989, p. 199-217 ; M. Lamberigts, « Pélage : la réhabilitation d'un hérétique », dans J. Pirotte – E. Louchez (dir.), « Deux mille ans d'histoire de l'Église », *Revue d'histoire ecclésiastique* 95/3 (2000), p. 97-111 ; Y.-M. Duval, « Pélage en son temps : données chronologiques nouvelles pour une présentation nouvelle », *Studia Patristica* 38 (2001), p. 95-118. – Pour la chronologie de la controverse pélagienne (tout comme pour les dates des traités, des sermons et des lettres) ici adoptée je renvoie le lecteur aux ouvrages de référence, en particulier O. Wermelinger, *Rom und Pelagius. Die theologische Position der römischen Bischöfe im pelagianischen Streit in den Jahren 411-432*, Stuttgart 1975, et aux éditions et traductions des sources citées (par ex. les volumes respectifs de la *Bibliothèque Augustinienne*). Les citations bibliques sont largement selon *La Bible de Jérusalem*, Paris 1998.

Le premier chapitre jette un regard sur la transformation de la doctrine de Pélage en hérésie. Le deuxième chapitre se focalise sur la personne de Pélage lui-même : dans la première partie je voudrais dresser le bilan de nos connaissances sur la biographie et l'œuvre de cet auteur. Dans la seconde partie, on s'occupera de ce qui peut être considéré – le commentaire des épîtres pauliniennes mis à part – comme le chef-d'œuvre de Pélage, la *Lettre à Démétrias*. Le troisième chapitre est consacré au *Corpus Caspari*, à savoir six écrits d'un aristocrate romain anonyme qu'on considère généralement comme un pélagien ; on s'occupe en particulier de deux de ces six écrits, à savoir le traité *Sur la richesse (De Divitiis)* et le traité *Sur les mauvais docteurs (De malis doctoribus)*. Dans le dernier chapitre, je reprends la question de la définition même du pélagianisme (entre autres, on discutera de la nouvelle interprétation de Jean-Marie Salamito), du pélagianisme en tant que phénomène public et de l'enjeu intellectuel du débat entre Augustin et Pélage.

Je remercie mon frère, le Professeur Hermut Löhr (Münster), d'avoir révisé une partie de l'ébauche du manuscrit de ce livre. Je remercie surtout Mme Géraldine Hertz d'avoir révisé et corrigé le manuscrit tout entier : sa diligence exemplaire m'a préservé de maintes erreurs grammaticales et a apporté de nombreuses améliorations stylistiques à mon texte. Michel-Yves Perrin a amicalement pris soin d'une autre lecture critique du manuscrit tout entier. Finalement Gilbert Dahan et Cécile Guivarch ont apporté leurs soins. Toutes les imperfections qui restent relèvent de ma propre responsabilité. Le livre est dédié à mon épouse, *sine qua non*.

Heidelberg, mai 2012
Winrich Löhr

CHAPITRE I

L'HÉRÉSIE DE PÉLAGE

Introduction

Le 30 avril 418, l'empereur Honorius publia un rescrit adressé au préfet du prétoire Palladius : y sont condamnées deux personnes, un certain Pélage et un certain Céleste. Ils sont désignés comme les auteurs d'une nouvelle fourberie *(nova versutia)* qui essaie de détruire ce qui est approuvé de tous. Le décret évoque le danger qu'il y aurait à laisser libre cours à la nouvelle hérésie : déjà, les Églises de Rome et d'ailleurs sont déchirées par des dissensions. L'empereur enjoint au préfet du prétoire Palladius d'expulser Pélage et Céleste de Rome. Tous, clercs et laïcs, sont sommés de harceler (*perurgere*) les partisans de Pélage et Céleste et de les dénoncer (*deferre*) auprès des autorités civiles[1].

L'édit de l'empereur fut accompagné et suivi d'une série d'édits et de lettres complémentaires, dont cinq nous ont été préservés. Trois d'entre eux renforcent les mesures prises contre Pélage et Céleste, les deux autres concernent les épiscopats gaulois et africain. Les lettres semblent indiquer que la persécution et la suppression de l'hérésie pélagienne continuaient de se heurter à certains obstacles – que ce fût l'opposition d'une partie de la haute administration ou certaines résistances parmi les évêques gaulois et africains :

1. *PL* 56, 490-492.

I. un édit (sans date) des préfets du prétoire Palladius, Monaxius et Agricola, qui ordonne l'exécution des mesures prévues par l'empereur[2];

II. une lettre du *patricius* Constantius au préfet de la Ville Volusianus, qui est probablement à dater de l'automne 418[3]. Elle réitère l'ordre d'expulser Pélage et Céleste tout en rappelant la législation antérieure et en évoquant une aggravation de la situation dans la cité : la discorde trouble l'esprit des gens (*discordia animos commovit populorum*). Constantius n'hésite pas à menacer Volusianus de la peine capitale s'il oublie son devoir de persécuter les hérétiques et de les chasser de Rome. Tandis que l'édit I. vise Pélage et Céleste, la lettre de Constantius ne parle que de Céleste;

III. un édit du préfet de la Ville Volusianus[4], probablement promulgué peu après la lettre de Constantius. L'édit, apparemment rédigé sous la contrainte et à contrecœur, laisse entendre que les lois contre Céleste visent un absent. On veut se prémunir quand même contre un retour éventuel de celui-ci : quiconque lui offrira une cachette subira la peine capitale;

IV. une lettre des empereurs Honorius et Theodosius à Aurélius, l'évêque de Carthage, par laquelle il lui est enjoint de rappeler à ses collègues africains que ceux qui ne souscrivent pas à la condamnation de Pélage et Céleste seront excommuniés et chassés de leurs sièges. Il est souligné que, dans leur législation, les empereurs ont emboîté le pas au jugement d'Aurélius et de ses collègues. La lettre est datée du 9 juin 419[5]; une lettre identique fut expédiée à Augustin;

V. une lettre des empereurs Theodosius II et Valentinien III à Amatius, préfet du prétoire de Gaule[6]. Parmi d'autres sujets, on stipule que les évêques « qui font divergence en suivant l'erreur abominable du

2. *PL* 56, 492-493.
3. *PL* 56, 499-500; voir C. Piétri, *Roma Christiana. Recherches sur l'Église de Rome, son organisation, sa politique, son idéologie de Miltiade à Sixte III (311-440)*, Rome 1976, p. 944, n. 3; O. Wermelinger, *Rom und Pelagius*, p. 198, n. 306.
4. *PL* 56, 500.
5. *CSEL* 57, p. 296-299; *PL* 56, 493-494.
6. *Const. Sirm.* 6, trad. J. Rougé – R. Delmaire, *SC* 531, p. 491 *sq.*

dogme de Pélage et de Céleste » doivent être cités par Patroclus d'Arles, vicaire de l'Église de Rome en Gaule. Les récalcitrants sont sommés d'abandonner leur erreur dans un délai de vingt jours à partir de la citation. Après quoi, ils risquent d'être expulsés de leurs sièges. La lettre est datée du 9 juillet 425.

Tous ces édits et lettres parlent la langue de la politique religieuse coercitive de l'Empire théodosien : la doctrine de Pélage et Céleste y est dénoncée comme un crime *(crimen, scelus)* ou un sacrilège (*sacrilegium*). Il faut la bannir de la sphère publique (*decet enim originem vitii a conventu publico sequestrari*). L'hérésie est combattue au nom d'une orthodoxie qui revendique l'autorité (*auctoritas)* de la loi et se veut la protectrice d'un consensus religieux que l'hérésie pélagienne est accusée de dédaigner comme vulgaire et plébéien. La nouvelle hérésie trouble l'unité de l'Église et la paix publique, elle est soupçonnée de se répandre à la dérobée, à l'insu des autorités ecclésiales et civiles : ainsi, la coercition visant à interdire à l'hérésie toute manifestation publique n'atteindra jamais entièrement son but, dans la mesure où – comme les empereurs l'écrivent à Aurélius – « leur sacrilège une fois condamné, les hérétiques se plaisent à le cacher dans des traités secrets[7]. »

On a remarqué qu'à la différence des édits antérieurs contre, par exemple, les manichéens ou les priscillianistes, la législation antipélagienne ne vise pas la pratique de la religion dans les maisons des fidèles[8]. Dans le cas de Pélage, les empereurs n'entendent que frapper une hérésie théologique, à savoir une doctrine qui s'était répandue (c'est du moins la crainte des autorités) par des discussions (*disputationes*) dans les églises, parmi les évêques et le clergé. Aucune destruction des écrits hérétiques n'est prévue. De plus, il ressort que les empereurs et leur administration semblent manquer d'informations détaillées et fiables sur le lieu de séjour des deux protagonistes de l'hérésie, Pélage et Céleste. Dès lors, ils se voient réduits à faire confiance aux vagues rumeurs et aux insinuations

7. *PL* 56, 494.
8. Voir K. Bowes, *Private Worship, Public Values, and Religious Change in Late Antiquity*, Cambridge 2008, p. 189-216.

de leurs ennemis. Les indications sur les troubles suscités par l'hérésie restent pourtant très vagues. Cela reflète probablement une incertitude réelle de la part de l'administration impériale.

Les lettres et les édits établissent contre Pélage, selon Charles Pietri, « un système d'accusation expéditif » et prescrivent l'expulsion et l'exil pour tous ceux qui seront trouvés coupables. L'immunité pour le clergé est en fait abolie et – chose plus grave – l'édit d'Honorius devance le jugement du pape Zosime de plusieurs mois. L'empereur ne semble plus respecter l'autonomie de l'Église en matière doctrinale. Charles Pietri observe : « Même dans l'Église "théodosienne", jamais un prince n'avait pris aussi peu des précautions[9]. »

Or, les lois ne se limitent pas à organiser la suppression de l'hérésie ; elles essaient aussi de définir plus précisément son contenu : Pélage et Céleste, affirme-t-on, attribuent une dureté sauvage à Dieu, le père de toutes choses, le Tout-Puissant, de telle sorte qu'il aurait créé l'homme mortel dès l'origine. Ainsi, la mort de l'homme ne serait plus la conséquence du péché mais d'une loi naturelle immuable. Se garder de pécher n'y changerait rien. De plus, l'un et l'autre nient la transmission du péché d'Adam à sa postérité, alors que toute l'autorité de la loi catholique atteste que le péché du premier homme a ouvert la porte à la mort pour l'humanité entière[10]. En observant les imprécisions théologiques de l'édit impérial, Charles Pietri commente :

> Heureusement qu'il y avait une condamnation des adversaires du péché originel ; sinon Pélage et Céleste ne se seraient pas bien reconnus dans cette tentative impériale de théologie[11].

Ce qui est ici appelé une *tentative impériale de théologie* semble pourtant plus avisé que ne veut le reconnaître Pietri[12]. Celle-ci accuse Pélage et Céleste d'insulter Dieu le Tout-Puissant quand ils affirment la mortalité naturelle du premier homme et nient la transmission du péché originel. En outre, dans leur lettre à l'évêque Aurélius de

---

9. C. Pietri, *Roma Christiana*, p. 935-937.
10. *PL* 56, 490-492.
11. C. Pietri, *Roma Christiana*, p. 935.
12. O. Wermelinger, *Rom und Pelagius*, p. 201, souligne l'influence africaine sur l'argumentation de l'édit.

Carthage, les empereurs invoquent l'autorité du concile de Nicée pour la vénération de Dieu, le Créateur et le garant de leur règne. Ici encore, semble-t-il, l'hérésie pélagienne est vue comme une atteinte à la divinité et à la bonté du Créateur. Ainsi les empereurs rapprochent-ils l'enseignement pélagien des hérésies dualistes reconnues, telles que le marcionisme et le manichéisme. À en croire les empereurs, le pélagianisme doit être compris et condamné comme une infraction aux dogmes déjà établis.

Bien que l'empereur ait par son premier édit devancé l'Église, ce ne fut que de peu : un jour après la publication de l'édit, le 1er mai 418, un concile africain de deux cent trois évêques se réunit dans l'église de Faustus à Carthage ; il était présidé par le primat de l'Église africaine, l'évêque Aurélius de Carthage. Le concile ratifia neuf canons qui définissent l'hérésie pélagienne. Les canons 1-3 du synode s'occupent du péché originel et du destin des nouveau-nés : le premier canon – tout comme l'édit de l'empereur – rejette la proposition selon laquelle Adam aurait été créé mortel. Les canons 4-6 combattent la proposition attribuée aux pélagiens selon laquelle la grâce de Dieu consiste seulement dans le pardon des péchés antérieurement commis, la révélation des préceptes divins ou l'assistance apportée à notre libre arbitre. Enfin, les canons 7-9 rejettent la proposition selon laquelle les chrétiens, et plus particulièrement les saints, ne prononcent que par humilité ou pour assister d'autres chrétiens des passages comme 1 Jo 1, 9 et Matth 6, 12[13].

La définition de l'hérésie proposée par le concile africain était loin de faire l'unanimité : par exemple, les trois premiers canons – précisément ceux qui mettent en valeur la doctrine augustinienne du péché originel – tardaient d'être acceptés par l'Église de Rome.

Comment l'empereur et l'Église en arrivèrent-ils à une telle condamnation méditée de Pélage et de sa doctrine ? Dans les pages qui suivent, on analysera tout d'abord d'un peu plus près le processus de l'invention de l'hérésie pélagienne. On s'occupera particulièrement des obstacles qui s'élevèrent dans ce processus. On traitera par la suite

13. C. MUNIER, *Concilia Africae, a. 345 – a 525*, (CCL 149), Turnhout 1974, p. 69-73. Voir O. WERMELINGER, *Rom und Pelagius*, p. 169-196.

d'un aspect particulier du mouvement pélagien qui – à en croire plusieurs savants modernes – a influencé le déroulement du débat, à savoir le réseau d'aristocrates romains qui ont soutenu Pélage et ses associés.

L'invention d'une hérésie

À la différence des grandes luttes dogmatiques des IVe, V[e] et VIe siècles (et en particulier des débats trinitaires et christologiques), la controverse pélagienne n'a pas trouvé d'historiens anciens pour la raconter. C'est seulement dans les écrits de certains participants (tels Augustin ou, plus tard, Marius Mercator) que nous pouvons glaner de précieuses indications – bien qu'assez partielles et lacunaires, il faut l'avouer – sur le déroulement des événements.

Le récit le plus important sur le début de la controverse se trouve chez Augustin : fin 416, analysant de plus près l'acquittement de Pélage par le synode de Diospolis en décembre 415, l'évêque d'Hippone évoque dans son traité *De Gestis Pelagii* le début de ses démêlés avec Pélage. Il y raconte comment, au commencement, sa propre attitude envers Pélage fut marquée par une sorte de bienveillance prudente, qui se transforma peu à peu en alarme et en méfiance. Dans *De gestis Pelagii* 46, Augustin écrit :

> (1) Car, pour parler plutôt de mon propre cas, j'ai connu le nom de Pélage tout d'abord quand il était au loin établi à Rome, entouré de grands éloges ; (2) puis un bruit a commencé à nous arriver qu'il raisonnait contre la grâce de Dieu. Bien que je le déplorasse et que j'eusse fait crédit à ceux qui me l'avaient dit, j'aurais voulu connaître, venant de lui ou de l'un de ses livres, une assertion telle que, si j'entreprenais de le réfuter, il ne puisse se dérober. (3) Mais, après être arrivé en Afrique, il fut reçu en mon absence sur la côte d'Hippone où, comme je l'ai appris par des amis, rien de tel ne fut entendu de sa part, car il partit plus vite que l'on ne pensait. (4) Peu après, pour autant qu'il m'en souvienne, j'ai aperçu une fois ou deux son visage à Carthage, au moment où j'étais extrêmement occupé par l'organisation de la conférence que nous étions sur le point d'avoir avec les hérétiques donatistes ; mais lui se hâta de partir outre-mer. (5) Pendant ce temps, ces doctrines, propagées par la bouche de ceux qui – comme on le colportait – étaient ses disciples, bouillonnaient à tel point que Céleste

dut venir devant un tribunal ecclésiastique et en remporta un verdict digne de ses erreurs. (6) Nous pensions, en tout cas, que l'on agirait plus sainement contre eux, si, tout en taisant le nom des auteurs, on se contentait de les dénoncer et de les réfuter, eux et leurs erreurs. Ainsi seraient-ils plutôt amendés par la crainte du tribunal ecclésiastique que punis par le jugement. Nous n'arrêtions donc pas les polémiques contre de tels maux, soit dans nos livres, soit dans nos instructions au peuple[14].

De ce récit, il faut retenir quatre éléments :

– Augustin souligne son passage d'une bienveillance initiale envers Pélage (« le nom de Pélage... entouré des grands éloges ») à une attitude beaucoup plus défavorable : le revirement est causé par le bruit selon lequel Pélage s'est prononcé contre la grâce de Dieu. Augustin ne prend pas ici la peine de détailler les circonstances de cette rumeur. Ce n'est que bien plus tard, en 429 et peu de temps avant sa mort, qu'il devient plus explicite : en 404/5, un confrère africain, étant passé par Rome au cours de son voyage de Milan vers l'Afrique (il s'agissait probablement – comme l'a observé Aimé Solignac[15] – de l'évêque Evodius d'Uzalis) lui rapporta la vive réaction de Pélage à l'encontre de la proposition du Xe livre de ses *Confessions* : « Donne ce que tu ordonnes[16] ! »

– Augustin évoque les difficultés d'acquérir des informations fiables sur les doctrines pélagiennes : « J'aurais voulu connaître, venant de lui ou de l'un de ses livres, une assertion telle que, si j'entreprenais de le réfuter, il ne puisse se dérober. » En bref, Augustin manque de pièces à conviction.

– Augustin souligne le rôle de la propagande pélagienne : « Ces doctrines, propagées par la bouche de ceux qui – comme on le colportait – étaient ses disciples, bouillonnaient à tel point que Céleste dut venir devant

14. Augustin, *De gestis Pelagii* 46, *BA* 21, p. 533-535 (trad. légèrement retouchée).

15. A. Solignac, « Autour du *De natura* de Pélage », M. Soetard (éd.), *Valeurs dans le stoïcisme. Du Portique à nos jours (Mélanges en l'honneur de M. le Doyen Spanneut)*, Lille 1993, p. 181f. Voir aussi Y.-M. Duval, « Note sur la lettre d'Evodius à l'abbé Valentin d'Hadrumète (*CPL* 389) », *REA* 49 (2003), p. 123-130, ici p. 127-130.

16. Augustin, *De dono perseverantiae* 20. 53, *BA* 24, p. 730-731.

un tribunal ecclésiastique. » C'est la propagation orale des positions pélagiennes qui – à en croire Augustin – entraîna la citation de l'associé de Pélage, Céleste, devant un tribunal ecclésiastique.

– Augustin évoque sa propre stratégie anti-pélagienne au début de la controverse : « Nous pensions, en tout cas, que l'on agirait plus sainement contre eux, si, tout en taisant le nom des auteurs, on se contentait de les dénoncer et de les réfuter, eux et leurs erreurs. Ainsi seraient-ils plutôt amendés par la crainte du tribunal ecclésiastique que punis par le jugement. Nous n'arrêtions donc pas les polémiques contre de tels maux, soit dans nos livres, soit dans nos instructions au peuple[17]. »

Je crois que ces quatre éléments puisés dans le récit d'Augustin contemporain de la controverse sont très caractéristiques et de la dynamique du débat et du cadre dans lequel se déroulaient les controverses théologiques de l'antiquité tardive. Ils nous aident à comprendre la manière dont un enseignement théologique se transforme en une hérésie persécutée.

Définir les propos d'un individu comme « hérésie » présuppose de se renseigner et de présenter ces renseignements de manière convaincante. On se rend souvent insuffisamment compte de l'importance, en la matière, des difficultés et des risques spécifiques qu'il y a à obtenir, à présenter et à faire circuler des informations valables. L'aperçu qui suit de l'évolution de la controverse pélagienne essaie de mettre en relief ce problème particulier. Nous procéderons en passant en revue les divers lieux où la controverse s'est déroulée.

Se renseigner sur l'hérésie ; définir l'hérésie en Afrique, en Palestine et à Rome

Comme nous l'avons vu, c'est dès qu'il a appris que Pélage s'était prononcé contre la grâce qu'Augustin a cherché à se procurer des matériaux pour le réfuter. Or, Augustin ne fut pas présent quand le disciple ou associé de Pélage, Céleste, fut condamné par un synode

17. Augustin, *De gestis Pelagii* 46. *BA* 21, p. 533-535 (trad. légèrement retouchée).

à Carthage en 411[18]. Céleste refusa de condamner les six propositions suivantes :

I. Qu'Adam a été créé mortel, de sorte qu'il était – qu'il pèche ou non – voué à la mort.
II. Que le péché d'Adam n'a fait de tort qu'à sa seule personne et non au genre humain.
III. Que les nouveau-nés se trouvent dans l'état où se trouvait Adam avant la prévarication.
IV. Que le genre humain dans son ensemble ne meurt pas à cause de la mort et de la prévarication d'Adam, pas plus que, dans son ensemble, il ne ressuscite en vertu de la résurrection du Christ.
V. Que la Loi conduit au royaume tout comme l'Évangile.
VI. Qu'avant l'avènement du Christ, il y eut des hommes sans péché[19].

C'est une connaissance d'Augustin, le diacre milanais Paulin, qui fit citer Céleste par le synode. La cause précise de l'absence d'Augustin à ce synode – fut-elle intentionnelle? – demeure assez obscure. Le synode éprouva d'abord certaines difficultés à établir l'enseignement de Céleste : l'accusation se servit d'un ou de plusieurs livres de celui-ci, mais l'évêque Aurélius lui demanda plusieurs fois s'il défendait vraiment tel ou tel point doctrinal[20]. Plus tard, à un moment indéterminé, Augustin consulta les actes durant une visite à Carthage, sans pourtant en prendre une copie : en rédigeant le *De gestis Pelagii*, Augustin doit citer les six propositions d'après les actes du synode de Diospolis en Palestine (415). Or, il se souvient d'avoir trouvé certaines de ces propositions dans les

18. Il est difficile de dater précisément ce synode; la date généralement admise est l'automne 411, voir F. RÉFOULÉ, « Datation du premier concile de Carthage contre les Pélagiens », *Revue d'études augustiniennes* 9 (1963), p. 41-49; O. WERMELINGER, *Rom und Pelagius*, p. 15 *sq.* Pourtant, W. DUNPHY, dans « A Lost Year. Pelagianism in Carthage 411 A. D. », *Augustinianum* 45 (2005), p. 389-466, a récemment proposé de le situer plus tôt dans l'année, peut-être au début de février 411. Son argumentation très détaillée ne peut pas être ici discutée.
19. Je cite les propositions dans l'ordre transmis par Marius Mercator, *Commonitorium super nomine Caelestii*, *ACO* I, 5 (« Collectio Palatina » 36), p. 66. La traduction est celle de *BA* 21, p. 485.
20. Augustin, *De peccato originali* 3, 3-4, 4, BA 22, p. 160-165; voir W. DUNPHY, « A Lost Year. Pelagianism in Carthage 411 A. D. », p. 414.

actes du synode de Carthage. Ce n'est qu'en 418 qu'Augustin dispose enfin d'une copie – partielle ou complète – des actes du synode de Carthage[21]. Néanmoins, la condamnation de Céleste par le synode de 411 resta longtemps un repère capital pour toute l'argumentation antipélagienne.

En ce qui concerne Pélage lui-même, c'est d'abord sans grand succès qu'Augustin, comme il l'observe lui-même dans le passage cité (*De gestis Pelagii* 46), chercha des pièces à conviction contre lui. Il ne disposait pas d'écrits de Pélage suffisamment accablants. Le commentaire des épîtres pauliniennes de Pélage ne servait à rien en la matière : à propos d'un passage biblique crucial dans la controverse, à savoir Rm 5, 12-15, Pélage présente une exégèse qui rappelle les thèses que le synode de Carthage avait reprochées à Céleste. Mais, comme Augustin l'observe, Pélage n'adopte pas expressément cette exégèse[22]. Notons qu'à ce moment-là, Augustin se refuse encore à assimiler la position de Pélage à celle de Céleste.

Un point important mérite aussi d'être souligné : Augustin ne voulait pas attaquer Pélage sur la base de rumeurs. On peut citer en parallèle la controverse précédente concernant le moine romain Jovinien[23]. Ce n'est qu'après que Jovinien eut mis par écrit son enseignement oral que l'Église put procéder contre lui. La raison de cette prudence de la part d'Augustin et d'autres a été clairement énoncée par Jérôme : « Je ne veux pas que vous soyez libre de nier ce que vous aurez une fois écrit[24]. »

Ce n'est que fin 414-début 415 que, aux yeux d'Augustin, la situation à l'égard de Pélage se trouve fondamentalement changée : deux jeunes disciples de Pélage,

---

21. Voir Augustin, *De gestis Pelagii*, 11, 23, *CSEL* 42, p. 334 ; *De peccato originali* 2, 2, *BA* 22, p. 160-161.

22. Augustin, *De peccatorum meritis et remissione et de baptismo parvulorum* 3, 2 ; 3, 5, *CSEL* 60, p. 187-188. Plus tard, renseigné par la Tractoria du pape Zosime, Augustin changera d'avis et attribuera cette exégèse à Pélage lui-même, voir Augustin, *De peccato originali* 21, 24, BA 22, p. 200-203.

23. Y.-M. Duval, *L'affaire Jovinien. D'une crise de la société romaine à une crise de la pensée chrétienne à la fin du IVe et au début du Ve siècle*, Rome 2003, p. 81 (« Studia Ephemeridis Augustinianum » 83).

24. Jérôme, *ep.* 133, 11, trad. J. Labourt, *Lettres* VIII, Paris 1963, p. 65.

les moines romains Timase et Jacques, l'avaient sorti de son embarras en lui remettant un traité anonyme et sans titre de leur maître (le traité *De natura*). Dès ce moment, Augustin disposait (ou, du moins, se persuadait de disposer) d'un écrit de Pélage qu'il pouvait réfuter.

Il y avait cependant d'autres problèmes. Augustin s'est procuré le traité de façon peu convenable. L'écrit n'était pas et n'aurait jamais été autorisé par le maître. Ainsi, les deux disciples de Pélage – comme, en un certain sens, Augustin lui-même – étaient coupables d'un acte de trahison, voire de vol, envers Pélage[25]. Or, dans un cas semblable, quand on lui avait soustrait une première ébauche de son traité sur La Trinité, Augustin avait réagi avec une assez mauvaise humeur et avait même menacé de dénoncer le vol dans un petit traité[26].

En effet, Timase et Jacques, les deux jeunes disciples de Pélage, étaient des renégats, ou si l'on préfère une expression plus neutre, des « ralliés ». Michel-Yves Perrin a récemment élucidé le rôle que jouent de tels « ralliés » dans les débats doctrinaux de l'antiquité tardive[27]. Leur importance tient à la difficulté bien réelle d'obtenir des informations fiables sur les doctrines et les pratiques de groupes dissidents au sein de l'Église. D'ailleurs, plus tard, dans son *De gestis Pelagii*, Augustin prend soin de dissimuler le vol perpétré par les disciples de Pélage et d'empêcher que les deux moines soient soupçonnés d'avoir agi en renégats typiques. Selon Augustin, ce ne sont pas eux, mais plutôt Pélage lui-même qui – dissimulant ses opinions devant le synode de Diospolis en décembre 415 – a dénoncé et trahi ses deux jeunes amis. Car, au cours du procès de Diospolis, relève Augustin, Pélage avait dit : « J'anathématise ceux qui tiennent ou ont tenu jadis de

25. Voir Augustin, *De gratia Christi* 2, BA 22, p. 54-55. Pour la remise du traité *De natura* par Timase et Jacques, voir Y. M. Duval, « La date du *De natura* de Pélage », *Revue des études augustiniennes* 36 (1990), p. 260-268.

26. Augustin, *Retractationes* 2, 15, *PL* 32, 635-636.

27. M.-Y. Perrin, « Le témoignage des ralliés – une arme de la polémique doctrinale entre chrétiens dans l'antiquité tardive », D. Tollet (dir.), *La religion que j'ai quittée*, Paris 2007, p. 65-86. Voir aussi M. Caltabiano, « Agostino d'Ippona e la comunicazione scritta con gli eretici », *Acme* 49 (2006), p. 55-73.

tels propos. » Or Augustin s'échauffe en commentant cette remarque :

> Avec quelle injustice, tout d'abord, a-t-il osé condamner des gens qui ne le méritaient plus, ceux qui s'étaient dépouillés d'une erreur apprise par l'enseignement de Pélage lui-même ou d'autres maîtres? [...] Voici, pour ne pas en nommer d'autres, Timase et Jacques, ses amis et même autrefois ses disciples; de quel front les regardera-t-il, eux pour qui j'ai écrit le livre où je réfute le sien[28] ?

Augustin veut suggérer que c'est bien Pélage qui, devant le synode, agit en renégat sans scrupule, et même sans honneur. De la sorte, il veut faire oublier la trahison que les deux disciples de Pélage – avec son aide – commirent envers leur maître.

En décembre 415, Pélage fut cité, puis acquitté, par le synode de Diospolis en Palestine. Le moine breton se hâta alors d'afficher ce succès dans un petit traité qui présente un récit tendancieux du synode, la *chartula defensionis* (« pièce pour la défense »). Pélage chargea un diacre, qui était citoyen d'Hippone et se nommait Palatinus[29], de remettre celle-ci à Augustin. Le messager arriva à Hippone un jour du printemps 416.

Or, aux yeux d'Augustin, plein de méfiance envers Pélage, la *chartula defensionis* ne changeait rien au manque fondamental d'informations fiables. Étant donné qu'elle n'était pas accompagnée d'une lettre de Pélage qui l'authentifiât, Augustin suspecta le moine breton de se réserver la possibilité d'en nier la paternité[30]. En tout cas, Augustin était trop prudent pour commenter le synode de Diospolis avant de disposer de ses actes officiels. Il pria Jean de Jérusalem de les lui envoyer. En vain, semble-t-il,

28. Augustin, *De gestis Pelagii* 47, *BA* 21, p. 535-537 (trad.).
29. Il s'agit probablement de la même personne que celle à laquelle Augustin adresse la lettre 218, voir F. Dolbeau, « Le sermon 348A de saint Augustin contre Pélage », *Recherches Augustiniennes* 28 (1995), p. 47, n. 67. La datation proposée par Dolbeau pour la lettre 218 – 417 – pourtant ne s'impose pas : une date antérieure reste possible. En ce cas, Palatinus n'aurait pas quitté Augustin en 417 pour rejoindre Pélage, mais au contraire serait retourné de Palestine à sa ville d'origine Hippo en 416.
30. Augustin, *s.* 348A, 7, éd. F. Dolbeau, p. 57; voir *De gestis Pelagii* 1, *CSEL* 42, p. 51.

puisque ce fut finalement Cyrille d'Alexandrie qui le sortit de son embarras[31].

Nous sommes alors au printemps ou à l'été 416. Pour informer ses confrères et amis en Occident et en Orient, Augustin s'occupa alors de faire circuler le traité de Pélage (*De Natura*, « De la nature »). Il l'ajouta – en lui adjoignant sa propre réfutation (*De natura et gratia*) – à des lettres privées envoyées à des évêques comme Jean de Jérusalem, Eulogios de Césarée (qui avait présidé le synode de Diospolis) et Jérôme.

De cette façon, c'est donc Augustin qui tâche de définir une doctrine « pélagienne », ou un « pélagianisme », en se basant sur un écrit non autorisé de son adversaire. Par exemple, dans l'épître 179 d'Augustin, à Jean de Jérusalem, Augustin fonde principalement son argumentation antipélagienne sur le *De natura*. Or, Augustin résume ici l'hérésie de Pélage en trois propositions succinctes :

I. pour Pélage, la nature et la grâce doivent être identifiées;

II. Pélage rejette la prière pour l'assistance divine contre le péché;

III. Pélage nie le péché originel.

La lettre d'Augustin ne passe pas sous silence le fait qu'il soupçonne Pélage de n'avoir obtenu son acquittement à Diospolis que par une tromperie. À ses yeux, le soupçon peut être confirmé par la comparaison d'un passage tiré du *De natura* avec un passage de la *chartula defensionis* : à ce stade donc, Augustin semble avoir surmonté sa méfiance initiale à l'égard de cette source.

Le premier résultat des efforts d'Augustin et de ses amis fut les deux conciles africains de Milève et Carthage qui, durant l'été 416, censurèrent les doctrines de Pélage et de Céleste. Leurs lettres à Innocent de Rome (Augustin, lettres 175 et 176) reprennent l'argumentation antipélagienne de la lettre 179 à Jean de Jérusalem : de nouveau, le portrait du pélagianisme semble se fonder principalement sur le traité du *De natura*[32]. Néanmoins, les deux

31. Augustin, *ep.* 179, 7 ; *ep.* 4*, 2, *BA* 46B, p. 108-109.

32. Pour une analyse de ces deux lettres synodales, voir O. Wermelinger, *Rom und Pelagius*, p. 94-108.

lettres ne soufflent aucun mot de ce traité : la lettre du concile de Carthage se limite à remarquer que l'assemblée fut informée par des confrères qui avaient lu les livres de Pélage et Céleste[33]. Or, les évêques réunis à Carthage, bien conscients de la fragilité de leur argumentation antipélagienne, essaient de l'étayer en ajoutant à leur lettre un dossier justificatif, dans lequel figurent deux documents :

I. la lettre des évêques gaulois Héros et Lazare, qui constitue l'acte d'accusation envers Pélage à Diospolis en 415 ;

II. le jugement du concile de Carthage en 411, avec les six propositions attribuées à Céleste[34].

Pélage et Céleste sont requis d'anathématiser les six propositions de 411 pour échapper à la condamnation. Les évêques à Carthage se réfèrent expressément à la décision du concile de Carthage en 411 et semblent comprendre leur propre condamnation des positions pélagiennes comme une sorte de prolongement ou de confirmation du jugement antérieur.

La synodale de Carthage – qui est substantiellement reprise par la synodale de Milève[35] – insinue que l'enseignement de Pélage et de Céleste est à même d'ébranler les fondements de l'identité chrétienne et de rendre superflus des éléments clés du culte chrétien tels que la prière, les bénédictions et le baptême des enfants. L'embarras des évêques, mal informés de leur cible[36], n'est que trop évident : quand bien même Pélage et Céleste se corrigeraient, déclarent-ils, quand bien même ils prétendraient n'avoir jamais pensé de cette façon et nieraient la paternité des écrits qui leur sont reprochés, est néanmoins condamnable tout homme qui croit que la nature humaine suffit à défaire les péchés et qui s'avère ainsi un ennemi de la grâce de Dieu[37].

33. Augustin, *ep.* 175, 2, *CSEL* 44, p. 656.

34. Augustin, *ep.* 175, 1, *CSEL* 44, p. 654-655.

35. Elle fait mention de la lutte anti-pélagienne de Jérôme. Voir Augustin, *ep.* 176, 4, *CSEL* 44, p. 667.

36. À propos du baptême des enfants, on cite le *Libellus* de Céleste qui a été évoqué au concile de Carthage en 411, voir Augustin, *ep.* 175, 6.

37. Augustin, *ep.* 175, 6, *CSEL* 44, p. 662.

Il est frappant de voir que c'est seulement dans une lettre privée[38] – la lettre 177 adressée à Innocent de Rome durant ce même été 416, peu après les synodes de Carthage et de Milève – que cinq évêques africains (il s'agit d'Augustin et de ses quatre amis Aurélius de Carthage, Alypius de Thagaste, Evodius d'Uzalis et Possidius de Calama) révèlent les fondements de leur argumentation antipélagienne. La lettre – plus longue et plus détaillée que les brèves missives des deux synodes – recommande à Innocent la lecture attentive du traité *De natura* de Pélage. De nouveau, une copie de l'écrit est ajoutée à la lettre, accompagnée de la réfutation d'Augustin, à savoir le *De natura et gratia*[39]. En outre, les cinq évêques transmettent au pape la réponse d'Augustin à la *chartula defensionis* de Pélage : le pape est prié de la faire passer à Pélage lui-même, afin, espèrent-ils, que « Pélage ne la dédaigne pas, parce qu'il considérera plutôt celui qui aura envoyé la lettre que celui qui l'a rédigée[40]. » Pour faciliter au pape affairé la lecture du *De natura*, Augustin et ses confrères ont même pris la peine de marquer les passages clés du traité dans la copie jointe[41]. Le corps de la lettre 177 entreprend de réfuter la thèse de base du *De natura* qui semble réduire la grâce de Dieu au libre arbitre humain et à la loi divine. Selon l'opinion d'Augustin et de ses amis, le *De natura* nie la grâce proprement chrétienne, le don de Dieu par Jésus Christ, qui prédestine les élus et les aide tous les jours dans leur lutte contre le péché.

Le 27 janvier 417, Innocent de Rome envoya cinq lettres aux évêques africains (Augustin, lettres 181, 182, 183 et 184; Innocent, lettre 32) : deux d'entre elles étaient adressées aux conciles de Milève et de Carthage, et l'une d'entre elles (183) aux cinq évêques[42]. L'évêque de Rome ne remet pas en question les données sur Pélage et

38. C'est l'expression qu'Augustin utilise dans *ep.* 186, 2, *CSEL* 57, p. 47 : *litterae familiares. Cf.* aussi Innocent, *ep.* 32 (*PL* 20, 597-598). Les lettres à Jean de Jérusalem, Eulogios de Césarée et Jérôme, auxquelles Augustin avait ajouté également le *De natura* et sa propre réfutation, doivent être placées dans la même catégorie.
39. Augustin, *ep.* 177, 6, *CSEL* 44, p. 675.
40. Augustin, *ep.* 177, 15, *CSEL* 44, p. 685.
41. Augustin, *ep.* 177, 6, *CSEL* 44, p. 675.
42. Voir O. Wermelinger, *Rom und Pelagius*, p. 126-133.

Céleste présentées dans les lettres africaines. Pour lui, le point capital, c'est que les évêques africains ont dûment soumis leur jugement à l'autorité de l'Église romaine, qui l'a confirmé. Bien qu'Innocent semble avoir sous ses yeux les actes du synode de Diospolis, il se refuse à s'en servir parce qu'ils lui ont été envoyés par quelques fidèles (des amis romains de Pélage?), et non par des évêques ou par un synode. Il semble qu'aux yeux d'Innocent, le fait que les actes aient circulé en dehors du réseau de communication de l'Église suffise à mettre en doute leur authenticité et leur fiabilité. Quant au traité *De natura*, Innocent admet qu'il contient beaucoup de blasphèmes et rien qu'il ne puisse approuver. Mais, écrit-il, on ne peut pas entrer dans une discussion sérieuse au sujet de ce livre en l'absence de son auteur[43]. En d'autres termes : dans le cas des actes de Diospolis comme du traité *De natura*, Innocent refuse de s'en servir comme pièces à conviction contre Pélage, parce que les modalités de leur circulation, et donc leur autorisation, suscitent des doutes. Ainsi, tout en entérinant la condamnation de l'hérésie pélagienne à la base des synodales de Milève et Carthage (une hérésie qui selon Innocent se résume au déni de la nécessité de la grâce quotidienne), Innocent laisse la porte ouverte à une réhabilitation personnelle de Pélage et de Céleste. Le refus du pape de passer au crible les charges contre Pélage rappelle le comportement de son prédécesseur Anastase dans la controverse origéniste.

Par la suite, Céleste et Pélage s'efforcèrent de mener à bien leur réhabilitation par Rome. Tous deux envoyèrent des confessions de foi (*libelli fidei*) à peu près identiques pour prouver leur orthodoxie :[44] le corps de leurs *libelli* consiste en une confession détaillée de l'orthodoxie nicéenne. En outre, Pélage prit soin d'informer le pape. Il envoya à Innocent un dossier composé des pièces suivantes :

43. Augustin, *ep.* 183, 5, *CSEL* 44, p. 729.
44. Pour le *Libellus fidei* de Pélage, voir P. VAN EGMOND, « *Haec fides est.* Observations on the textual tradition of Pelagius's *Libellus fidei* », *Augustiniana* 57 (2007), p. 345-385. Des citations du *Libellus fidei* de Céleste se trouvent dans Augustin, *De peccato originali* 5, 5-6, 6; 23, 26. Voir O. WERMELINGER, *Rom und Pelagius*, p. 138.

I. une lettre justificative qui comporte une liste des écrits autorisés par lui (le traité *De natura* n'y figure pas) pour prouver son orthodoxie sur la question de la grâce[45],

II. ces écrits eux-mêmes,

III. une recommandation par l'évêque de Jérusalem, Prailus[46].

Mais Innocent mourut le 12 mars 417 avant d'avoir pu réhabiliter Pélage et Céleste.

Son successeur Zosime n'hésita pas à accepter les protestations de Pélage et Céleste et décida de réviser le procès intenté à l'un et à l'autre. Vers la fin de l'été 417 eut lieu à Rome, dans la basilique Saint-Clément, une séance présidée par Zosime en présence de Céleste, qui était rentré d'Orient. Ce nouveau procès romain aboutit à la cassation du jugement des deux synodes africains et d'Innocent. Dans deux lettres aux évêques africains[47], Zosime justifie cette démarche en formulant une critique cinglante de toute la procédure africaine : le jugement des deux conciles africains de Milève et de Carthage, écrit-il, s'était fondé sur des témoins ignorants et douteux – les évêques Heros et Lazare – qui d'ailleurs avaient renoncé à leur charge épiscopale et n'étaient plus en communion avec l'Église romaine. De plus, argumente-t-il, ni les écrits présentés par Céleste, ni les livres et les lettres de Pélage (à savoir le dossier envoyé à son prédécesseur Innocent) ne méritent une condamnation ecclésiale. Aussi semble-t-il récuser le livre *De natura* comme pièce à conviction ; il souligne que Timase et Jacques n'assistèrent pas au synode romain. La démarche de Zosime avait mis en évidence la faiblesse fondamentale de toute la procédure africaine, à savoir son manque d'informations précises et fiables sur la doctrine de Pélage et de son associé, Céleste. Les évêques africains réagirent, à travers au moins deux lettres, à la volte-face du pape, qui ne se laissa cependant

45. Voir p. 72-73.

46. *Collectio Avellana* 46, 2, 17, *CSEL* 35, p. 103, l. 10-23 ; p. 108, l. 2-4.

47. *Collectio Avellana* 45, 46, *CSEL* 35, p. 99-103, 103-108 ; O. Wermelinger, *Rom und Pelagius*, p. 141-146.

point impressionner. Il répondit à leurs démarches en réitérant sa position dans une lettre datée du 21 mars 418[48].

Dès la fin 416-début 417, Augustin – par l'intermédiaire de Cyrille d'Alexandrie – eut enfin à sa disposition les actes du synode de Diospolis. Augustin exploita cette nouvelle source de renseignements sur Pélage, son comportement, ses dires et ses écrits dans un nouveau traité, achevé au plus tard au début de 417, le *De gestis Pelagii*. Il est assez significatif que le destinataire de cet écrit soit Aurélius de Carthage, *primas* de l'Église catholique en Afrique et ami d'Augustin. La dédicace à Aurélius signale l'intention d'Augustin de faire distribuer et répandre ce traité par le réseau de communication de l'Église africaine.

Dans ce contexte, il faut se rappeler que les précédents écrits d'Augustin en la matière, tels que le *De meritis peccatorum et remissione*, le *De perfectione hominis iustitiae*, le *De spiritu ac littera* ou le *De natura et gratia*, sont tous adressés à des fidèles. Ils entendent ainsi constituer une sorte de contre-propagande antipélagienne pour influencer le réseau, le *network*, de Pélage et de ses amis laïcs. À l'inverse, le *De gestis Pelagii* (formulé après les jugements des synodes de Milève et de Carthage) est le premier écrit où Pélage soit mis nommément en cause par Augustin[49].

Il ressort clairement du *De gestis Pelagii* qu'Augustin se méfie toujours des déclarations de Pélage devant le synode de Diospolis. Cette méfiance est nourrie par sa connaissance du traité *De natura*. Augustin juge donc la nouvelle information fournie par les actes de Diospolis d'après l'impression que lui a donnée la lecture du *De natura*.

Dans la partie finale du *De gestis Pelagii*, Augustin dresse une liste des erreurs doctrinales que les évêques réunis avaient condamnées à Diospolis, tout comme Pélage lui-même[50]. De cette façon, Augustin essaie de résumer et de fixer les résultats du synode de Diospolis

---

48. *Collectio Avellana* 50, *CSEL* 35, p. 115-117; Augustin, *Contra duas epistulas Pelagianorum* 2, 3, 5, *PL* 44, 573-75; voir O. Wermelinger, *Rom und Pelagius*, p. 146-165.
49. Voir Augustin, s. 348A, 7 (= Sermon Dolbeau 30, 7), où Pélage est mentionné pour la première fois dans un sermon.
50. Augustin, *De gestis Pelagii* 65, *CSEL* 42, p. 357-358. Voir O. Wermelinger, *Rom und Pelagius*, p. 300-301.

et de proposer à la base de ces résultats une définition minimale de l'orthodoxie.

Plus tard, fin automne 417, Augustin et Alypius écrivent à Paulin de Nole (Augustin, lettre 186), richissime ascète et – dit-on – ami de Pélage. De nouveau, c'est le souci d'informer et d'influencer ainsi un membre important du réseau des lettrés chrétiens (surtout après la volte-face du pape Zosime !)[51] qui motive cette lettre : Augustin et Alypius y ajoutent de nouveau un dossier de documents. La lettre 186 constitue ainsi une introduction à ce dossier antipélagien dont la lecture est recommandée à Paulin.

Au début de la lettre, Augustin et Alypius se croient obligés d'exposer de nouveau le déroulement de la controverse jusqu'à ce jour et les problèmes d'information et d'authentification qui l'ont accompagnée : ils signalent à Paulin que deux disciples de Pélage leur ont remis un livre du maître, tout en passant sous silence que ce livre n'a pas été reconnu par Pélage. Or, Augustin et Alypius disposent à ce moment d'une lettre de Pélage à Paulin de Nole : cette lettre – suggèrent-ils – authentifie le contenu du traité (non autorisé) du *De natura*. Ils remarquent que

> [...] ce qui est renfermé dans ce livre et en de grands développements, c'est ce qui se trouve aussi dans la lettre qu'il t'a écrite, où il dit qu'on ne doit pas croire qu'il ait défendu le libre arbitre sans la grâce de Dieu, puisqu'il soutient que le Créateur nous a donné la possibilité de vouloir et de faire. Sans cette possibilité nous sommes incapables de vouloir ou de faire quelque chose de bien[52].

De plus, la liste des erreurs pélagiennes présentée dans le *De Gestis Pelagii* est reprise et argumentée[53]. Augustin et Alypius prétendent que Pélage a en effet révisé sa prise de position à Diospolis dans les écrits qu'il avait autorisés

51. Augustin, *ep.* 186, 41, *CSEL* 57, p. 80 ; voir O. Wermelinger, *Rom und Pelagius*, p. 159. Pour une analyse de la lettre, voir p. 160-163.
52. Augustin, *ep.* 186, 1, *CSEL* 57, p. 46, trad. M. Poujoulat, *Lettres de Saint Augustin* IV, p. 2, légèrement retouchée. Selon P. Courcelle, « Les lacunes de la correspondance entre Paulin de Nole et Saint Augustin », *Revue des études anciennes* 53 (1951), p. 288, il est bel et bien possible que ce soient encore Timase et Jacques qui aient remis cette lettre de Pélage à Augustin.
53. Augustin, *ep.* 186, 31-33, *CSEL* 57, p. 69-73 ; O. Wermelinger, *Rom und Pelagius*, p. 162.

dans sa lettre à Innocent – en particulier dans son apologie toute récente, le *Pro libero arbitrio.* La réhabilitation de Pélage par le synode de Diospolis – telle est la conclusion suggérée à Paulin – serait donc assez douteuse.

Augustin et Alypius semblent bien conscients du fait que Pélage se réclame de l'amitié de leur illustre correspondant. Bien qu'ils informent Paulin sur les deux conciles de Carthage et de Milève et aussi mentionnent leur condamnation des doctrines de Pélage, ils prennent soin de souligner que la procédure des évêques africains contre Pélage est mesurée et respectueuse de la personne de celui-ci. En plus, ils remarquent que les deux conciles avaient eu lieu avant que « les actes ecclésiastiques, par lesquels Pélage prétend s'être justifié auprès des évêques de Palestine, ne fussent parvenus entre nos mains et ne fussent arrivés en Afrique[54]. »

Au cours de l'année 417, Augustin semble être entré en possession non seulement de la lettre de Pélage à Innocent de Rome[55], dans laquelle Pélage dressait la liste de ses écrits autorisés, mais aussi de sa *Lettre à Démétrias*[56]. De nouveau, il avait à affronter un problème d'authentification : lorsqu'il écrit fin 417-début 418 sa lettre à Juliana, la mère de Démétrias, il critique un bref passage de la *Lettre à Démétrias* de Pélage[57]. Tout en reconnaissant cet écrit comme émanant de cercles pélagiens, Augustin prétend ne pas être entièrement assuré qu'il s'agisse bel et bien de cette *Lettre à Démétrias* que Pélage avait autorisée dans sa lettre à Innocent de Rome. Il écrit :

> L'auteur de ce livre, sans y mettre ni son nom ni le ton, déclare cependant qu'il écrit à Démétrias sur la demande de sa mère. Mais le même Pélage, dans une de ses lettres où il se nomme ouvertement et ne tait pas non plus le nom de cette

---

54. Augustin, *ep.* 186, 2, *CSEL* 57, p. 47, trad. légèrement retouchée M. POUJOULAT, *Lettres de Saint Augustin* IV, p. 3. Voir *De bono viduitatis* 18, 22 (une lettre qui est adressée à Juliana), où Augustin souligne les relations amicales entre lui et les pélagiens et soutient que, en dépit de leur implication dans l'erreur doctrinale, ils sont de bonne foi.

55. Zosime a probablement ajouté cette pièce à sa lettre aux évêques africains (« Collectio Avellana » 46, 17), *CSEL* 35, p. 108.

56. Voir p. 79-122.

57. Augustin, *ep.* 188, 4, *CSEL* 57, p. 122.

vierge sacrée, dit qu'il lui a écrit, et s'efforce de prouver, par son ouvrage même, qu'il reconnaît très clairement la grâce de Dieu[58] qu'on lui reproche de taire ou de nier. Mais est-ce le même livre où il a posé ces paroles sur les richesses spirituelles, et ce livre est-il parvenu à votre sainteté[59] ?

Quant à la condamnation définitive du pélagianisme au concile africain du 1er mai 418 – nous l'avons déjà évoqué –, il faut noter que les neuf canons ne font aucune référence explicite aux écrits pélagiens : la plupart d'entre eux condamnent des propositions ou des exégèses de Pélagiens anonymes. Seul le canon 6 cite une proposition tirée du traité *Pro libero arbitrio* de Pélage – mais sans identifier la source. Ainsi, en 418, les évêques africains ne semblent plus s'intéresser à ce que Pélage a vraiment enseigné : ils essaient plutôt de définir une hérésie à condamner.

L'avant-dernier écrit d'Augustin qui s'occupe de façon détaillée de Pélage lui-même est le traité en deux livres du *De gratia Christi et de peccato originali*, daté de l'été 418, c'est-à-dire après la condamnation de Pélage par les autorités civiles et ecclésiastiques. L'écrit est adressé aux amis et – suppose-t-on[60] – patrons de Pélage, Mélanie et Pinien. Ce couple ascétique avait apparemment essayé de réconcilier Augustin et Pélage. En leur présence, comme l'écrivent Mélanie et Pinien à Augustin, Pélage avait condamné sans ambages la proposition

que la grâce par laquelle le Christ est venu en ce monde pour sauver les pécheurs n'est pas nécessaire, non seulement à chaque heure et à chaque instant, mais même pour chacun de nos actes[61].

Avec cette déclaration, semble-t-il, Pélage entend répondre à la condamnation par les synodes africains, et plus encore à la position formulée par Innocent de Rome. Mais Augustin n'est toujours pas satisfait : il compare les propos tenus en présence de Pinien et Mélanie et devant le synode de Diospolis avec les écrits de Pélage. Ce faisant,

---

58. Il s'agit sans doute de la lettre de Pélage à Innocent de Rome.
59. Augustin, *ep.* 188, 14, *CSEL* 57, p. 130 ; trad. retouchée M. Poujoulat, *Lettres de Saint Augustin* IV, p. 80-81.
60. Voir ci-dessous, p. 51 *sq*.
61. Augustin, *De gratia Christi* 2, *BA* 22, p. 55 (trad.).

Augustin – sans le signaler – abandonne définitivement sa base d'argumentation contre Pélage, le traité *De natura*, en faveur de nouvelles pièces à conviction, à savoir avant tout les écrits autorisés par Pélage dans sa lettre à Innocent de Rome. Augustin ne joint pas ces écrits à son traité – peut-être parce que Pinien et Mélanie en disposent déjà. Mais Augustin prend de nouveau soin d'informer le couple en ajoutant à son traité tous les actes et les écrits qui documentent la démarche des Églises africaines et de l'Église de Rome contre Céleste et Pélage durant la période allant de 411 à 418.

Dans le deuxième livre du traité envoyé à Pinien et Mélanie (*De peccato originali*), Augustin fonde sa réfutation principalement sur l'écrit *Pro libero arbitrio* de Pélage. Il compare les quatre livres de ce traité avec les déclarations de Pélage devant le synode de Diospolis. Ainsi, dans l'argumentation d'Augustin, le *Pro libero arbitrio* joue le rôle assuré auparavant par le traité *De natura* (dans sa lettre à Paulin de Nole, par exemple). Alors qu'à Diospolis Pélage avait admis la transmission du péché originel à la postérité d'Adam, il la contestait dans son traité. Augustin reproche encore à Pélage son manque de franchise, voire sa dissimulation : le moine breton, soupçonne-t-il, cache ce que son associé Céleste dit ouvertement. En outre, Augustin utilise le dossier de Céleste (les actes du synode de Carthage de 411 et le *Libellus fidei* de Céleste) pour prouver que les pélagiens nient bien, comme il les en accuse, le péché originel. Ainsi, à la différence du synode africain du 1er mai, Augustin, s'adressant aux « amis » de Pélage, s'occupe encore de prouver l'hérésie personnelle de Pélage.

La dernière œuvre d'Augustin qui fasse mention de Pélage est son *Liber de haeresibus*, rédigé en 428, qui confirme le positionnement déjà présent dans le *De peccato originali*. La dernière notice (88) de ce catalogue porte sur les *Pelagiani*. Sa toute première proposition est parlante :

> Il y a l'hérésie des Pélagiens, qui est la plus récente de toutes les hérésies et qui a tiré son origine du moine Pélage. Céleste a suivi ce maître de telle façon que leurs sectateurs sont aussi nommés Célestiens[62].

Ce qu'Augustin avait refusé de faire en 411 dans le livre 3 de son traité *De meritis peccatorum et remissione* – à savoir identifier les doctrines de Pélage à celles de son disciple ou associé Céleste – il le fait à présent, en 428, sans scrupule.

Palestine

En 411, Pélage quitta l'Afrique pour la Palestine. Sur l'endroit exact de son séjour en Terre Sainte, le sermon 348A d'Augustin (donné au printemps ou à l'été 416 à Hippone) nous donne de précieuses informations. Sous le coup d'importantes nouvelles arrivées de Palestine, Augustin consacre toute une partie du sermon à Pélage et à la situation en Palestine : Orose (alors jeune prêtre espagnol, qui avait quitté Augustin un an auparavant pour aller visiter Pélage et Jérôme en Palestine) a trouvé, dit-il, le lieu où séjourne Pélage très troublé par les prédications et les dissensions des frères[63]. Un peu plus loin, Augustin fait mention d'un grand trouble (*magna perturbatio*) à Jérusalem et d'un tumulte populaire qui s'est terminé par l'incendie des monastères de Jérôme à Bethléem[64]. Pélage séjourna donc à Jérusalem, supposition qui est d'ailleurs confirmée par la synodale de Milève[65]. Peut-être – mais ce n'est pas assuré – Pélage habita-t-il dans l'un des monastères fondés par des aristocrates romains.

En Palestine, Pélage suscita vite l'opposition acharnée non seulement d'Orose[66], mais aussi et surtout de Jérôme. Les motifs de l'attitude hostile du savant moine sont, à

62. Augustin, *Liber de haeresibus* 88, 1, *PL* 42, 47. Voir aussi Augustin, s. 181, 2.

63. Augustin, *s.* 348A, 6, éd. F. Dolbeau, p. 56. Pour la datation du sermon, voir *id.*, p. 50.

64. Augustin, *s.* 348A, 7, éd. F. Dolbeau, p. 57. Voir p. 192-194.

65. Augustin, *ep.* 176, 4, *CSEL* 44, p. 667.

66. S. 348A, 6 indique qu'Augustin avait chargé Orose d'exhorter Pélage au cours d'une rencontre personnelle. Nous ne savons pas si une telle rencontre a jamais eu lieu; Orose n'en souffle mot dans son *Liber Apologeticus*.

vrai dire, assez obscurs. On a souvent supposé que Jérôme avait déjà fait la connaissance de Pélage au cours de sa période romaine (c'est-à-dire avant 410) et qu'il exista dès lors une sorte de rivalité entre eux. Mais, comme nous le montrerons plus loin[67], il faut probablement écarter l'hypothèse d'une préhistoire romaine du conflit entre Jérôme et Pélage[68].

Apparemment, ce fut un certain Ctésiphon, l'un des partisans de Pélage, qui déclencha le débat en envoyant une lettre à Jérôme. On ne sait rien ni de l'identité ni du lieu de séjour de ce Ctésiphon. On a parfois supposé qu'il ait écrit de Rome et qu'il ait été attaché d'une manière ou d'une autre à une maison de la haute aristocratie romaine[69].

Pourquoi Ctésiphon écrit-il à Jérôme? Selon B. Jeanjean, ce fut pour « sonder les dispositions de Jérôme et museler ses éventuelles critiques[70]. » Mais il me semble plutôt que Ctésiphon s'est adressé à Jérôme pour entamer une discussion et sonder les arguments que celui-ci pourrait avancer contre les positions pélagiennes. En un certain sens, l'action de Ctésiphon peut être rapprochée de celle de deux disciples de Pélage, Timase et Jacques, qui – plus ou moins en même temps! – avaient remis le traité *De natura* à Augustin. Tout comme Timase et Jacques, Ctésiphon était un rallié potentiel – mis à part, bien sûr, que nous ne savons rien d'un « ralliement » éventuel de sa part à l'orthodoxie antipélagienne.

Quoique la lettre de Ctésiphon ne soit pas préservée, la réponse de Jérôme, la lettre 133 *à Ctésiphon*, en contient quelques citations. L'argument de ces dernières – qui s'occupent principalement de proposer une définition pélagienne de la grâce – semble développer la position du traité *De natura* : le partisan de Pélage, tout en acceptant

67. Voir p. 65-70.
68. Pélage semble s'être plaint de la jalousie de Jérôme dans sa lettre à Innocent de Rome. Voir Augustin, *Contra Iulianum* 2, 36, *PL* 44, 699; Jérôme, *Dialogus contra Pelagianos*, prol. 2, *PL* 23, 519. Voir Y.-M. DUVAL, « Pélage est-il le censeur inconnu de l'*Adversus Iovinianum* à Rome en 393? », *Revue de l'histoire ecclésiastique* 75 (1980), p. 541-542, 547-548, 554.
69. Voir *PCBE* 2, 1, Paris 1982, p. 509-510.
70. B. JEANJEAN, *Saint Jérôme et l'hérésie*, Paris 1999, p. 64; cf. Jérôme, *ep.* 133, 11.

l'objection selon laquelle l'impeccance (le terme désigne ici et dans la suite l'état de l'homme qui est sans péché) est possible, souligne que cette possibilité *n'existe pas sans la grâce de Dieu.* Or, aux dires de Jérôme, cet ajout ne vise qu'à tromper le lecteur : la grâce dont parle Ctésiphon se réduit au libre arbitre et aux commandements de la Loi[71]. Ctésiphon nie que la grâce et l'aide divine soient nécessaires tous les jours et pour chaque acte :

> En conséquence, ou bien j'use du pouvoir qui m'a été donné une fois pour toutes, et ainsi est sauvegardé le libre arbitre, ou bien, si j'ai besoin de l'aide d'un autre, c'est la liberté de ma volonté qui est détruite en moi[72].

La réponse polémique de Jérôme dans la lettre 133 semble se fonder sur les seules données de la lettre de Ctésiphon et, en outre, sur des rapports oraux. On a pourtant suggéré que – bien qu'il soit théoriquement possible que Jérôme ait été informé par des échanges oraux – il dispose déjà, en 414, d'un écrit de Pélage, les *Extraits*, sans pour autant être à même de prouver sa provenance pélagienne[73]. Car dans la lettre 133, 11, Jérôme s'adresse à Pélage en ces termes :

> Exprime ce que tu crois; prêche publiquement le langage qu'en secret tu tiens à tes disciples. [...] Mais vous ne prenez pas garde que, si nous écrivons, c'est justement pour que vous soyez forcés de répondre et de dire enfin clairement ce que selon les temps, les personnes et les lieux, vous exposez ou vous passez sous silence. [...][74].

Si la suggestion de B. Jeanjean est juste, Jérôme se trouvait en 414 dans la même situation qu'Augustin. Il disposait – par l'intermédiaire de disciples de Pélage tels que Ctésiphon – de rapports sur la doctrine de Pélage ou même d'écrits de celui-ci. Mais ces matériaux n'étaient pas suffisamment autorisés pour être utiles à son argumentation contre la nouvelle hérésie. La lettre de Jérôme mérita apparemment une réfutation de la part d'un pélagien, le

---

71. Jérôme, *ep.* 133, 5.
72. Jérôme, *ep.* 133, 5, trad. J. Labourt, *Lettres* VIII, p. 57.
73. B. Jeanjean, *Saint Jérôme et l'hérésie*, p. 254, n. 652.
74. Trad. J. Labourt, *Lettres* VIII, p. 65.

diacre Annianus de Celeda. Cette réponse n'est néanmoins pas préservée[75].

Au colloque de Jérusalem, le 28 juillet 415, le prêtre espagnol Orose essaya en vain de persuader quelques membres du clergé latin de Jérusalem que Pélage était un hérétique. Ce fut au lendemain de ce colloque que Jérôme publia une seconde réfutation de l'enseignement de Pélage – un ouvrage en trois livres, beaucoup plus ample et détaillé, donc, que le premier – son *Dialogue contre les Pélagiens*. Le point de départ de l'argumentation, ce sont précisément les deux propositions pélagiennes qu'Orose avait déjà attaquées à Jérusalem :

I. S'il le veut, l'homme peut être sans péché.

II. Les commandements de Dieu sont faciles à accomplir[76].

L'argumentation de Jérôme dans son *Dialogue* se base sur les *Extraits* de Pélage[77], sur la lettre de Pélage à une veuve[78], sur un livre de Céleste[79] et sans doute sur quelques échanges oraux avec des pélagiens[80]. La situation en Palestine, dans le milieu des monastères latins à Jérusalem et à Bethléem, était probablement caractérisée par une certaine familiarité, voire une intimité des échanges intellectuels. Mais nous ne savons pas si Jérôme a jamais rencontré Pélage ou l'un de ses disciples, et si des discussions orales ont jamais eu lieu entre Jérôme et les pélagiens en Terre Sainte.

La polémique mise en œuvre par Jérôme diffère sensiblement de la démarche antipélagienne augustinienne par son recours aux méthodes et arguments de l'hérésiologie

---

75. Voir *PCBE* 2, 1, p. 141-142. La localisation de Celeda est inconnue, il s'agit peut-être d'une ville d'Italie. Voir Jérôme, *ep.* 143, 2, éd. et trad. J. Labourt, *Lettres* VIII, p. 98-99.

76. Jérôme, *Dial.* 1, 1 ; 1, 32, *PL* 23, 519-521 ; 549-550. Selon Y.-M. Duval, *L'affaire Jovinien*, p. 334, la 2e proposition n'est qu'un « corollaire ».

77. Jérôme, *Dial.* 1, 25-33, *PL* 23, 541-551. Voir p. 74.

78. Jérôme, *Dial*. 3, 14, *PL* 23, 611. Voir p. 77.

79. Cf. O. Wermelinger, *Rom und Pélagius*, p. 297-299, qui croit que Jérôme utilise déjà ce livre dans la lettre 133 ; cf. Augustin, *De gestis Pelagii* 30, *CSEL* 42, p. 84, et Jérôme, *ep.* 133, 5, éd. et trad. J. Labourt, *Lettres* VIII, p. 57. C'est au synode de Diospolis que cette source d'information est nommée.

80. Y.-M. Duval, *L'affaire Jovinien*, p. 335, n. 138.

traditionnelle. B. Jeanjean a identifié trois thèmes hérésiologiques dans les écrits antipélagiens de Jérôme :

I. L'origine philosophique de l'hérésie : ce thème tout à fait traditionnel se trouve aussi dans les traités antihérétiques de Tertullien, dont Jérôme était un connaisseur avisé. Jérôme apparente la doctrine pélagienne de l'*impeccantia* à la doctrine stoïcienne de l'*apatheia*.

II. L'hypocrisie des hérétiques : comme nous l'avons déjà vu, Jérôme reproche à Pélage et à ses partisans de ménager leur franchise, en l'occurrence de prêcher en secret des doctrines qu'ils ne se risquent pas à publier.

III. L'hérésie comme l'œuvre du diable[81].

En 415 Jérôme prit soin d'envoyer son *Dialogue contre les pélagiens* à la cour de l'empereur Honorius à Ravenne[82].

L'action en Palestine, commencée par Jérôme, se poursuivit après le colloque de Jérusalem en juillet 415 (sous la direction de l'évêque Jean de Jérusalem) au petit synode de Diospolis, fin décembre 415. On ne sait pas dans quelle mesure Jérôme – dépourvu de toute autorité épiscopale comme il l'était – a influencé ces deux vaines tentatives de convaincre Pélage d'hérésie. Nous savons que le prêtre espagnol Orose qui, au colloque de Jérusalem, dénonça la doctrine de Pélage et de Céleste devant le clergé latin de Jérusalem – avait contacté Jérôme en Palestine, et il semble reprendre la critique de celui-ci.

À Diospolis, deux évêques gaulois exilés en Palestine, Héros d'Arles et Lazare d'Aix, présentèrent un acte d'accusation bourré de citations pélagiennes. La composition réfléchie de cet écrit a été analysée de façon très détaillée par Otto Wermelinger. Voici ses résultats[83].

L'acte consiste dans vingt-neuf propositions tirées des écrits de Pélage et de Céleste; le centre est constitué précisément des six propositions du synode de Carthage en 411 (10 à 15). Elles sont préfacées par six autres propositions tirées des *Extraits* de Pélage (1 à 6) ainsi que de

---

81. B. Jeanjean, *Saint Jérôme et l'hérésie*, p. 65 *sq.*, p. 69-73, qui souligne en plus le fait que Jérôme poursuit sa polémique anti-pélagienne dans ses œuvres exégétiques, tel son commentaire *In Ieremiam*.

82. Augustin, *ep.* 19*, 2, *CSEL* 88, p. 91. Voir le commentaire de Y.-M. Duval dans *BA* 46 B, p. 509.

83. O. Wermelinger, *Rom und Pelagius*, p. 70-77 et 295-299.

trois propositions tirées d'une lettre de Pélage à une veuve (7 à 9)[84]. Après les six propositions tirées du *libellus* de Carthage, l'écrit de Héros et Lazare continue avec trois propositions pélagiennes (16 à 18) qu'un certain Hilaire de Syracuse avait communiquées par lettre (lettre 156) à Augustin[85]. Après une autre proposition dont la source n'est pas identifiée (19), l'acte d'accusation s'achève par dix propositions tirées d'un livre anonyme de Céleste (20 à 29).

Jérôme aida-t-il Héros et Lazare à rédiger l'acte d'accusation ? L'influence de Jérôme semble évidente : plusieurs propositions peuvent être rapprochées de passages de la lettre 133 à Ctésiphon ou du *Dialogue* de Jérôme. Mais ce qui est aussi évident, c'est l'importance des décisions africaines : l'écrit essaie clairement de développer la condamnation de Céleste à Carthage en 411 qui fut évoquée pendant la séance de Diospolis. Il veut suggérer que les positions de Pélage et de Céleste sont identiques. De plus, aux dires d'Augustin lui-même, Héros et Lazare s'étaient réclamés de son autorité pour justifier l'insertion des propositions pélagiennes rapportées par Hilaire de Syracuse[86].

De nouveau, on peut constater la difficulté considérable qu'il y a à trouver des pièces à conviction pour l'acte d'accusation. Pélage, par exemple, nie franchement sa paternité des propositions 7 à 9 et refuse la responsabilité des propositions qui ne sont pas les siennes, à savoir 10 à 12, 14 et 15, 17 à 18 et 20 à 29[87].

Rome, Italie

Après la double condamnation de Pélage et Céleste par le concile africain et par l'empereur, fin avril-début mai 418, l'évêque de Rome Zosime – qui, comme nous l'avons vu, avait d'abord accepté les lettres justificatives de Céleste et Pélage – fut enfin contraint de faire volte-face : en juin 418, il publia la condamnation romaine de Pélage

---

84. Voir ci-dessous, p. 77-78.
85. Voir ci-dessous, p. 139-140.
86. Augustin, *De gestis Pelagii* 23, *CSEL* 42, p. 77. O. Wermelinger, *Rom und Pelagius*, p. 77.
87. Voir l'annexe p. 214-216.

et Céleste dans une encyclique, adressée aux Églises les plus importantes de l'est et de l'ouest, ce qu'on appelle la *Tractoria*. À en croire le témoin romain Marius Mercator, la *Tractoria* était originellement d'une ampleur assez considérable[88]. Mais il ne nous reste que des fragments du corps de la lettre (qui comprend la condamnation de Pélage et Céleste) et du dossier qui était ajouté à cette lettre. Otto Wermelinger a rassemblé et analysé ces fragments. Voici ses résultats.

Le corps de la *Tractoria* ratifie la condamnation de Pélage et de Céleste tout en affirmant que le Christ libère dans le baptême les fidèles de la mort transmise par Adam à chaque âme, et que l'aide divine est continuellement prêtée à tout acte, mouvement et pensée. En outre, il faut noter que dans la *Tractoria* la base du jugement sur Pélage se trouve de nouveau changée.

Selon la reconstruction d'Otto Wermelinger, le dossier sur Pélage ajouté à la *Tractoria* est ainsi constitué :

I. le *libellus* d'accusation présenté par le diacre Paulinus au synode de Carthage en 411 ;

II. un extrait du commentaire de Pélage sur Rm 5, 12-15 ;

III. un extrait d'une œuvre inconnue de Pélage; le témoin romain Mercator l'introduit par la phrase : *Et iterum in alio sermone suo idem Pelagius*[89]*;*

IV. un extrait d'une lettre de Pélage à la veuve Livania[90].

Il est frappant de constater que ni le corps de la *Tractoria* ni le dossier ajouté ne font apparemment référence aux décisions du concile africain du 1er mai. De plus, Zosime ne semble mentionner ni le synode de Diospolis ni les écrits authentifiés par Pélage dans sa lettre à Innocent. Le dossier antipélagien de la *Tractoria* tourne autour du *libellus* contre Céleste que Paulin a présenté devant le synode de Carthage en 411. Comme nous l'avons vu, cet écrit s'occupe du péché d'Adam et de ses conséquences pour la postérité d'Adam, du baptême des enfants et de la différence entre la loi et l'Évangile.

88. *ACO* I, 5, 1, p. 66, l. 43.
89. *ACO* I, 5, 1, p. 68, l. 10.
90. Voir dessous, p. 77-78.

Les trois autres extraits entendent établir l'accord entre la doctrine de Pélage et celle de Céleste. En 412, Augustin, dans le livre III de son *De meritis peccatorum et remissione,* n'avait cité le commentaire de Pélage sur Rm 5, 12-15 que pour observer que Pélage y présente une opinion qui n'est pas nécessairement la sienne. En 418, Zosime veut prouver que c'est bien Pélage lui-même qui nie la transmission du péché d'Adam à sa postérité : l'extrait de l'œuvre inconnue (III) va dans ce sens. L'extrait de la lettre à Livania, à l'inverse, veut prouver que Pélage ne distingue pas suffisamment entre la loi de l'Ancien Testament et la grâce du Nouveau Testament – tout comme Céleste qui en fut accusé par le synode de Carthage en 411[91].

En résumé, il faut constater que la *Tractoria* de Zosime s'efforce de monter un dossier nouveau contre Pélage. Pour cela, Zosime et ses aides romains dépistèrent des sources nouvelles datant de la période romaine de Pélage.

Quand on compare la *Tractoria* et son dossier avec le dernier écrit d'Augustin contre Pélage, son traité *De gratia Christi et de peccato originali,* il faut constater que Zosime comme Augustin rencontrent encore des difficultés considérables à convaincre Pélage d'hérésie. Par conséquent, tous deux se réfèrent à Céleste et à sa condamnation à Carthage en 411. Augustin essaie d'exploiter le *Pro libero arbitrio* en ce sens, tandis que Zosime cite des écrits et des dires de Pélage datés de sa période romaine.

Quand, en 429-430, le romain Marius Mercator expose l'hérésie pélagienne à ses confrères d'un monastère latin en Thrace et à l'empereur et ses administrateurs à Constantinople à travers deux écrits (le *Commonitorium adversum haeresim Pelagii et Caelestii* et le *Commonitorium super nomine Caelestii*)[92], il puise ses informations dans la *Tractoria* du pape Zosime. Ainsi, Marius Mercator essaie de minimiser le rôle de l'Église africaine. En fait, Marius Mercator poursuit la tentative de Zosime de chercher dans la période romaine de Pélage. Il

91. O. Wermelinger, *Rom und Pelagius*, p. 209-218, 307-308 ; *Id.*, « Das Pelagiusdossier in der Tractoria des Zosimus », *Freiburger Zeitschrift für Philosophie und Theologie* 26 (1979), p. 336-368.
92. *ACO* I, 5, p. 5-23 ; 65-70. Voir O. Wermelinger, « Das Pelagiusdossier », p. 362-364.

réussit à mettre davantage en lumière l'arrière-plan romain de la controverse : pour cela, il découvre un certain Syrien Rufin qui a importé l'hérésie à Rome au temps du pape Anastase et a invité Pélage à écrire ce que lui-même n'osait pas publier[93]. Marius Mercator – voulant aussi établir une connexion entre hérésie pélagienne et hérésie nestorienne – soutient que c'est bien Théodore de Mopsueste qui fut le premier à enseigner qu'Adam et Ève avaient été créés mortels et que leur transgression du précepte divin n'avait nui qu'à eux-mêmes[94].

La *Tractoria* de Zosime, qui circula en Italie et ailleurs pour être approuvée par les évêques, ne fit point l'unanimité. Dirigés par Julien d'Eclane, dix-huit évêques refusèrent d'y souscrire. En outre, Julien adressa à l'évêque Rufus de Thessalonique une lettre réfutant les thèses « manichéennes » d'Augustin et exposant sa propre position. Julien formule cinq louanges (*laudes)* qui célèbrent la gloire de la création, la gloire du mariage, la gloire de la loi, la gloire du libre arbitre, la gloire des saints. Les cinq *laudes* entendent glorifier en dernière instance Dieu lui-même, « car Dieu est le créateur de ceux qui naissent, et les enfants des hommes sont l'ouvrage de Dieu[95]. » Il faut ici se rappeler que le peu de théologie que contient le décret antipélagien d'Honorius porte principalement sur la doctrine de Dieu : il semble donc que Julien tente de poursuivre le débat théologique entamé par l'empereur. Or, déclare-t-il, c'est bien Augustin, et non les pélagiens, qui porte atteinte à la bonté et à la justice du Dieu créateur et s'égare ainsi dans un discours hérétique.

Hormis Julien et ses partisans, il y avait aussi un petit groupe d'évêques récalcitrants en *Italia annonaria* : en 418, ils tinrent concile à Aquilée et formulèrent un exposé très détaillé de leur foi comportant « une cinglante

---

93. La discussion sur l'identité de ce Rufin continue; voir plus récemment W. Dunphy, « Rufinus the Syrian : Myth and Reality », *Augustinianum* 59 (2009), p. 79-157.

94. *ACO* I, 5, p. 5, l. 30-40.

95. G. de Plinval, *Pélage, ses écrits, sa vie et sa réforme. Étude d'histoire littéraire et religieuse*, Lausanne 1943, p. 340 *sq.* (traduction). Voir Augustin, *Contra duas epistulas Pelagianorum* 3, 24; 4, 1-2, *PL* 44, 606; 609; O. Wermelinger, *Rom und Pelagius*, p. 236-238.

critique » de la *Tractoria*[96]. Leur doctrine s'avère synergiste : les commandements peuvent être accomplis par la grâce de Dieu, qui aide à chaque bonne œuvre, et par le libre arbitre, qui est un don de Dieu. La grâce ne contraint point ceux qui ne veulent pas. Les hommes sont pécheurs non à cause de leur incapacité mais à cause de leur négligence. De nouveau, la nature humaine est déclarée l'œuvre bonne d'un bon créateur. Le mariage est une institution divine : partant, il n'y a pas de péché de nature – comme le veulent leurs adversaires, les « manichéens ». Les évêques rejettent l'attribution fautive de certaines propositions aux pélagiens : ceux-ci ne nient point la nécessité de la grâce pour éviter le péché. De plus, on doit bien, selon eux, baptiser les petits enfants. Enfin, le petit concile d'Aquilée proteste de l'innocence de Pélage et Céleste : l'un et l'autre auraient en effet condamné dans leurs confessions de foi, jadis envoyées au pape Innocent I, les erreurs qui leur sont attribuées[97]. De plus, les évêques se déclarent incapables de juger des absents et citent des passages scripturaires à l'appui. Ils menacent d'en appeler à un concile général si « quelqu'un veut susciter contre nous un scandale[98]. »

Résumons. L'analyse du processus de l'invention de l'hérésie pélagienne révèle avant tout les difficultés qu'ont les protagonistes à s'informer sur les positions doctrinales de leurs adversaires et à établir de nouvelles normes doctrinales. Ces difficultés tiennent largement à la fragilité des réseaux de communication dans l'empire romain.

Pélage et ses disciples communiquaient leur enseignement à travers les réseaux non officiels des lettrés de leur époque. Par conséquent, la distribution de certains traités – tel le traité *De natura* ou les *Definitiones* de Céleste – était largement limitée au cercle intime des disciples. S'il se trouve que l'un de ces traités tombe entre les mains d'un étranger[99], on se croit autorisé à en nier la

96. *PL* 48, 509-526 ; voir G. de PLINVAL, *Pélage*, p. 337 *sq.* ; O. WERMELINGER, *Rom und Pelagius*, p. 220-226.
97. *PL* 48, 514-515 ; 523.
98. *PL* 48, 524-525.
99. M. CALTABIANO, « Agostino d'Ippona e la comunicazione scritta con gli eretici », *Acme* 59 (2006), p. 66-69, s'occupe de ces informateurs et informatrices d'Augustin (p. 66 : « sentinelle dell'ortodosssia ») qui lui envoyaient des textes hérétiques.

paternité. D'autres traités (tels que les écrits ascétiques)[100] étaient probablement destinés d'emblée à une diffusion plus large. En tout cas, c'étaient bien ces réseaux informels qui étaient nécessaires pour toute distribution des écrits. Malheureusement, nous ne savons presque rien sur les messagers de Pélage et sur ses amis.

Augustin dispose de deux types de réseau de communication : l'un est ecclésial, l'autre privé. Comme nous l'avons vu à propos de la correspondance avec Innocent de Rome, il y a pour Augustin une vraie différence entre une lettre synodale et une lettre privée. Augustin peut employer comme messagers des membres du clergé de son Église ou d'autres Églises, mais – et ici nos conclusions recoupent celles auxquelles arrive Claire Sotinel au terme d'une étude plus générale[101] – on est frappé par l'absence d'organisation de cette communication ecclésiale. En particulier, le flux d'informations entre les Églises d'Afrique et les Églises d'Orient semble assez irrégulier et restreint. Ce n'est pas Jean de Jérusalem mais Cyrille d'Alexandrie qui communiqua enfin les actes du synode de Diospolis à Augustin. Or, on ne sait pas si Cyrille lui-même a obtenu les actes directement de Jean de Jérusalem et d'Eulogius de Césarée. Walter Dunphy a même suggéré que ce sont des chrétiens latins d'Alexandrie qui auraient servi d'intermédiaires[102].

Pour les évêques, il était assez difficile de contrôler la communication au sein des réseaux informels des lettrés tardo-antiques : seul un petit nombre d'entre eux y avait quelque accès. Et ceux-là même éprouvaient des difficultés considérables à y introduire le nouveau discours sur l'hérésie et l'orthodoxie.

Augustin essaye d'affronter le problème créé par l'insuffisance de ses renseignements : la remise du traité *De natura* par les jeunes disciples Timase et Jacques signifie qu'une brèche s'était ouverte dans l'entourage intime de

100. Voir p. 79.
101. Voir C. SOTINEL, « La circulation de l'information dans les églises », L. CAPDETREY, J. NELIS-CLÉMENT (éd.), *La circulation de l'information dans les états antiques*, Bordeaux – Paris 2006, p. 177-194.
102. W. DUNPHY, « Concerning the Synod of Diospolis and its Acts », *Academia* 63 (1996), p. 110-112.

Pélage. Augustin n'hésite pas à en profiter autant que possible. Comme nous le verrons, le traité *De natura* n'est pas le seul écrit pélagien qu'Augustin ait obtenu par les soins d'amis ou de connaissances de Pélage lui-même.

L'attitude d'Augustin envers ce traité *De natura* reste d'ailleurs très ambivalente : d'un côté, ses confrères africains et lui-même n'osent pas utiliser le traité dans leurs lettres synodales officielles ; de l'autre, le traité fonctionne pour Augustin comme un point de repère pour juger les propos de Pélage qui lui sont communiqués par d'autres voies. Tout au long de la controverse, Augustin s'efforce d'évaluer la qualité de ses renseignements et de faire la comparaison de ses diverses sources.

La base des informations sur l'hérésie de Pélage et, par conséquent, la définition même de l'erreur pélagienne ont subi des modifications importantes au cours de la controverse. La définition de l'hérésie de Pélage ne fut point un processus linéaire d'information et d'élaboration.

Le réseau de Pélage : « Les patrons de Pélage »

On a généralement supposé que Pélage et ses partisans étaient soutenus par un réseau d'aristocrates romains et que cette aide a influencé le déroulement même de la controverse.

Peter Brown, dans une étude qui a fait date (*The Patrons of Pelagius*), a soutenu que « certains problèmes concernant la teneur et la qualité de la controverse pélagienne » ont trait au milieu de l'aristocratie chrétienne tardo-antique[103]. À cet égard, Brown relève en particulier le fait que tous les participants semblaient hésiter à lancer la controverse. L'auteur suggère que ce sont les expériences négatives du débat précédent sur les doctrines d'Origène qui ont déterminé l'attitude assez prudente d'Augustin, de Jérôme et d'autres au début de la controverse pélagienne. Selon Brown, le fait que Pélage était soutenu par des aristocrates puissants et influents pourrait précisément expliquer pourquoi Augustin tait son nom dans ses premiers écrits antipélagiens. Brown relève qu'après 410

103. P. Brown, « The Patrons of Pelagius. The Roman aristocracy between East and West », *Journal of Theological Studies* 21 (1970), p. 63.

Augustin se devait d'avoir des égards pour le richissime couple ascétique Pinien et Mélanie, « réfugiés nobles » très intimes avec Pélage, dont l'évêque d'Hippone ne voulait pas s'aliéner la sympathie. Ce n'est qu'après 415, après le départ d'Afrique de l'un et l'autre, qu'Augustin se sentit libre d'évoquer le nom de Pélage sans trop ennuyer ses nobles patrons[104].

L'hypothèse de Brown – dont on ne peut présenter ici qu'une partie (quoiqu'elle soit essentielle) – souffre, à vrai dire, de certains défauts. Elle se fonde par exemple sur une chronologie imprécise : le couple Pinien et Mélanie ne partit probablement pour la Terre Sainte qu'au cours de l'année 417[105], c'est-à-dire beaucoup plus tard que ne le suppose Brown, et bien après qu'Augustin eut commencé à attaquer ouvertement Pélage.

En outre, la relation entre Pinien et Mélanie d'une part et les cercles pélagiens d'autre part reste assez difficile à préciser. Nous ne connaissons que deux points de contact entre eux et Pélage :

– L'un est le jeune disciple de Pélage, Timase. Comme nous l'avons déjà relevé, la remise du traité pélagien *De natura* à Augustin par Timase et son compagnon Jacques marque un tournant dans la controverse. Augustin désigne ces deux disciples de Pélage comme *quidam religiosi et honesti adolescentes servi dei*, « des jeunes gens, serviteurs de Dieu, pieux et honnêtes », (Augustin, lettre 177, 6) ou *adulescentes honestissime nati et institutis liberalibus eruditi*, « des jeunes gens de très bonne famille et instruits dans les arts libéraux » (lettre 179, 2). Ces expressions signalent un rang social élevé mais ne permettent pas, semble-t-il, une détermination plus précise. Jean-Marie Salamito pense pourtant que l'un et l'autre appartiennent à la classe des décurions[106]. La lettre 126, 6 d'Augustin indique qu'au début de l'année 411 Pinien s'est servi de Timase pour porter un message à Augustin, quand il s'est vu dans l'impossibilité de tenir sa promesse de rejoindre

104. P. Brown, « The Patrons of Pelagius », p. 65.
105. Gerontius, *Vie de Sainte Mélanie* 34, *SC* 90, p. 190-191 (éd., trad.) ; voir A. de Veer, *BA* 22, p. 25; *PCBE* 2, 2, p. 1486.
106. J.-M. Salamito, *Les virtuoses et la multitude. Aspects sociaux de la controverse entre Augustin et les pélagiens*, Grenoble 2005, p. 156-157.

le clergé d'Hippone. On peut en conclure que Timase appartenait à l'entourage de Pinien et Mélanie, et qu'il était même alors probablement un confident de Pinien. Ni Timase ni Jacques ne semblent avoir accompagné Pinien et Mélanie dans leur pèlerinage en Terre Sainte[107].

– Nous avons connaissance – et c'est le deuxième point de contact – d'une rencontre au moins entre le couple Pinien/Mélanie et Pélage en Terre Sainte. Elle a lieu dans un contexte assez sombre, à savoir la triple condamnation de Pélage, par les synodes africains de Milève et de Carthage puis par Innocent de Rome. Peu après leur arrivée en Terre Sainte, semble-t-il, Pinien et Mélanie (tout comme la mère de Mélanie, Albina) invitèrent Pélage à un entretien, probablement à Jérusalem[108]. Au cours de l'entretien, Pélage présenta sa lettre à Innocent de Rome et le *Libellus fidei* qui y était joint[109]. Pinien et Mélanie se montrent tout à fait capables de comprendre les détails du débat théologique qui oppose Pélage et Augustin. Dans leur lettre à Augustin, ils se félicitent d'avoir réussi à obtenir de Pélage une condamnation écrite de tous les propos qu'on lui reproche[110].

Que peut-on conclure de ces informations éparses? Peu de chose, semble-t-il. Pélage ne semble point appartenir à l'entourage intime et permanent des richissimes aristocrates Pinien et Mélanie. Leur arrivée en Afrique devança la sienne, tout comme son départ pour la Palestine devança le leur. Il est même possible que Pélage n'ait jamais rencontré le couple durant son bref séjour en Afrique. Quant à son disciple Timase, nous ne savons pas combien de temps il s'est attaché à ce couple.

Plus récemment, Kim Bowes, une élève de Peter Brown, a ajouté plus de détails à l'esquisse suggestive de son maître. Dans sa monographie sur le culte privé dans l'Antiquité tardive[111], Bowes met en lumière la spiritualité

107. Nous supposons que l'un et l'autre séjournaient en Afrique (et probablement à Carthage ou à Hippone) quand ils remirent à Augustin le traité *De natura*, voir aussi Y.-M. Duval, « La date du *De natura* de Pélage », p. 267.

108. Ainsi A. de Veer, *BA* 22, p. 28-29.

109. Augustin, *De gratia Christi* 35, *BA* 22, p. 122-123.

110. Augustin, *De gratia Christi* 2, *BA* 22, p. 54-55.

111. K. Bowes, *Private Worship*.

de la haute aristocratie romaine, son système de patronage, ses églises privées et les tentatives des autorités civiles et ecclésiales (représentées par l'évêque) de contrôler ce christianisme laïc. À propos de Pélage et de ses relations avec l'aristocratie romaine, Bowes remarque :

> Au moment où Pélage vint à Rome, vers 398, les routes entre l'Aventin, le mont Célius et le mont Pincius étaient devenues très fréquentées et leur hiérarchie était claire : Pélage alla immédiatement au plus haut, et les relations qu'il entretenait avec les héritières de la famille Anicia, Anicia Juliana et sa fille Démétrias, envoyaient des ondes positives en direction du sud, vers Paulin de Nole (un ami de Mélania, l'aînée) et à Mélania la cadette, exilée en Afrique du Nord. Jérôme, dont l'entourage romain était alors en grande partie décédé ou qui, comme Pammacchius, favorisait les prêtres pélagiens, ne fut consulté par l'aînée des Anicia qu'un an plus tard, et même Augustin attendit que la famille influente eût quitté ses rivages et que la vague pélagienne eût pris une importance réelle avant de prendre fait et cause contre Pélage[112].

Le style quelque peu hyperbolique mis à part, Bowes – se fondant sur Brown – répète la chronologie imprécise de ce dernier. Or, elle mentionne la possibilité de deux autres contacts aristocratiques de Pélage, qui méritent en l'occurrence d'être considérés. Il s'agit tout d'abord de la *gens Anicia,* bien sûr, et plus particulièrement de Juliana, la mère de la jeune vierge Démétrias. Elle demanda à Pélage (tout comme à Jérôme et à Augustin) d'embellir la consécration virginale de sa fille de ses conseils spirituels (voir la *Lettre à Démétrias*). Lorsque Juliana fit sa demande, elle séjournait en Afrique, et Pélage – loin d'elle – en Palestine. On peut spéculer sur la possibilité que Pélage ait été familier de la *gens Anicia* dès sa période romaine[113] – mais nous n'en savons rien. D'ailleurs nous ne savons pas si Jérôme – comme le veut Bowes – a vraiment été invité à fêter la consécration de Démétrias un an seulement après que la même demande eut été adressée à Pélage[114].

---

112. *Ibid.*, p 100.

113. G. de PLINVAL, *Pélage*, p. 214-216 ; D. OGLIARI, « An Anti-Pelagian Caveat : Augustine's *ep.* 188 to Juliana », *Augustiniana* 54 (2004), p. 208 *sq.*

114. Voir p. 80-81.

De plus, le ton de Pélage dans sa *Lettre à Démétrias* ne révèle aucune familiarité entre Démétrias, sa mère et lui-même. Quand on compare la lettre de Pélage avec la *Lettre à Démétrias* de Jérôme (lettre 130), on ne peut que remarquer que Jérôme semble un peu mieux informé que Pélage sur Démétrias, Juliana et Proba. Par le truchement de certaines vierges aristocratiques qui séjournaient à Jérusalem, Jérôme disposait de quelques informations non seulement sur la personne de Démétrias, mais aussi sur sa fuite de Rome et sur les circonstances de sa décision de prendre le voile[115]. Pour Pélage, l'invitation de Juliana offrit simplement une bonne occasion d'exposer et d'exemplifier les principes de sa méthode d'exhortation[116].

Georges de Plinval, il est vrai, a émis l'hypothèse que c'est bien la *gens Anicia* que Jérôme avertit à travers Ctésiphon, dans la lettre 133, 13, de n'héberger ou financer aucun pélagien. Jérôme écrit à Ctésiphon :

> Par ton entremise j'adresse une prière et un avertissement à ce conciliabule qui se tient dans une sainte et illustre demeure. Qu'on n'y accueille pas par le canal d'un, ou au plus trois hommes de rien, la lie de telles hérésies et, pour employer une faible expression, le déshonneur… Que les personnes qui fournissent des fonds aux gens de cette sorte sachent bien qu'elles rassemblent une foule des hérétiques, qu'elles font des ennemis du Christ, et qu'elles nourrissent ses adversaires […][117]

Mais l'hypothèse de De Plinval est encore difficile à corroborer. Si Ctésiphon (peut-être un pseudonyme) écrit de Rome, il est impossible que les femmes de la *gens Anicia* soient visées, puisqu'à ce moment-là elles semblent séjourner en Afrique. On peut plutôt songer à Pinien et Mélanie dans l'entourage desquels se trouvent des disciples de Pélage tels que Timase et Jacques…

---

115. Voir Jérôme, *ep.* 130, 4, éd. et trad. J. LABOURT, *Lettres VII*, p. 169-170. Jérôme souligne pourtant qu'il ne connaît pas Démétrias personnellement : *ibid., ep.* 130, 2, p. 167. Voir aussi W. DUNPHY, « Saint Jerome and the *Gens Anicia* (*Ep.* 130 to Demetrias) », *Studia Patristica* 18/4 (1990), p. 139-145.
116. Voir p. 81.
117. Jérôme, *ep.* 133, 13, trad. J. LABOURT, *Lettres* VIII, p. 68. Voir G. de PLINVAL, *Pélage*, p. 213.

Enfin, Aimé Solignac, dans le cadre du superbe article « Pélage et pélagianisme » du *Dictionnaire de Spiritualité*[118], complète cette liste d'hypothèses en suggérant que c'est l'influence de Pélage sur les *Anicii* qui « est probablement à l'origine de la décision prise par Mélanie la Jeune et son mari Pinien de liquider progressivement leurs multiples possessions[119]. » Mais, de nouveau, on ne dispose d'aucune source pour confirmer cette suggestion.

L'autre personnage aristocratique mentionné par Peter Brown et Kim Bowes dans ce contexte est, bien sûr, Paulin de Nole. Aristocrate richissime et fervent ascète chrétien, il s'appliquait constamment à établir et à cultiver un réseau d'amis lettrés chrétiens. Selon toute apparence, Pélage faisait partie du réseau étendu de ses amis. À l'été 417, Augustin adressa une longue lettre à Paulin pour sonder son attitude envers Pélage et pour l'avertir de l'hérésie de ce dernier. Il avait appris récemment que, dans sa missive à Innocent de Rome, Pélage avait mis en valeur une assez longue lettre à Paulin qu'il avait écrite douze ans auparavant. Dans sa lettre à Paulin, Augustin remarque :

> Nous savons que tu l'as aimé comme un serviteur de Dieu, mais nous ignorons comment tu l'aimes maintenant[120].

Ici encore, il me semble bien clair que la relation entre Pélage et Paulin est tout sauf intime. Aussi Paulin ne joua-t-il guère le rôle de protecteur de Pélage[121]. Augustin confia ses doutes sur l'orthodoxie de Pélage à Paulin, non pas par peur de la protection que celui-ci pourrait donner à Pélage, mais pour éviter une bonne entente entre eux.

En résumé, il faut dire qu'il est assez difficile de préciser les relations entre Pélage et les cercles de la haute aristocratie romaine. Nous savons que – hormis la *Lettre à Démétrias* – Pélage a probablement adressé quelques autres traités à des femmes aristocrates. Or, comme l'a

---

118. A. SOLIGNAC, « Pélage et pélagianisme », *Dictionnaire de Spiritualité*, t. 12/2, Paris 1986, col. 2889-2942.
119. *Ibid*, col. 2933.
120. Augustin, *ep.* 186, 1, *CSEL* 57, p. 45.
121. P. BROWN, « The Patrons of Pelagius », p. 60 soutient que Paulin, en mourant, aurait admis des pélagiens à la communion. Mais le texte cité par P. BROWN, Uranius, *De obitu sancti Paulini* (*PL* 53, 859), ne mentionne pas expressément des pélagiens. Voir aussi *Praedestinatus* 88, *PL* 53, 618C.

déjà remarqué Yves-Marie Duval, « on ne voit pas que Pélage ait bénéficié de la protection particulière de grandes dames[122]. »

Pélage, tout comme Augustin, Jérôme et Paulin de Nole, était non seulement un théologien chrétien, mais un lettré tardo-antique. Il appartenait ainsi simultanément à plusieurs réseaux, fonctionnant selon des règles diverses. C'est cette double identité, cette loyauté ambivalente, qui nuance leurs attitudes et leurs comportements dans la controverse.

Or, à la différence de Peter Brown, je crois que les raisons pour lesquelles Augustin semble avoir ménagé son adversaire au début de la controverse ne peuvent pas se réduire à la déférence envers les puissants et richissimes patrons de Pélage. La chose semble être un peu plus complexe que Brown ne veut l'admettre.

Il faut d'abord se rappeler que, dans *De gestis Pelagii* 46 tout comme ailleurs, Augustin souligne qu'en réfutant les erreurs pélagiennes tout en taisant les noms de leurs auteurs, il avait espéré ramener au bon sens ces derniers. De fait, Augustin ne mentionne le nom de Pélage que dans le IIIe livre de son traité *De meritis peccatorum et remissione* (qui est à dater approximativement du début de l'année 412 et était d'ailleurs une lettre privée à Marcellinus), et il le fait sur un ton très respectueux[123]. Pélage est présenté sous les traits d'un homme saint à la conduite exemplaire. Et Augustin s'efforce de souligner que dans son commentaire de l'épître aux Romains Pélage ne semble pas partager l'argumentation contre le péché originel qu'il rapporte à propos de Romains 5, 12[124].

Céleste, l'associé de Pélage, n'est pas non plus incriminé de prime abord. Bien qu'il ait été condamné par le synode de Carthage, dans le *De peccatorum meritis et remissione* Augustin semble éviter de mentionner son nom. Une seule fois, Augustin évoque un certain *libellus brevissimus* de

122. Y.-M. Duval, *L'affaire Jovinien*, p. 333, n. 122.

123. Pour une collection des références, voir A. Fürst (éd.), *Epistulae mutuae. Augustinus-Hieronymus* II, Turnhout 2002 (« Fontes Christiani » 41), p. 446, n. 786. Voir Augustin, *De peccatorum meritis et remissione* 3, 1, *CSEL* 60, p. 185.

124. Augustin, *De peccatorum meritis et remissione* 3, 5-6 ; 3, 18, *CSEL* 60, p. 188 ; p. 196.

sa plume (sans toutefois le nommer comme auteur) pour souligner que cet écrit accepte cependant le baptême comme moyen de salut[125]. À nouveau, en juin 413, quand Augustin expose ses vues sur le baptême et le péché originel dans un sermon prononcé dans la *Basilica Maior* de Carthage, il préfère appeler les pélagiens « frères » plutôt qu'« hérétiques » : ce sont des gens, affirme-t-il, qui sont remués par la profondeur de la question. C'est seulement en 414-415, précisément après qu'il eut obtenu certaines « définitions » de Céleste, qu'Augustin n'hésita plus désormais à mentionner son nom[126].

Comme l'ont observé Y.-M. Duval et B. Jeanjean, Jérôme – tout en exprimant sa haine pour les nouveaux hérétiques – prend pourtant soin de souligner qu'il ne s'en prend pas aux personnes et qu'il utilise pour cette raison des noms d'emprunt dans sa lettre 133 et dans son *Dialogue*[127]. Il évite d'incriminer nommément Pélage dans sa lettre à Innocent de Rome (lettre 136), et il parle de l'hérésie de Céleste (et non de Pélage) dans sa lettre 143 à Alype et Augustin[128]. Ce n'est qu'après la triple condamnation de 418 que Jérôme nomme le trio Julien, Pélage et Céleste dans une lettre à Riparius (lettre 152).

L'attitude prudente d'Augustin est motivée par sa stratégie envers Pélage : l'évêque d'Hippone espérait en effet ramener Pélage à l'orthodoxie et, en effet, le convertir[129]. Pour cette raison, il s'est décidé à traiter Pélage comme un ami (*amicus*). Ainsi, en exprimant son espérance de nouer

---

125. Augustin, *De peccatorum meritis et remissione* 1, 63, *CSEL* 60, p. 146-147; *ep.* 175, 6, *CSEL* 44, p. 662. Voir O. Wermelinger, *Rom und Pelagius*, p. 22.

126. Augustin, *De perfectione iustitiae hominis*; pour la date, voir *BA* 21, p. 18.

127. Y.-M. Duval, « Jérôme ennemi de l'hérésie, non de l'hérétique », dans J.-M. Poinsotte (éd.), *Les chrétiens face à leurs adversaires dans l'Occident latin au IVe siècle*, Rouen 2001, p. 211-231 ; B. Jeanjean, *Saint Jérôme et l'hérésie*, p. 67.

128. Voir Jérôme, *ep.* 136 ; *ep.* 143, 1, éd. et trad. J. Labourt, *Lettres* VIIII, p. 71-72 ; 98.

129. Je reprends et développe certains développements et conclusions de mon article : « Augustin und sein Verhältnis zu Pelagius », *Augustiniana* 60 (2010), p. 63-86. Voir aussi les observations similaires de M. Ribreau regardant l'attitude d'Augustin envers Julien d'Éclane : « Augustin hérésiologue dans le *Contra Julianum* », *REA* 55 (2009), p. 189-213.

avec lui une relation d'amitié (*amicitia*), Augustin introduit un concept clé du milieu social auquel Pélage s'était efforcé d'avoir accès. Ce sont en effet les termes d'*amicus* et d'*amicitia* qui sont à l'époque employés pour désigner la relation entre quelqu'un comme Pélage et des aristocrates tels que Pinien et Mélanie ou la *gens Valeria*.

Mais comment Augustin – qui ne connaissait guère Pélage – est-il devenu un *amicus* de celui-ci ?

Selon le concept tardo-antique de l'*amicitia*, on peut se réclamer non seulement de l'amitié des personnes connues et familières, mais aussi de l'amitié des amis de ces amis. Dans notre cas, Augustin se réclame de l'amitié de Pélage précisément après avoir noué des liens amicaux avec Timase et Jacques, les jeunes disciples de Pélage qui lui avaient remis le traité *De natura*. En fait – ce qui me semble assez paradoxal – c'est l'acte même de la « trahison » des deux jeunes aristocrates envers leur maître qui, aux yeux d'Augustin, lui donnait la chance d'inaugurer une relation amicale avec Pélage lui-même. Pour Augustin, l'*amicitia* ainsi amorcée promettait une ouverture à sa tentative de convertir Pélage à l'orthodoxie.

Il faut noter en outre que le vocabulaire de l'*amicitia* et son potentiel stratégique n'avaient point échappé à Pélage. En temps opportun, c'est-à-dire au synode de Diospolis, le moine breton n'hésite pas à se réclamer de l'*amicitia* d'Augustin : comme preuve, il présenta un billet très bref et banal de l'évêque d'Hippone (lettre 146). Or, il faut noter que d'après les fragments conservés des actes du synode de Diospolis, Pélage ne s'est jamais vanté de l'*amicitia* des richissimes aristocrates romains devant le synode[130].

Dans un article récent, l'historien Stefan Rebenich a analysé ce concept d'*amicitia* à propos des relations d'Augustin et Jérôme, et il est arrivé aux conclusions suivantes[131]

130. Dans un contexte polémique, Orose semble pourtant lui reprocher la proximité des gens riches et puissants, *Apologeticus* 31, *CSEL* 5, p. 658, l. 18-20.

131. S. Rebenich, « Freund und Feind bei Augustinus und in der christlichen Spätantike », dans T. Fuhrer (éd.), *Die christlich philosophischen Diskurse der Spätantike : Texte, Personen, Institutionen*, Stuttgart 2008, p. 11-31.

I. *Amicitia* est un concept clé pour comprendre les réseaux sociaux dans lesquels agissent des lettrés tardo-antiques comme Augustin, Jérôme et Pélage. D'une part, le concept est utilisé en un sens vertical, c'est-à-dire pour désigner une relation entre des personnes de rang social inégal : dans ce cas, parler d'*amicitia* adoucit l'assujettissement pénible des clients à leurs maîtres. D'autre part, le concept peut désigner une relation entre des personnes de même milieu social : dans ce cas, l'*amicitia* désigne une relation strictement réciproque. Les *amici* entrent dans cette relation pour leur avantage mutuel, pour s'entraider et parce qu'ils espèrent accumuler un capital symbolique[132].

II. Le moyen privilégié de l'*amicitia* consistait en « des lettres qui pouvaient être distribuées dans tout l'Empire par un réseau complexe de messagers et de voyageurs. » Il était de cette façon possible de nouer des liens et de consolider des alliances à distance. La communication par lettres obéissait à certaines conventions qui devaient être observées pour garder intacte l'*amicitia*[133].

III. À travers le discours sur l'hérésie et l'orthodoxie, le concept tout comme la réalité de l'*amicitia* a subi une transformation fondamentale dans l'empire chrétien de l'antiquité tardive. Au moins pour l'élite chrétienne, les évêques et les ascètes éminents, une *amicitia* sans la base d'une croyance commune, à savoir sans un consensus profond sur le dogme et sur l'orthodoxie et l'hérésie, devenait inimaginable[134].

Les conclusions de Stefan Rebenich permettent de mieux comprendre les relations entre Augustin, Jérôme et Pélage. Augustin et Jérôme étaient à même de jouer le jeu des relations littéraires entre *amici*. Mais – et c'est particulièrement évident dans le cas d'Augustin – ils jouaient toujours le jeu en vue d'une fin : Augustin entendait convertir Pélage, il voulait le ramener à l'orthodoxie, à son orthodoxie.

132. S. Rebenich, « Freund und Feind », p. 12, 29.
133. *Ibid.*
134. *Ibid.*, p. 30 *sq.*

Or – et c'est un point capital – tout en agissant ainsi, tout en mettant le concept d'*amicitia* au service de sa lutte contre l'hérésie, Augustin pouvait encore se réclamer de l'ancien concept de l'*amicitia*. Cicéron avait constaté que la vraie amitié se base sur trois piliers : le consensus sur les choses divines et humaines, la bienveillance mutuelle, la charité[135]. Augustin trouvait le concept cicéronien d'*amicitia* adaptable aux exigences de la nouvelle situation de l'Empire théodosien. Le consensus sur les choses divines et humaines est réinterprété dans le sens de l'orthodoxie chrétienne : dès lors, l'*amicitia* chrétienne implique aussi l'orthodoxie.

Les prétendus patrons de Pélage, Pinien et Mélanie ainsi que Juliana, semblaient bien accepter ce nouveau discours sur l'orthodoxie et l'hérésie. Nous ne connaissons aucun témoignage de leur part qui révèle une quelconque réserve envers le magistère de théologiens comme Augustin. Tout au contraire, Pinien et Mélanie prirent soin de protester de leur orthodoxie quand ils interrogèrent Pélage sur sa théologie. Et dans sa *Vie de Mélanie*, le biographe Gerontius mettait en valeur l'orthodoxie de celle-ci et son dégoût de l'hérésie et des hérétiques[136].

De même, Juliana, dans sa lettre à Augustin, prit soin de protester de l'orthodoxie de longue date de sa famille, la *gens Anicia*, et d'elle-même :

> Vous saurez [écrit-elle à Augustin] que moi et ma maison nous sommes séparés de ces gens-là. Tel est l'attachement de toute notre famille à la foi catholique qu'elle ne s'est jamais égarée dans aucune hérésie et n'y est jamais tombée; je ne parle pas de ces hérésies qui peuvent à peine s'expier, mais j'entends même celles qui semblent ne renfermer que de petites erreurs[137].

---

135. Cicéron, *Laelius de Amicitia* 20 : « Est enim amicitia nihil aliud nisi omnium divinarum humanarumque rerum cum benevolentia et caritate consensio » éd. R. Combès, p. 14. Pour la réception de cette définition par Augustin, voir *Contra Academicos* 3, 6, 13; *ep.* 258, Voir W. Löhr, « Augustinus und sein Verhältnis zu Pelagius », *Augustiniana* 60 (2010), p. 82-83 (bibliographie!).
136. Gerontius, *Vie de Sainte Mélanie* 27, *SC* 90, p. 180-181.
137. Augustin, *ep.* 188, 3, *CSEL* 57, p. 121, trad. M. Poujoulat, *Lettres de Saint Augustin* IV, p. 71.

On en arrive donc à la conclusion que les « patrons de Pélage », ses « amis nobles » n'étaient point prêts à défendre à tout prix la théologie de leur maître spirituel. Comme Jean-Marie Salamito l'observe très justement à propos des aristocrates disciples de Pélage, « psychologiquement parlant, leur recrutement aristocratique ne les prédispose guère à la rébellion contre l'ordre établi[138]. » Ils essayaient plutôt d'assumer un rôle de médiateurs. En fait, on a comparé l'attitude du couple Pinien et Mélanie et de la *gens Anicia* à celle du sénateur Pammachius qui fut un ami dévoué de Jérôme au temps même où il recevait le prêtre Rufinus et d'autres « pélagiens » dans sa maison de Rome. Les aristocrates chrétiens de Rome s'intéressaient à la théologie sans pour autant trop s'engager pour ou contre certaines positions doctrinales. En fin de compte, ils se rallieraient toujours à l'orthodoxie du jour, à la foi ou à la confession prônée par l'empereur et propagée par l'État. Il est assez improbable que l'aide de la *gens Anicia* à Pélage ait longtemps survécu à sa triple condamnation de 418[139].

Les détails des relations de Pélage à l'aristocratie romaine restent difficiles à clarifier. Augustin et Jérôme, ses adversaires acharnés, ne s'occupent point ou guère de cet arrière-plan du pélagianisme. Devant le synode de Diospolis, Pélage se vanta du soutien des évêques, non de celui de richissimes aristocrates. Or, il est évident que les écrits de Pélage étaient diffusés à travers le réseau littéraire de l'aristocratie chrétienne. De cette façon, c'est bien l'aristocratie chrétienne lettrée qui rendait possible l'événement médiatique tardo-antique que nous appelons « Pélage » ou le « pélagianisme ».

138. J. M. SALAMITO, *Les virtuoses et la multitude*, p. 205.

139. Selon P. BROWN, « The Patrons of Pelagius », p. 70 *sq.*, c'est après la catastrophe de 410 et la condamnation du pélagianisme en 418 que les « patrons » aristocratiques du pélagianisme soustraient leur soutien : « The great lay patrons of the late fourth and fifth centuries cautiously stepped aside. »

Chapitre II

PÉLAGE ET SON CHEF-D'ŒUVRE, LA *LETTRE À DÉMÉTRIAS*

La personne de Pélage

Nos connaissances sur Pélage sont en fait assez limitées :[1] force est de constater que nous ne savons presque rien sur sa biographie et sa carrière avant son entrée en controverse avec Augustin. Ni la date ni le lieu de sa naissance ne nous sont connus. On ne peut que conjecturer qu'il est né dans la deuxième moitié du IVe siècle, selon toute probabilité quelque part dans la Grande-Bretagne romaine. Des auteurs anciens, notamment Augustin, Orose et Marius Mercator, ajoutent l'épithète *Britto* ou *Britannicus* à son nom[2]. Jérôme est le seul à le nommer *Scottus* – terme qui, à partir du IVe siècle, se met à désigner un « Gallois[3] ». Mais Jérôme entend probablement moins le terme *Scottus* comme une désignation ethnographique précise que comme une injure.

Pélage a probablement reçu l'éducation typique des lettrés de l'Antiquité tardive, apprenant les lettres auprès d'un grammairien et fréquentant l'école d'un rhéteur :

1. Pour le résumé biographique, voir W. LÖHR, *Pelagius. Portrait of a Christian Teacher in Late Antiquity*, University of Aberdeen 2007 (« Alexander Souter Memorial Lectures on Late Antiquity » 1), p. 3-15 ; F. NUVOLONE, A. SOLIGNAC, « Pélage et pélagianisme », *Dictionnaire de Spiritualité*, t. 12/2, 2889-2942.

2. Augustin, *ep.* 186, 1, *CSEL* 57, p. 45 ; Orose, *Liber apologeticus* 12, 3, *CSEL* 5, p. 620 ; Marius Mercator, *Collectio Palatina* 3 (*ACO* I, V, 1 ; p. 5).

3. Jérôme, *In Ierem.* prol. 4 ; III, 1, *CCL* 74, p. 2, p. 120 ; A. SOUTER, *A Glossary of Later Latin to 600 A. D.*, Oxford 1957, p. 368 *sq*.

ses écrits sont rédigés dans un style policé et élégant[4]. L'habilité dont Pélage fait montre comme exégète des épîtres de Paul[5] va elle aussi de pair avec une éducation littéraire approfondie. Augustin, connaisseur avisé en la matière, n'hésite pas à mettre ses correspondantes en garde contre l'éloquence de Pélage[6]. Jérôme va dans le sens du jugement de l'évêque d'Hippone et chante les louanges – non sans une dose d'ironie, il est vrai – de l'éloquence cicéronienne de son adversaire[7]. Il n'y a qu'Orose pour s'inscrire en faux contre l'image d'un Pélage bien éduqué : il juge indécent un passage de la *Lettre à Démétrias* (c. 5) où Pélage évoque comment Joseph défendit sa chasteté contre la tentative de séduction de sa maîtresse. « Un récit hautement inconvenant, composé d'expressions très obscènes (*inopportunam historiam obscenissimo sermone contexens*) », tonne-t-il. Selon lui, Pélage, homme d'origine humble, sans éducation libérale, n'était point capable de rédiger un tel traité, et ce sont donc ses *dictatores* qui devraient en être les vrais auteurs[8].

C'est probablement à la toute fin du IVe siècle que Pélage arriva à Rome. On a supposé que – tout comme Jérôme et Rufin quelques années auparavant – il était allé à Rome pour y étudier le droit. Mais il n'est pas possible de confirmer cette hypothèse.

C'est en 404/405 qu'un évêque africain, probablement l'ami d'Augustin Evodius d'Uzalis[9], rencontra Pélage à Rome. En ce temps-là, Pélage appartenait d'une manière ou d'une autre au réseau élitiste des amis spirituels de Paulin de Nole. Plus tard, pendant son bref séjour en Afrique,

---

4. G. DE PLINVAL, *Pélage. Ses écrits, sa vie et sa réforme*, Lausanne 1943, p. 72 *sq.*; *Id.*, *Essai sur le style et la langue de Pélage*, Fribourg 1947; D. OGLIARI, *Pelagio. Epistola a Demetriade*, Rome 2010, p. 53.
5. Voir J. TAUER, « Zur Bedeutung der intentio auctoris in der Paulusexegese des Pelagius », *Augustiniana* 56 (2006), p. 261-297.
6. Augustin, *ep.* 188, 13, *CSEL* 57, p. 129.
7. Jérôme, *dial.* 3, 16, *PL* 23, 614.
8. Orose, *apol.* 29, 2, *CSEL* 5, p. 652.; voir A KESSLER, *Reichtumskritik und Pelagianismus*, Fribourg 1999, p. 37. Apparemment, Orose ne connaît que des extraits de la *Lettre à Démétrius*, voir W. DUNPHY, « A Prelude to the Synod of Diospolis : The Liber Apologeticus of Orosius », *Academia* 62 (1995), p. 152.
9. Voir Y.-M. DUVAL, « Note sur la lettre d'Evodius à l'abbé Valentin d'Hadrumète », *REA* 49 (2003), p. 123-30.

Augustin – selon ses propres dires – avait rencontré Pélage une ou deux fois à Carthage au printemps 411. Mais Augustin ne nous a pas laissé de portrait de son adversaire.

Après la triple condamnation de Pélage en 418, sa personne disparut vite de la scène. Vers la fin 418, il dut quitter Jérusalem et la Palestine. Apparemment, il se rendit à Antioche, car après 420/421 un synode présidé par l'évêque d'Antioche, Théodote, l'excommunia et il dut quitter la cité. Il tenta probablement de se réfugier chez des sympathisants, peut-être à Alexandrie ou en Égypte. Mais nous ne savons rien de certain à ce sujet. Pélage, tout comme Céleste, Julien d'Éclane et quatre autres personnes, fut condamné par le concile d'Éphèse en 431[10].

Jérôme, Pélage et Jovinien

Depuis la monographie de Georges de Plinval, on s'est demandé si le censeur inconnu du traité *Contre Jovinien* de Jérôme, qui est attaqué par ce dernier dans sa lettre 50 à Domnio, est à identifier avec Pélage[11]. S'il en est ainsi, on disposerait non seulement d'un témoignage important sur l'activité de Pélage durant sa période romaine avant 400, mais on pourrait en outre comprendre pourquoi Jérôme entra en controverse contre Pélage dès l'arrivée de celui-ci en Palestine.

Plusieurs savants ont fait bon accueil à cette hypothèse de De Plinval, entre autres J. N. D. Kelly[12], O. Wermelinger[13], B. R. Rees[14] et A. de Vogüé[15].

Cependant, l'un des meilleurs spécialistes, Yves-Marie Duval, a rejeté l'hypothèse de De Plinval : selon Duval, la lettre 50 de Jérôme trace plutôt un « portrait-robot » de l'hérétique. Selon Duval, en 393, date de la lettre, Pélage n'était pas encore la cible de l'ascète de Bethléem. Par

10. *ACO* I, 1, 3, p. 9, l. 15 ; p. 12, l. 8 ; p. 22, l. 13 ; p. 27, l. 16.25 ; p. 28, l. 9.
11. G. de Plinval, *Pélage*, p. 51-55.
12. J. N. D. Kelly, *Jerome. His Life, Writings and Controversies*, Londres 1975, p. 187 *sq.*
13. O. Wermelinger, *Rom und Pelagius*, p. 46.
14. B. R. Rees, *Pelagius. Life and Letters*, Woodbridge 1998, t. I, p. 4 *sq.*
15. A. de Vogüé, *Histoire littéraire du mouvement monastique dans l'antiquité*, t. 5, Paris 1998, p. 292.

conséquent, la période romaine de Pélage doit rester obscure[16].

Depuis la parution de son article en 1980, Duval a toujours défendu sa position avec passion. Le « portrait-robot » de l'adversaire anonyme dans la lettre 50 comprend, entre autres, les éléments suivants :

I. Le moine anonyme est jeune, c'est un rhéteur éloquent.

II. Il y eut jadis de longues disputations entre lui et Jérôme (lettre 50, 4).

III. Il fréquente les cellules des vierges et des veuves et les maisons des femmes aristocratiques (lettre 50, 3).

IV. Il a des disciples (lettre 50, 4).

V. Il aime critiquer les autres (comme Jérôme), mais lui-même n'a pas encore publié d'écrits (lettre 50, 5).

VI. Il reproche à Jérôme de condamner le mariage, mais en cachette il partage son opinion (lettre 50, 4.5).

VII. Il attaque Jérôme parce qu'il le considère comme un rival (lettre 50, 5).

Et De Plinval et Duval se sont occupés non seulement du témoignage de la lettre 50, mais aussi de la préface du commentaire sur Jérémie de Jérôme, rédigée probablement en 414. Or, dans cette préface, Jérôme nous donne quelques détails précieux sur ses démêlés avec Pélage :

I. Pélage avait critiqué le commentaire de l'Épître aux Ephésiens de Jérôme : apparemment, il avait souligné que Jérôme avait mis à contribution d'autres exégètes[17] ;

II. de plus, Pélage avait attaqué l'*Adversus Iovinianum* de Jérôme, à cause de sa conception trop négative du mariage[18].

Est-il possible que Jérôme se réfère ici à une critique formulée par Pélage plusieurs années (c'est-à-dire plus de vingt ans!) auparavant !

16. Y.-M. DUVAL., « Pélage est-il le censeur inconnu de l'*Adversus Jovinianum* à Rome en 393 ? ou Du "portrait-Robot" de l'hérétique chez S. Jérôme », *Revue d'histoire ecclésiastiaque* 75 (1980), p. 525-557.

17. Jérôme, *In Jeremiam* prol. 3, *CCL* 74, p. 1.

18. Jérôme, *In Jeremiam* prol. 4f, *CCL* 74, p. 2.

Malheureusement, Jérôme ne précise point la date de l'attaque de Pélage contre son commentaire des Ephésiens, il dit seulement *nuper*... Quand on consulte les dictionnaires, par exemple celui de Gaffiot, on s'aperçoit bien vite – bien que le mot latin *nuper* signifie dans la plupart des cas « récemment » ou « peu auparavant » – qu'il n'est pas du tout exclu que *nuper* puisse se référer à un passé plus lointain – parfois l'intervalle signalé est de vingt-et-un ans au moins ! Cependant, il faut remarquer que Jérôme désigne son adversaire Rufin expressément comme un prédécesseur de la polémique de Pélage ; Rufin, dit-il, s'est jadis (*olim*) efforcé de le déchirer[19]. De plus, un peu plus loin dans le prologue, Jérôme situe sa propre apologie du *Contra Iovinianum* « beaucoup d'années auparavant » (*ante annos plurimos*). Somme toute, il est assez invraisemblable que, dans son prologue, Jérôme entende évoquer une attaque de jadis. Il s'agit bel et bien d'une critique plus récente. Or, malheureusement, nous ne savons ni à quelle date ni en quelle occasion Pélage avait formulé une telle critique. Aucune autre source ne la mentionne.

En ce qui concerne la critique de Pélage à l'égard du traité *Contra Jovinianum*, Jérôme allègue, en une belle péroraison, que Pélage l'attaquait pour avoir préféré la virginité au mariage, le mariage au second mariage et le second mariage à la polygamie. De même, dans la lettre 50, Jérôme relate que le censeur inconnu du traité *Adversus Iovinianum* avait accusé Jérôme de « condamner le mariage[20] ». Or, Duval observe, en insistant très justement sur la remarque de Jérôme selon laquelle la critique de Pélage n'est pas originale mais est une simple reprise d'objections déjà réfutées dans son *Apologie de l'Adversus Iovinianum* :

> Même si tout n'est pas d'une évidente clarté dans ces déclarations, néanmoins ces accusations de plagiat, de répétition pure et simple, ne peuvent pas viser un Pélage qui serait déjà le destinataire indirect de l'*Apologie* à laquelle Pélage est, ici et maintenant, renvoyé directement[21].

19. Jérôme, *In Jeremiam* prol. 4, *CCL* 74, p. 2.
20. Jérôme, *ep.* 50, 5, trad. J. Labourt, *Lettres* II, p. 155.
21. Y.-M. Duval, « Pélage est-il le censeur inconnu ? », p. 551.

En comparant la lettre 50 et le prologue du commentaire du livre de Jérémie, on arrive plus ou moins à la conclusion de Y.-M. Duval : il est assez difficile, sinon impossible, de soutenir que Pélage soit à identifier au moine anonyme romain de la lettre 50. Or, il faut retenir deux éléments :

I. le censeur anonyme du *Contre Jovinien* appartient à cette faction de l'Église romaine qui aurait préféré une critique plus nuancée et moins cinglante des thèses de Jovinien ;

II. en 414 ou peu auparavant, il y eut des échanges entre Pélage et Jérôme dont nous ne savons presque rien[22]. De nouveau, la question se pose : est-ce qu'ils se sont rencontrés à Jérusalem ou à Bethléem ? Où Jérôme a-t-il pris connaissance de la critique de Pélage par des intermédiaires ? Nous l'ignorons.

Dans son commentaire des épîtres de Paul se trouvent quatre passages dans lesquels Pélage critique expressément Jovinien :

Pélage glose le verset 1 Co 3, 8 (« Celui qui plante et celui qui arrose ne font qu'un, mais chacun recevra son propre salaire selon son propre labeur ») en relevant qu'il s'inscrit en faux contre quelqu'un comme Jovinien « qui pense que, dans le Royaume de Dieu, il n'y a qu'une seule récompense pour tous[23] ». Sans doute, la quatrième thèse de Jovinien est ici visée, tout comme dans l'exégèse de 2 Co 9, 6 d'ailleurs (« Qui sème chichement, moissonnera aussi chichement ») dans laquelle Pélage déclare que ce verset est dirigé contre Jovinien, parce qu'il révèle différents degrés chez les sauvés[24]. Phil 3, 18 (« Car il en est beaucoup, je vous l'ai dit souvent... ») est glosé comme applicable aux disciples de Jovinien, qui ont changé les jeûnes et les mortifications en luxe et en banquets[25] ; la

22. Il est possible que Jérôme ait connu Pélage dans sa période romaine, voir Jérôme, *In Jeremiam* 4, 1, 6, *CCL* 74, p. 175 ; Y.-M. Duval, « Pélage est-il le censeur inconnu », p. 538 *sq.*

23. A. Souter (éd.), *Pelagius's Expositions of Thirteen Epistles of St. Paul, Cambridge, 1922*, II, p. 142. Y.-M. Duval, *L'affaire Jovinien*, p. 289 (traduction).

24. A. Souter (éd.), *Pelagius's Expositions*, p. 281.

25. *Ibid.*, p. 409.

troisième thèse de Jovinien est ici visée. Le même reproche à l'encontre de Jovinien est répété à propos de 1 Thess 2, 3 (« En vous exhortant, nous ne nous inspirons ni de l'erreur ni de l'impureté »)[26].

En effet, Duval croit que, tout au long de son commentaire, Pélage met en garde contre Jovinien, sans le nommer, quand il critique l'opinion de ceux qui – je cite Duval – « se contentent du seul baptême, sans chercher à progresser, sans joindre les œuvres, les actes, à la foi. » Je ne suis pas sûr que Jovinien soit vraiment visé dans ces passages : après tout, c'est précisément Jovinien qui a soutenu l'impeccance (c'est-à-dire l'état de l'homme sans péché) des baptisés que le Diable ne peut plus tenter[27]. Or cette doctrine de Jovinien s'accorde mal avec des propos – cités par Pélage – comme celui-ci : « Il n'est besoin que de la foi, il n'est besoin pour l'homme que de recevoir le baptême du Christ. Il peut pécher tant qu'il veut, il ne périra pas[28]. »

En l'occurrence, il me semble plutôt que Pélage, en citant ces propos, entend s'attaquer à des positions laxistes de l'aristocratie chrétienne, des positions qui déclarent la foi et le baptême comme critères clé de l'identité chrétienne.

Enfin il faut relever le *Libellus Fidei*, que Pélage a joint à sa lettre à Innocent de Rome[29]. La position de Jovinien y est à nouveau mise en cause. La conclusion du *Libellus* est formée par une série d'anathèmes qui condamnent, outre Jovinien, les Manichéens, les Cataphrygiens, les docètes. Jovinien est critiqué sur deux points :

1. l'hérésie de Jovinien soutient que dans le futur il n'y aura aucune différence concernant les mérites entre les chrétiens. De plus, elle enseigne qu'on disposera alors de ces vertus qu'on a négligé d'exercer ici-bas ;

26. *Ibid*, p. 421 ; Y.-M. Duval, *L'affaire Jovinien*, p. 289. Voir l'annexe VI.
27. Jérôme, *Contre Jovinien* 3, *PL* 23, 224B.
28. Pélage, *In Ephes*. 5, 5-6, Éd. A. Souter, p. 373 ; Y.-M. Duval, *L'affaire Jovinien*, p. 289 (trad.).
29. Voir P. van Egmond, « *Haec fides est* : Observations on the textual tradition of Pelagius's "*Libellus fidei*" », *Augustiniana* 57 (2007), p. 345-385, 337-342. Voir Y.-M. Duval, *L'affaire Jovinien*, Rome 2003, p. 360-363.

ii. Mani dit que l'homme ne peut pas ne pas pécher, tandis que Jovinien enseigne que l'homme ne peut pas pécher : l'un comme l'autre suppriment le libre arbitre.

La critique de Pélage dans le *Libellus Fidei* vise donc d'abord la quatrième thèse (et aussi la première thèse) de Jovinien. Il faut noter que Pélage évoque un détail de l'eschatologie de Jovinien quand il relève que, selon celui-ci, le manque de vertus dans la vie d'ici-bas sera réparé dans la vie future. En fait, Jovinien avait écrit :

> [...] nous irons au Père et chez lui nous ferons notre maison. Celui qui est juste aime; et celui qui aime, le Père et le Fils iront et habiteront dans son habitation. Mais je crois que là où il y a un tel habitant, rien ne peut manquer à l'habitation[30].

En outre, Pélage s'oppose à la deuxième thèse de Jovinien. Ainsi, il prend ses distances avec la version jovinianiste de l'impeccance en juxtaposant très habilement l'hérésie de Mani et celle de Jovinien. Par là, tous deux apparaissent comme des positions extrêmes, avec une mise en valeur de la doctrine de Pélage comme *via media*.

On peut donc résumer que, dans l'œuvre de Pélage, les quatre thèses de Jovinien sont toutes ciblées d'une manière ou d'une autre[31]. Ce fait même révèle une réflexion approfondie sur les positions de Jovinien. Le grief principal de Pélage contre Jovinien semble concerner ses thèses 1 et 4 qui nient toute différence de mérite entre les ascètes et les chrétiens ordinaires et, par conséquent, rejettent toute différenciation entre les divers habitants du royaume de Dieu.

30. Jérôme, *Contre Jovinien* 2, 19, *PL* 23, 327D-328A.

31. Voir aussi *Cel.* 28, *CSEL* 29, p. 456, l. 11 *sq.*; *De divina lege* 7, *PL* 30, 113A-B; *De virginitate* 2, *PL* 30, 164B. Voir D. G. Hunter, *Marriage, Celibacy and Heresy in Ancient Christianity : The Jovinianist Controversy*, Oxford 2007, p. 262; Y.-M. Duval, *L'affaire Jovinien*, p. 297, p. 311.

Pélage, un moine?

Augustin et Marius Mercator appellent Pélage *monachus*, un moine[32]. Et la sentence finale du synode de Diospolis (décembre 415) s'accorde avec eux : « Maintenant, puisque nous avons eu satisfaction grâce aux explications que nous a présentées le moine Pélage ici présent[33]... »

A. de Vogüé a bien raison de remarquer que les évêques, par là, « lui délivrent une sorte de patente[34]. » Cependant, on a quelquefois supposé que Pélage refusait cette épithète pour lui-même : l'auteur du traité *De divina lege*, « Sur la loi divine », déplore que les Latins utilisent le terme *monachus* même à propos de ceux qui ne se retirent point de la société des autres, tandis que les Grecs limitent son application à ceux qui ont vraiment adopté la vie solitaire, la vie des ermites[35]. A. de Vogüé, qui accepte l'attribution de cet écrit à Pélage (proposée par G. de Plinval et R. F. Evans) conclut que celui-ci est un moine qui refuse le nom de moine et qui « opte implicitement, en fait, pour un monachisme citadin[36] ». Mais ladite attribution à Pélage est loin d'être assurée et l'on pourrait tout aussi bien avancer ce passage – entre autres – pour contester la paternité pélagienne du *De divina lege*. En effet, l'auteur introduit ce passage par l'exclamation suivante, adressée à son correspondant : « Je veux que vous soyez un chrétien, non pas un moine ! ». Un tel « anti-monachisme » semble assez mal cadrer avec le Pélage que nous connaissons.

---

32. Augustin, *De gestis Pelagii* 36; 43; 44; 58; 60, *CSEL* 42, p. 92, l. 12 ; p. 98, l. 19 ; p. 99, l. 5 ; p. 113, l. 25 ; p. 115, l. 7 ; *Haer.* 88, *PL* 42, 47, Marius Mercator, *Commonitorium*, *ACO* 1, 5, p. 5 ; A. DE VOGÜÉ, *Histoire littéraire du mouvement monastique dans l'antiquité*, t. 5, Paris 1998, p. 314-315; t. 6, Paris 2002, p. 25-26.
33. Augustin, *De gestis Pelagii* 60, *CSEL* 42, p. 115, l. 6-7, *BA* 21, p. 563 (trad.).
34. A. DE VOGÜÉ, *Histoire littéraire*, t. 5, p. 314-315, n. 165.
35. *De divina lege* 9, *PL* 30, 115 C.
36. A. DE VOGÜÉ, *Histoire littéraire*, t. 5, p. 318.

Les œuvres de Pélage[37]

La liste rédigée par Pélage lui-même

Dans sa *Lettre à Innocent de Rome* (417)[38], Pélage dresse une liste des écrits qu'il reconnaît et autorise[39]. Y figurent les textes suivants :

– *Lettre à Paulin de Nole / Epistula ad sanctum virum Paulinum episcopum*

La lettre est perdue. Pélage indique qu'il l'a composée douze années plus tôt, c'est-à-dire en 405-406, pour y défendre la grâce de Dieu.

– *Lettre à Constantius / Epistula ad sanctum episcopum Constantium*

Cette lettre est elle aussi perdue. Nous ignorons le destinataire, apparemment l'évêque d'un siège inconnu. Quant au contenu, Pélage observe seulement qu'il a ajouté l'aide et la grâce de Dieu au libre arbitre de l'homme.

– *Lettre à Démétrias / Epistula ad Demetriadem*

Voir plus bas.

– *Pour le libre arbitre / Pro libero arbitrio*

Ce traité, qui répond à la critique de Jérôme dans sa lettre 133 et dans le *Dialogus adversus Pelagianos*[40] a été écrit entre 415 et 417. Des fragments en sont préservés dans le traité *De gratia Christi et de peccato originali* ainsi que dans le sermon 156 et dans la lettre 186 d'Augustin[41]. De même, la version du commentaire de Pélage sur les lettres de Paul qui est transmise dans le manuscrit Paris, BnF latin 653 en préserve quelques fragments[42]. Il est

37. Je ne présente qu'un survol rapide. Pour des informations plus détaillées, voir F. Nuvolone – A. Solignac, « Pélage et pélagianisme », dans *Dictionnaire de Spiritualité*, t. 12/2, col. 2898-2901.

38. Pour une collection des fragments, voir *PL* 20, p. 608-611. Voir aussi Y.-M. Duval, « Pélage est-il le censeur inconnu », p. 547 *sq.* Pour le *Libellus Fidei* joint à la lettre, voir ci-dessus p. 69 *sq.*

39. Augustin, *De gratia Christi* 37-40 ; 42 ; 45, *CSEL* 42, p. 153-156, p. 158.

40. Voir Y.-M. Duval, « Pélage est-il le censeur inconnu », p. 545, n. 1.

41. Voir l'analyse de J. Lössl, dans G. Partoens (éd.), *Sancti Aurelii Augustini Sermones in Epistolas Apostolicas*, *CCL* 41B, Turnhout 2008, p. xlix-lv.

42. Je prépare une édition des fragments de Pélage.

remarquable qu'Augustin ne souffle mot de la visée anti-hiéronymienne de ce traité.

Bien sûr, la liste de ses propres ouvrages dressée par Pélage dans sa lettre à Innocent de Rome n'entend pas être complète : elle ne relève que ceux de ses écrits qui, à en croire Pélage, ont souligné d'une manière ou d'une autre le recours à la grâce de Dieu.

La notice de Gennade de Marseille

Gennade de Marseille, qui écrit à la fin du ve siècle, a inséré dans son traité *De viris illustribus* la notice suivante sur Pélage :

> *Pelagius heresiarches antequam proderetur hereticus scripsit studiosis necessaria : tres de fide trinitatis libros et pro actuali conversatione eclogarum ex divinis scripturis librum unum, capitulorum indiciis in modum sancti Cypriani martyris praesignatum. Postquam hereticus publicatus est, scripsit haeresi suae faventia*[43].

En voici la traduction :

> L'hérésiarque Pélage, avant d'être révélé comme hérétique, écrivit des choses indispensables pour les érudits : trois livres sur la foi en La Trinité, un livre d'extraits des Écritures saintes sur la vie pratique (de l'ascèse) avec les indications des chapitres préfacés, à la manière du bienheureux martyr Cyprien. Après avoir été publiquement dénoncé comme hérétique, il écrivit des livres en faveur de son hérésie.

Gennade distingue, au sein des œuvres de Pélage, celles qu'il a rédigées avant sa dénonciation comme hérétique et celles qui ont été produites après : selon lui, ses trois livres *De fide Trinitatis* tout comme les *Eclogae* sont l'œuvre d'un Pélage encore orthodoxe. Gennade ne nous informe pas sur les titres des livres de Pélage « qui favorisaient son hérésie ». Il ne nous indique pas non plus la date à laquelle son hérésie fut découverte.

43. Gennade, *vir. inl.* 42, C. A. Bernoulli (éd.), *Hieronymus und Gennadius. De viris inlustribus*, Fribourg – Leipzig 1895, p. 77. Le manuscrit lit : *eulogiarum* ; j'adopte la conjecture plausible de Richardson.

En fait, il est possible que le traité *Sur La Trinité* (*De fide Trinitatis*)[44] soit à dater avant la controverse entre Augustin et Pélage, c'est-à-dire avant 411. Quant aux *Extraits/Eclogae*, leur *terminus ad quem* est donné par le fait que quelques *capitulae* tirées d'eux ont été alléguées dans l'acte d'accusation du synode de Diospolis, en décembre 415.

L'intention de Gennade – qui avait écrit trois livres contre Pélage (perdus)[45] – est de faire un tri parmi les ouvrages du moine breton : il appelle les œuvres sélectionnées (et, semble-t-il, en particulier le livre des *Eclogae*) « indispensables », une qualification laudative dont il fait un usage assez restreint dans le reste de son livre.

Autres ouvrages de Pélage

Quelques autres œuvres sont à ajouter pour compléter cette liste :

- *Commentaire sur les épîtres de Paul / Expositiones tredecim epistularum Pauli apostoli*[46].

Ce commentaire est daté par son éditeur, A. Souter, entre 406 et 410 : il est tributaire du commentaire de l'épître aux Romains d'Origène d'Alexandrie qui ne fut traduit en latin par Rufin d'Aquilée qu'après 405[47]. De plus, les quatre passages qui évoquent le nom de Jovinien semblent présupposer que celui-ci est déjà mort. Marius Mercator observe dans son *Commonitorium super nomine Caelestii* que Pélage avait écrit son commentaire pour ceux « dont il avait présumé l'amitié[48] » avant la prise de Rome. Fin 411-début 412, Augustin disposa du commentaire de Pélage. Or, comment Augustin était-il entré en possession de cet ouvrage ? Par les soins d'amis de Pélage ? Ou l'aurait-il reçu de Pélage lui-même ?

---

44. Pour une collection de fragments, voir *PLS* 1, 1544-1560.
45. Gennade, *vir. inl.* 97, C. A. Bernoulli, *Hieronymus und Gennadius*, p. 95.
46. *PLS* 1, 1110-1374.
47. Voir A. Souter, *Pelagius's Expositions of Thirteen Epistles of St. Paul*, I, Cambridge 1922, p. 4-5 ; T. de Bruyn, *Pelagius's Commentary on St. Paul's Epistle to the Romans*, Oxford 1993, p. 10-11. Sur l'histoire de la réception et de la tradition textuelle, voir le résumé de De Bruyn, p. 24-35.
48. *ACO* I, 5, p. 67.

– *Petit écrit pour sa défense / chartula defensionis*

Pélage affichait son acquittement par le synode de Diospolis (décembre 415) dans un écrit perdu[49], qui raconte le synode selon son point de vue et qu'il publia au début 416.

– *Lettre à un ami / Epistola ad amicum suum presbyterum*

Augustin cite un fragment de cette lettre dans *De gestis Pelagii* 54. Elle se situe peu après le synode de Diospolis et était adressée à un ami de Pélage qui était prêtre. Dans cette lettre, Pélage semble défendre la proposition selon laquelle « l'homme peut être sans péché et garder facilement les commandements de Dieu ». Or, Augustin n'est pas sûr que cette lettre provienne vraiment de la plume de Pélage. Il écrit en effet : « Donc, soit que Pélage ait vraiment écrit cette lettre, soit qu'elle ait été rédigée par quelqu'un sous couvert de son nom [...][50] ».

Il y a quelques autres écrits dont la provenance pélagienne est soit assez probable soit contestée :

– *Sur la nature / De natura*

On a déjà parlé de ce traité à plusieurs occasions : il fut remis à Augustin par deux jeunes ascètes romains, Timase et Jacques. Dans sa lettre à Innocent, Pélage fait allusion à certains écrits « qui lui ont été dérobés avant qu'il les ait relus et corrigés[51]. » Cette remarque est généralement comprise comme une référence au *De natura*. En tout cas, Augustin semble être sûr de la provenance pélagienne de cet écrit, qu'il cite et réfute dans son *De natura et gratia*[52].

---

49. Mais voir Augustin, *De gestis Pelagii* 19, 57, 58, *CSEL* p. 71, p. 111, p. 112 *sq*.
50. Traduction *BA* 21, p. 547.
51. Augustin, *De gratia Christi* 2, *CSEL* 42, p. 126, l. 1, *BA* 22, p. 55 (trad.).
52. Julien d'Éclane désigne Timase comme le destinataire du *De natura et gratia*, voir Augustin, *Op. imperf.* 4, 112, *CSEL* 85, 2 p. 119. Pour une reconstruction provisoire, voir W. Löhr, « Pelagius' Schrift *De natura* : Rekonstruktion und Analyse », *Recherches augustiniennes* 31 (1999), p. 235-294.

– *Lettre sur la virginité / Epistula [ad Claudiam] de virginitate*[53] *(Claud./Virg.)*

La lettre est un traité sur la chasteté, adressée à une vierge. Jean-Marie Salamito, étant donné que Pélage exhorte la jeune fille à ne pas se laisser impressionner par la noble origine d'autres vierges, croit que la destinataire n'était pas un membre de l'aristocratie. Et Salamito conjecture qu'elle était peut-être « une riche plébéienne ou peut-être même une affranchie ou une esclave[54] ».

La recherche moderne penche pour l'attribution de la lettre à Pélage en faisant valoir des ressemblances multiples, quant au contenu et au style, entre celle-ci et des œuvres à coup sûr pélagiennes comme *Lettre à Démétrias* ou le *Commentaire*[55]. Une part de la tradition manuscrite atteste la référence à une lettre d'Innocent de Rome contre les vierges défaillantes qui a été publié en février 404[56].

– *Lettre à Celantia / Epistula ad Celantiam*[57] *(Cel.)*

La lettre, portant sur la vie sainte, est adressée à une femme mariée, probablement membre de la haute aristocratie romaine. Elle est attribuée à Jérôme par plusieurs manuscrits[58]. À nouveau, l'attribution moderne à Pélage repose sur plusieurs ressemblances entre cette lettre et des œuvres incontestablement pélagiennes, comme le

53. *PL* 18, 77-90 ; 30, 163-175 ; 103, 671-84 ; *CSEL* 1, 224-250. Trad.angl. B. R. Rees, *Pelagius. Life and Letters*, Woodbridge 1998, II, p. 71-87. – Dans une partie de la tradition manuscrite (le codex Cantabrigiensis B.2.35), notre lettre est transmise avec une lettre attribuée à Sulpice Sévère, l'*Epistula Sancti Severi Presbyteri ad Claudiam sororem suam de ultimo iudicio*. Notre lettre porte le titre : *Epistola sancti Severi presbyteri ad eandem de* virginitate (1 ; 153v*)*. Le nom de la destinataire, Claudia, semble donc présupposer l'attribution fautive à Sulpice Sévère. Dans le codex Cantabrigiensis, la notice que Gennade de Marseille (vir. inl. 19) a consacré à Sulpice Sévère se trouve juste avant la lettre (151v) : C'est celle-ci qui est peut-être à l'origine de cette attribution. Je remercie la Wren Library du Trinity College Cambridge pour m'avoir accordéla permission d'examiner le manuscrit.

54.J.-M. Salamito, *Les virtuoses et la multitude*, p. 110. Salamito se réfère à *De virginitate* 16 ; voir aussi c. 14 qui va dans le même sens.

55. Voir R. F. Evans, *Four Letters of Pelagius*, Londres 1968, p. 41-51.

56. *PL* 30, 175C. S'il s'agit d'une glose – comme le suggère C. Halm, *CSEL* 1, p. 250 – elle doit être assez ancienne.

57. *PL* 22, 1204-1229 ; 61, 723-736 ; *CSEL* 29, 439-59 ; 56, 329-356. Trad. angl. B. R. Rees, *Pelagius*, p. 127-144.

58. R. F. Evans, *Four Letters of Pelagius*, p. 68.

Commentaire ou *Lettre à Démétrias*[59]. Plusieurs savants (comme de Plinval, Evans and Rees) situent la datation de cette lettre en 414 ou environ.

– *Lettre sur la connaissance de la loi de Dieu / Epistula [ad Thesiphontem] de scientia divinae legis*[60] *(Div. Leg.)*

Ce petit traité est censé, selon quelques savants, provenir de la plume de Pélage : à nouveau, on fait état des nombreux parallèles doctrinaux et stylistiques entre le traité et des ouvrages authentiques de Pélage[61]. On a déjà mentionné un argument contre l'attribution de cette *Epistula* à Pélage. Il est adressé à un homme qui, selon toute probabilité, a été récemment baptisé[62] (1, 6) et qui avait apparemment formulé certaines objections à l'encontre de l'enseignement de l'auteur (10, 1) : il est justifié, dit-il, de rendre le mal pour le mal, et il faut prêter serment. L'auteur est peut-être en contact avec la noblesse romaine, mais il n'est probablement pas noble lui-même. Dans le chapitre 6, 1, il parle de la honte qui peut empêcher un sénateur d'imiter le Christ. Aussi relève-t-il la résistance qu'un rhéteur en train de se convertir à la vie ascétique cause chez ses proches – parmi eux, des sénateurs et des gens érudits. Sur la base de ce passage, on a supposé que le destinataire était un sénateur[63] ; on pourrait également supposer qu'il ait été un rhéteur. Le traité est probablement rédigé peu avant la prise de Rome en 410 : dans le chapitre 9 (voir aussi 3, 3), on peut déceler une allusion à une catastrophe imminente.

– *Livre pour la veuve Livania / Libellus [exhortatorius] ad quandam Livaniam viduam (Liv.)*

Au synode de Diospolis (décembre 415) on avait objecté à Pélage trois passages qui, d'après Augustin, sont tirés de deux livres adressés à une veuve[64]. Un de ces deux livres nous est connu ; le troisième passage relevé vient d'un écrit intitulé « Livre sur la vie chrétienne », *Liber de vita*

59. R. F. Evans, *Four Letters of Pelagius*, p. 52-60.
60. *PL* 30, 105-116. Trad. angl. B. R. Rees, *Pelagius*, p. 88-104.
61. R. F. Evans, *Four Letters of Pelagius*, p. 61-63.
62. Voir J.-M. Salamito, *Les virtuoses et la multitude*, p. 155 ; R. F. Evans, *Four Letters of Pelagius*, p. 122.
63. J.-M. Salamito, *Les virtuoses et la multitude*, p. 155.
64. Voir aussi Jérôme, *Dialogus adversus Pelagianos* 3, 16, *PL* 23, 614.

christiana (Vit. Christ.) (11, 2). Ce traité a été préservé[65]. Une comparaison avec les écrits authentiques de Pélage pourrait suggérer qu'il est authentique[66]. Or, dans sa réponse devant le synode, Pélage avait, semble-t-il, désavoué les trois passages en déclarant : « Quant aux autres passages qu'ils ont ajoutés, ils ne sont pas dans nos livres et nous n'avons jamais dit de pareilles choses[67]. »

Augustin, pour sa part, affirme l'authenticité des extraits présentés à Diospolis. Quand il rédigeait le *De Gestis Pelagii*, certains frères – s'agit-il à nouveau de ces jeunes « ralliés », Timase et Jacques ? – lui dirent qu'ils possédaient « des livres de Pélage destinés à exhorter et à consoler une veuve dont le nom n'est pas mentionné » (*qui se Pelagii libros exhortatorios vel consolatorios ad quandam viduam conscriptos [...] habere dixerunt*). Augustin et ces frères se mirent alors à feuilleter ces livres d'un bout à l'autre pour y dépister les propositions évoquées à Diospolis – et ils les y trouvèrent (*quaesita et inventa sunt*). Or, les frères assurèrent à Augustin qu'ils détenaient ces livres depuis déjà quatre ans et qu'ils n'avaient jamais douté qu'ils étaient de Pélage[68]. Cette déclaration un peu embarrassée laisse supposer que les frères n'avaient pas reçu le codex de Pélage lui-même…

L'auteur romain antipélagien Marius Mercator cite dans son *Commonitorium super nomine Caelestii* un passage d'un *libellus* de Pélage « qui contient un discours d'exhortation destiné à une certaine veuve Livania » (*ad quandam Livaniam viduam sermonem continens exhortatorium*)[69]. Ce passage ne recoupe pas les bribes citées à Diospolis. Il n'est donc pas assuré que le traité cité par Marius Mercator soit à identifier à l'écrit évoqué au synode de Diospolis.

65. *PL* 40, 1031-1046 ; 50, 383-402. Trad. angl. B. R. Rees, *Pelagius*, p. 105-126.
66. R. F. Evans, *Four Letters of Pelagius*, p. 35-42.
67. Augustin, *De gestis Pelagii* 16, *CSEL* 42, p. 69, *BA* 21, p. 469 (trad.).
68. Augustin, *De gestis Pelagii* 19, *CSEL* 42, p. 71 *sq.*, *BA* 21, p. 474-475 (trad.).
69. *ACO* 1, 5, 1, 69, 12.

– *Lette à une dame chrétienne / Epistula ad quandam matronam Christianam*

Cette lettre-traité a été récemment éditée par deux fois, par Y.-M. Duval[70] et par H. J. Frede[71]. Les opinions sur sa provenance sont divisées : Y.-M. Duval me semblait pencher – sans le dire (et donc je n'en suis pas trop sûr) pour une attribution à Pélage lui-même, tandis que d'autres, comme H.-J. Frede, semblent penser à un pélagien, probablement de la première génération. La souscription de la lettre contient une datation consulaire incomplète : deux années, 415 ou 422, sont suggérées par les éditeurs.

Ayant passé en revue cette liste (assez provisoire et probablement incomplète)[72], on peut ainsi résumer. Les écrits de Pélage peuvent être classés de la manière suivante :

I. Traités/lettres ascétiques et pastorales : *Lettre à Démétrias, Lettre sur la Virginité* (?), *Livre pour la veuve Livania* (?), *Lettre à Celantia, Lettre sur la connaissance de la loi de Dieu* (?), *Livre sur la Vie chrétienne* (?)

II. Œuvres exégétiques : le *Commentaire*, les *Extraits.*

III. Traités « argumentatifs » : *Sur la Trinité, Sur la nature* (?), *Petit écrit pour sa défense, Pour le libre arbitre.*

IV. Lettres : à Augustin, à Innocent de Rome, à Paulin de Nole, à un ami (presbyter), à Constance (évêque).

La majorité des écrits incontestablement authentiques est à dater après 405/6. Les traités ascétiques sont tous adressés à des femmes, à savoir à des vierges (*Dem.*, *Claud.*), à une femme mariée qui souhaite pratiquer la continence (*Cel.*) et à une veuve (*Liv.*). Les lettres proprement dites sont toutes adressées à des membres du clergé.

---

70. Y.-M. Duval, « La lettre de direction (acéphale) à une mère de famille du MS 954 de Vienne (*CPL* 755) », dans *Valeurs dans le stoïcisme. Du Portique à nos jours (Mélanges M. Spanneut)*, Lille 1993, p. 202-243.
71. H.-J. Frede, *Vetus Latina-Fragmente zum Alten Testament. Die pelagianische Epistula ad quandam matronam christianam*, Fribourg 1996 (« Vetus Latina » 28), p. 35-76.
72. Pour la correspondance Augustin-Pélage (dont au moins une lettre est perdue), voir W. Löhr, « Augustinus und sein Verhältnis zu Pelagius », *Augustiniana* 60 (2010), p. 70-77.

La lettre à Démétrias / *Epistula ad Demetriadem* (*Dem.*)

Dem. est le chef-d'œuvre des traités ascétiques de Pélage. Cette lettre-traité fut transmise dans la tradition manuscrite soit sous le nom de Jérôme soit sous le nom de Julien d'Éclane[73]. Malheureusement, on ne dispose pas encore d'une édition moderne satisfaisante de ce texte. Le texte latin se trouve à deux reprises dans la *Patrologie latina* de Migne[74].

La seule traduction française, semble-t-il, de *Dem.* a été publiée dans le cadre de la vieille traduction de la correspondance d'Augustin[75]. Cette traduction est utile, quoique peu exacte ; il faut la modifier ou même la corriger en maints endroits. On doit aussi signaler une traduction allemande[76] et une traduction anglaise[77], tout comme la récente traduction italienne avec introduction et commentaire[78].

Quant à la bibliographie moderne sur *Dem.*, elle est plus limitée qu'on ne le supposerait[79].

---

73. Voir maintenant A. BONNER, « The Scale, Context, and Implications of the Manuscript Transmission of Pelagius' *Ad Demetriadem* » (thèse non publiée), Cambridge 2012.

74. *PL* 30, 15-45, et encore, selon une autre version, *PL* 33, 1099-1120.

75. *Œuvres complètes de Saint Augustin*, trad.fr. PÉRONNE *et al.*, t. VI, Paris 1873, p. 339-379. – C'est cette traduction que j'utilise pour toutes les citations dans ce chapitre tout comme dans les autres, parfois avec des modifications.

76. W. GEERLINGS et G. GRESHAKE, *Quellen geistlichen Lebens*, t. I, *Die Zeit der Väter*, Mayence 1980, p. 140-178.

77. B. R. REES, *Pelagius. Life and Letters*, Woodbridge 1998, t. II, p. 29-70.

78. D. OGLIARI, *Pelagio. Epistola a Demetriade*, Rome 2010.

79. Je me limite à signaler les études suivantes (ordre chronologique) : C. TIBILETTI, « Moduli stoici in Pelagio (A Demetriade) », dans S. BOLDRINI, *Filologia e forme letterarie : studi offerti à Francesco della Corte*, vol. 5, Urbino 1987, p. 109-119 ; N. CIPRIANI, « La morale pelagiana e la retorica », *Augustinianum* 31 (1991), p. 309-327 ; A. DE VOGÜÉ, *Histoire littéraire du mouvement monastique dans l'antiquité* t. 5, Paris 1998, p. 296-314 ; O. WERMELINGER, « Le *tempus medium* selon Pélage », dans M.-A. VANNIER *et al.* (éd.), *Anthropos Laikos (Mélanges Alexandre Faivre)*, Fribourg 2000, p. 361-368 ; A. JACOBS, « Writing Demetrias : Ascetic Logic in Ancient Christianity », *Church History* 69 (2000), p. 719-748 ; P. LAURENCE, « Proba, Juliana et Démétrias. Le christianisme des femmes de la gens Anicia dans la première moitié du ve siècle », *REA* 48 (2002), p. 131-163 ; Y.-M. DUVAL, *L'affaire Jovinien*, Rome 2003, p. 300-305.

Circonstances de la rédaction de la lettre[80]

Peu après la prise et le sac de Rome par les Goths en 410, la veuve aristocrate Anicia Faltonia Proba, tout comme sa belle-fille Juliana (veuve elle aussi) et la fille de celle-ci, Démétrias, quittèrent Rome pour l'Afrique[81]. Elles établirent leur séjour à Carthage, probablement parce que leur famille (la *gens Anicia*) y disposait de propriétés. En 413, Démétrias fut consacrée comme vierge par Aurélius, l'évêque de Carthage : après une période d'indécision et d'hésitation, elle s'était déterminée à refuser un mariage arrangé. Dans la période précédant la consécration, ce sont Augustin et Alypius qui – par lettres et par exhortation personnelle – avaient essayé d'encourager Démétrias à prendre le voile[82]. La décision de Démétrias avait profondément impressionné ses contemporains et, à en croire Jérôme et Pélage, avait inspiré des conversions similaires. Proba et Juliana prièrent Jérôme et Pélage, et probablement aussi Augustin, d'aider par leurs conseils la jeune vierge dans la vie qu'elle avait choisie[83]. Le traité *Dem.* est, en un certain sens, l'œuvre de direction spirituelle la plus longue et la plus complète qui nous vienne de la plume de Pélage. Y.-M. Duval considère *Dem.* « même si elle est écrite en Orient, comme la synthèse de son enseignement à Rome[84]. »

On peut schématiser la composition de la lettre de la manière suivante :

1. Prologue (ch. 1)

2. Démonstration de la bonté de la nature (ch. 2-8)
   2.1. Démonstration théorétique (ch. 2-4)
      2.1.1. Méthode d'exhortation (ch. 2)
      2.1.2. Le créateur, l'homme, la création (ch. 3)

80. Pour toute cette section, voir G. Jenal, *Italia ascetica atque monastica. Das Asketen- und Mönchtum in Italien von den Anfängen bis zur Zeit der Langobarden (ca. 150/250–604)* ("Monographien zur Geschichte des Mittelalters" 39), Stuttgart 1995, p. 111-118

81. Pour Démétrias, sa mère et sa grand-mère, voir *PCBE* 2, 1, p. 544-547 ; p. 1169-1171 ; *PCBE* 2, 2, p. 1831-1833.

82. Augustin, *ep.* 188, 1, *CSEL* 57, p. 120.

83. Pour la relation entre *Dem.* et la lettre de Jérôme, voir A. de Vogüé, *Histoire littéraire* t. 5, Paris 1998, p. 320-336.

84. Y.-M. Duval, *L'affaire Jovinien*, p. 300, n. 108.

2.1.3. Le libre arbitre (ch. 4)
2.1.4. La conscience (ch. 5)
2.2. Démonstration par exemples bibliques (ch. 5-8)

3. La volonté de Dieu (la grâce) (ch. 9-17)
3.1. La connaissance de ce qui est ordonné : interdire, prescrire, permettre, conseiller (ch. 9)
3.2. Tous les commandements sont à accomplir (ch. 10)
3.3. La morale du comparatif (ch. 10-12)
Digression :
3.4. La jeune vierge et la morale du comparatif (ch. 13)
3.5. L'exemple des aïeuls de la vierge (ch. 14)
3.6. Reprise : Tous les commandements sont à accomplir – Transition vers l'exégèse de Phil 2, 14 (ch. 15)
3.7. L'exégèse de Phil 2, 14 (ch. 16)
3.8. L'exégèse de Phil 2, 14 (suite) ; Mt 13, 43; 1 Co 15, 41 (ch. 16-17)

4. La pratique de la morale : les vices et les vertus (ch. 17-27)
4.1. Facilité et difficulté de la lutte contre les vices et de la pratique des vertus (ch. 17-18)
4.2. Préserver l'honneur du baptême contre la négligence; pratiquer la charité, se garder de la médisance, pratiquer la réserve et la modestie (ch. 18-19)
4.3. Distinguer le vice de la vertu : se garder de la fausse humilité, apprendre la vraie humilité (ch. 20).
4.4. Fuir les flatteurs, ne pas tromper les autres, pratiquer l'abstinence et le jeûne (ch. 21)
4.5. Ne pas aller en dehors / Se concentrer sur la sainteté elle-même (ch. 22)
4.6. Lecture spirituelle quotidienne (ch. 23)
4.7. Les ornements de la vierge (ch. 24)
4.8. Résister aux attaques de l'ennemi (ch. 25-27)

5. Conclusion eschatologique/péroraison (ch. 28-30)

Ce schéma n'est qu'une proposition de ma part; en fait, il n'est pas possible de délimiter rigoureusement les différentes parties de cette lettre-traité et le passage d'une section à l'autre est souvent assez flou.

Dem. *comme discours protreptique*

Par la suite, je veux relever les éléments du *Dem.* qui ont trait à l'exhortation et à la formation de la vierge : *Dem.* affiche une visée protreptique sans pour autant être un *logos protreptikos* au sens strict[85]. Par conséquent, il faut rendre compte des moyens rhétoriques de *Dem.* Or, comme on le verra, ce traité présente aussi une initiation aux exercices spirituels. De cette manière, il poursuit l'ancien projet de la philosophie antique : apprendre une manière de vivre qui tienne compte de l'essence de l'homme et de son destin. Les remarques suivantes entendent relever la rhétorique « psychagogique » de *Dem.*, ses techniques et son imitation des modèles préexistants.

Dans le prologue, Pélage, tout en employant un lieu commun, souligne la difficulté de sa tâche. Il ne veut pas se ranger parmi les flatteurs et chanter tout simplement les louanges de Démétrias, une vierge riche et noble. Il ne se contente pas de célébrer sa vie passée et ses vertus. Il voudrait plutôt tâcher d'instruire la vierge, de régler sa vie future. Le problème ici relevé par Pélage – le rhéteur doit-il donner des conseils ou faire un éloge ? – était bien connu de la théorie rhétorique. Aristote avait déjà remarqué :

> L'éloge et les conseils sont d'une commune espèce ; si, le fond des conseils restant le même, la forme en est changée, ils deviennent des panégyriques[86].

Il faut réaliser que le discours protreptique appartient au genre délibératif ; le traité veut donc, en empruntant les expressions de Cicéron, « donner un conseil ou exprimer un avis[87] ». Comme Cicéron le souligne, le genre délibératif doit s'occuper de déterminer si une chose « est possible ou non, nécessaire ou non ». La délibération ne peut avoir lieu si une chose est irréalisable. Or, Nello Cipriani a déjà relevé que l'insistance de Pélage sur la possibilité de la perfection ascétique doit être aussi considérée dans

85. Je reprends l'utile distinction proposée par S. Van der Meeren, *Exhortation à la philosophie. Le dossier grec Aristote*, Paris 2011, p. xiii-xiv.

86. Aristote, *Rhétorique* I, 9, 1367b-1368a, M. Dufour, p. 113 (trad.).

87. Cicéron, *Divisions de l'art oratoire* 83, éd. et trad. H. Borneque, p. 32 (trad.).

le cadre de cette théorie rhétorique[88]. C'est précisément dans le chapitre 2 que Pélage, en proposant une méta-réflexion sur sa propre méthode d'exhortation, s'occupe de déterminer si la vie sainte est réalisable ou non :

> Chaque fois qu'il me faut parler de la formation des mœurs (*de institutione morum*), de mener une vie sainte (*sanctae vitae conversatione*), j'ai coutume de montrer la force et la qualité de la nature humaine et d'indiquer tout ce qu'elle peut accomplir. Par là, j'excite l'âme de celui qui m'écoute aux différentes formes de vertus (*ad species incitare virtutum*), pour qu'il ne serve à rien de l'appeler à ce qui lui semblerait peut-être impossible. En effet, nous ne pouvons jamais entrer dans le chemin des vertus, si l'espérance ne nous conduit pas comme compagnon (*nisi spe ducamur comite*). Dans ce cas, tout effort pour obtenir quelque chose est vain parce que nous désespérons de réussir. Le même ordre d'exhortation que j'ai tenu dans mes autres opuscules (*quem [...] exhortationis ordinem cum in aliis quoque opusculis tenuerim*), je crois surtout devoir l'observer ici, où le bien de la nature humaine doit être d'autant plus montré que la vie à enseigner est plus parfaite[89].

De ce passage clé de *Dem.* plusieurs éléments sont à relever :

I. Pélage souligne, en accord avec la théorie rhétorique, « qu'il ne sert à rien d'appeler quelqu'un à ce qui lui semblerait peut-être impossible ». Dès lors, toute sa méthode se fonde précisément sur la démonstration de la possibilité de la perfection qu'il enseigne : si celle-ci n'est pas assurée, la rhétorique déployée par lui est tout à fait vaine...

II. Il faut aussi se rappeler que, selon la théorie, l'orateur avisé doit discuter de la difficulté ou de la facilité à réaliser ses conseils. Cicéron écrit :

88. N. Cipriani, « La morale pelagiana e la retorica », *Augustinianum* 31 (1991), p. 324 *sq.*
89. *PL* 30, 16 C-D.

> Lorsqu'on cherche si une chose est possible, il faut considérer aussi avec quelle facilité elle est possible. En effet, celles qui sont très difficiles doivent être très souvent regardées comme irréalisables[90].

Or, dans diverses sections de *Dem.*, Pélage prend en considération la facilité ou la difficulté de la vie ascétique. Par exemple, Pélage fait valoir au chapitre 13 que l'habitude ascétique est apprise plus aisément lorsqu'on est encore jeune :

> On dompte aussi ordinairement sans peine les animaux quand ils sont encore faibles et jeunes et, plus ils perdent l'habitude d'errer en liberté, plus on plie facilement leur cou au joug [...] les lettres humaines, elles-mêmes, se gravent mieux dans un esprit encore jeune, et ce qui tout d'abord a été déposé dans l'esprit, s'imprègne profondément dans les sens. (28B)

Au chapitre 18, Pélage fait encore valoir qu'à l'exception de deux vices, la gourmandise (*gula*) et la débauche (*libido*), tous les autres sont assez faciles à surmonter « car il n'y a pas dans tous l'enchantement de la volupté » (32A).

III. Par son traité, Pélage entend « exciter » (*incitare*) l'âme, ou plutôt l'esprit (*animum*) de la vierge. Il parle d'un « ordre d'exhortation » (*ordo exhortationis*) qu'il se propose d'observer dans son traité tout comme dans ses opuscules antérieurs. Cet ordre d'exhortation n'est esquissé qu'à grand traits : il faut d'abord montrer la force et la qualité de la nature humaine; ensuite et seulement, il faut inciter l'esprit du disciple aux différents types de vertus.

On a parfois cherché à retrouver cet « ordre d'exhortation » dans d'autres traités attribués à Pélage – sans grand succès, il faut bien l'avouer. Bien que quelques passages de *Dem.* puissent être rapprochés de passages similaires dans *Cel.* ou *Claud.*, aucun de ces deux écrits n'exhibe clairement la même structure. Partant, il est possible qu'Y.-M. Duval ait raison de supposer que cette « apologie » de la

90. Cicéron, *Divisions* 84, éd. et trad. H. Borneque, p. 33 (trad.).

méthode réagit déjà à la condamnation des cinq propositions de Céleste à Carthage à la fin de 411[91].

Pélage conclut son « apologie » avec cette remarque (ch. 8) : « Voilà en passant, comme il s'agissait d'un autre ouvrage, ces considérations sur la bonté de la nature[92]. » On a généralement entendu cette remarque comme une allusion au traité *De natura*[93].

En faisant état de la bonté de la nature humaine, l'exhortation vise à rappeler au disciple ses propres forces : « Le meilleur stimulant pour un esprit est de lui enseigner qu'il peut ce qu'il désire[94]. » Et Pélage propose à la vierge une première réflexion sur elle-même, sur ses propres facultés (ch. 2) :

> Il faut toujours faire connaître la chose dont on désire faire usage, et il faut expliquer tout le bien dont la nature est capable, parce que, tout ce dont on prouve qu'elle est capable, elle doit l'accomplir. Ainsi les premiers fondements d'une vie sainte et spirituelle seront jetés : la vierge connaîtra ses propres forces, et elle pourra bien les exercer quand elle saura qu'elle les possède[95].

Ce thème de l'auto-réflexion se poursuit au chapitre 4 :

> Et maintenant, pour en venir au mystère de notre âme, que chacun de nous se considère très attentivement (*seipsum unusquisque attentius respiciat*) ; interrogeons à ce sujet nos propres pensées, que notre conscience elle-même porte son jugement sur la bonté de la nature. Que la direction intérieure de notre âme nous enseigne et que nous apprenions les biens de notre âme plutôt de l'âme elle-même que d'une autre source (*instruamur domestico magisterio animi, et mentis bona non aliunde magis quaeque quam ab ipsa mente discamus*). (19A)

Ce que Pélage propose ici, c'est un exercice spirituel dans la tradition philosophique : les maîtres de la philosophie antique – comme Pierre Hadot l'a montré dans plusieurs publications – visent à enseigner non seulement

---

91. Y.-M. Duval, *L'affaire Jovinien*, p. 300, n. 108.
92. *PL* 30, 23C. Je cite la traduction de Y.-M. Duval, *L'affaire Jovinien*, p. 301.
93. Ainsi, par exemple, Y.-M. Duval, *L'affaire Jovinien*, p. 301.
94. Pélage, *Dem.* 2, *PL* 30, 16D.
95. *Ibid.*

une doctrine mais une manière de vivre. Ainsi, ils apprenaient à leurs disciples des exercices spirituels pour les aider dans leur pratique du souci de soi et dans leurs efforts vers l'accomplissement d'une auto-transformation. Or, pour commencer ce processus d'auto-transformation, le disciple doit d'abord prendre conscience de soi-même et de sa propre situation. Sénèque, par exemple, aborde son traité *De vita beata* par une réflexion sur le but et la voie vers le but :

> Il faut donc étudier en quoi consiste l'objet de nos aspirations, pour examiner par où nous y tendrons le plus rapidement, et nous verrons en cours de route, pour peu que nous ayons pris la bonne direction, combien on en abat chaque jour et combien nous nous rapprochons de l'objet vers lequel nous pousse une tendance naturelle[96].

Dans son *Protreptique*, le philosophe Jamblique ambitionne d'explorer toutes les méthodes possibles de l'exhortation. Ainsi, il cite en exemple d'un discours protreptique qui partait « de l'homme véritable » (*apo tou ontôs anthropou*) un fragment du traité « Sur la sagesse » (*Peri sophias*) du pythagoricien (Pseudo-) Archytas (qui veut exhorter à la sagesse théorétique) :

> De tous les vivants, l'homme est de beaucoup le plus sage : il est capable, en effet, de contempler les êtres, d'en prendre la science et l'intelligence universelles[97].

Dans le fameux discours d'adieu et de remerciement, que Grégoire le Thaumaturge avait prononcé en quittant l'école d'Origène à Césarée, le discours protreptique d'Origène et l'invitation qu'il fait à Grégoire de devenir son disciple sont rapportés comme suit :

> Il [c'est-à-dire Origène] accordait à la philosophie et à ses amants les grands et nombreux éloges qui leur sont dus, disant que seuls mènent vraiment la vie qui convient à des êtres doués de raison ceux qui s'appliquent à bien vivre, connaissant tout d'abord ce qu'ils sont eux-mêmes, connaissant

96. Sénèque, *La vie heureuse* 1, 1, trad. A. Bourgery, rév. P. Veyne, dans *Sénèque. Entretiens. Lettres à Lucillus*, Paris 1993, p. 231.
97. Jamblique, *Protreptique* 4, E. Des Places, p. 51 (trad.). Sur (Pseudo-) Archytas, voir l'entrée de B. Centrone dans R. Goulet (éd.), *Dictionnaire des philosophes antiques* I, Paris 1989, p. 342-345.

ensuite les vrais biens que l'homme doit poursuivre et les vrais maux qu'il doit éviter[98].

Pierre Hadot observe à propos de l'examen de conscience pratiqué dans les écoles philosophiques de l'antiquité :

> Dans la perspective de la philosophie vécue [...] prendre conscience de soi est un acte essentiellement éthique grâce auquel se transforme la manière d'être, de vivre et de voir les choses. Avoir conscience de soi, c'est donc avoir conscience de l'état moral dans lequel on se trouve. [...] Cette pratique s'enracine d'abord dans le simple fait que le commencement de la philosophie, dans toutes les écoles, est la prise de conscience de l'état d'aliénation, de dispersion, de malheur, dans lequel on se trouve, avant de se convertir à la philosophie[99].

La différence, tout comme la convergence, entre l'examen de conscience pratiqué dans les écoles de philosophie païennes et le rappel enseigné ici par Pélage est intéressante : d'après Pélage, la vierge ne doit pas aborder son auto-transformation en se rendant compte de ses passions, de ses impulsions, de sa faiblesse et de son manque de contrôle. Plutôt, il lui faut surtout une prise de conscience systématique de ses propres facultés, de sa propre force.

Selon Pélage, la destinée de la vierge, c'est le royaume de Dieu, avec ses récompenses et ses honneurs infinis. Tout comme d'autres traités pélagiens, *Dem.* se conclut par une partie eschatologique (ch. 28-30). C'est de nouveau Jamblique qui fournit un parallèle. Au chapitre 13 de son *Protreptique*, il recommande d'avertir les disciples de leur destin eschatologique. Et il conclut cette section par la remarque suivante :

> C'est pourquoi il faut tout faire pour avoir en cette vie sa part de vertu et de sagesse; car la récompense est belle et grande l'espérance[100].

98. Grégoire, *Remerciement* 6, 73, H. Crouzel, *SC* 148, p. 125 (trad.).
99. P. Hadot, *Qu'est-ce que la philosophie antique ?*, Paris 1995, p. 303.
100. Traduction E. Des Places, p. 99. Selon l'indication de Des Places, Iamblique cite ici Platon, Phaedon 114c8-9.

Pélage écrit (ch. 28) :

> La peine est grande [...] mais songez à la grandeur de la promesse. Tout travail devient d'ordinaire léger quand on pense à la récompense et l'espoir de la récompense soulage la peine. (42D)

Et Pélage développe un exercice fondamental de la philosophie antique, la pensée de la mort (ch. 29) :

> Notre vie, si elle se prolonge jusqu'au-delà de mille ans et si nous arrivons au dernier jour de notre vie entière tout en éprouvant voluptueusement chaque jour des jouissances, comme il est court cependant ce temps qui est anéanti par la fin ! Quel sera le fruit de ce plaisir qui aussitôt qu'il aura cessé vous semblera n'avoir point existé ? Repassez en vous-même le temps déjà écoulé de votre vie [*c'est l'heure de la mort anticipée* !], ne vous paraîtra-t-il point s'être évanoui comme une ombre, et tout ce qui a frappé vos yeux être aussi incertain qu'un songe fugitif ? C'est la même chose que le vieillard décrépit peut aussi sentir, et il lui convient de dire avec le prophète : *Mes jours se sont éloignés comme des ombres et je sèche comme l'herbe des champs.* [Ps 102, 12] (43C-D)

Puis Pélage transforme le calcul eschatologique en exercice spirituel (ch. 30). Il écrit :

> Si nous pouvons tenir ce langage ici-bas, où cette vie, quoique courte, est cependant d'un si grand prix à nos yeux parce que nous en jouissons présentement, que dirons-nous dans la vie future où, dans la présence plus grande de l'éternité (*ubi majore aeternitatis praesentia*), tout ce qui est passé ne nous semblera rien ? Médite attentivement tout ceci, et en face de l'éternité, dédaignant cette vie de si courte durée, méprise même le mépris du monde par la vertu plus grande de ton âme, et prépare-toi à ce grand jour où la gloire du monde finira[101]...

---

101. *PL* 30, 43D-44A. Quelques manuscrits semblent lire : *ubi majore aeternitatis scientia*, une variante textuelle qui est retenue par les traductions de B. R. REES, *Pelagius*, Woodbridge 1998, t. II, p. 68 et W. GEERLINGS – G. GRESHAKE, *Quellen geistlichen Lebens. Die Zeit der Väter*, Mayence 1980, p. 177. Voir *PL* 33, 1119.

Les exercices spirituels traditionnels essaient de surmonter la crainte de la mort : en face de la mort, l'homme doit se concentrer sur le moi essentiel, le moi pur ; il doit séparer de lui-même tout ce qui est inessentiel. L'homme doit, pour citer encore une fois Pierre Hadot qui glose ici Marc Aurèle,

> séparer de son moi toutes les choses futures qui peuvent l'inquiéter, son corps et même l'âme qui anime le corps, les événements qui proviennent de l'enchaînement des causes universelles, c'est-à-dire du destin, les choses qui se sont attachées à lui, parce qu'il s'est attaché à elles, et il se promet ainsi, s'il se sépare du temps passé et du temps futur et s'il vit dans le présent, d'atteindre à un état de tranquillité et de sérénité.

Et Hadot ajoute :

> Dans cet exercice, le moi est totalement circonscrit dans le présent [...]. Le passé ne me concerne plus, le futur ne me concerne pas encore. Nous retrouvons ici l'opposition stoïcienne entre ce qui dépend de nous et ce qui ne dépend pas de nous[102].

Il s'agit donc de vivre et d'agir dans le présent et de concentrer toute son attention sur le moment présent. Hadot observe :

> Cet exercice de la conscience de moi se ramène ainsi à un exercice d'attention à soi-même (*prosochè*) et de vigilance, qui suppose que l'on renouvelle, à chaque instant, le choix de la vie, c'est-à-dire la pureté de l'intention. [...] La pensée de la possibilité de la mort donne en effet son prix et son sérieux à tout moment et à toute action de la vie[103]...

L'exercice spirituel consistant à se concentrer sur le moi pur dans le présent est repris par l'ascèse chrétienne. L'Antoine d'Athanase exhorte ses disciples à comparer la brièveté de leur vie avec la longueur des siècles futurs et à

---

102. P. Hadot, *Qu'est ce que la philosophie antique ?*, Paris 1995, p. 293-294. Voir pourtant R. Sorabji, « What is new on emotion in Stoicism after 100 B. C. ? », dans R. Sorabji – R. W. Sharples, *Greek & Roman Philosophy 100BC-200AD*, t. I, Londres 2007, p. 172 *sq.* qui souligne que les Stoiciens sont loin de prêcher exclusivement une concentration sur le pur présent.
103. P. Hadot, *Qu'est ce que la philosophie antique ?*, p. 295-296.

considérer que « tout notre temps n'est rien auprès de la vie éternelle[104] ».

De plus, aux dires d'Antoine, les moines doivent vivre et s'exercer chaque jour comme si c'était leur dernier jour :

> Si nous sommes dans de telles dispositions et si chaque jour nous vivons de la sorte, nous ne pécherons pas, nous ne désirerons rien, nous n'aurons de ressentiment contre personne et nous n'amasserons pas des trésors sur la terre, mais, nous attendant chaque jour à mourir, nous serons détachés et nous pardonnerons tout à tous[105].

Or, la philosophie surpasse parfois le pur présent, ou plutôt, semble rassembler tous les temps révolus en un pur présent. Sénèque, dans son traité *De brevitate vitae* propose de surmonter la pensée de la mort de la façon suivante :

> Seuls sont vraiment « oisifs », seuls ont leur temps à eux ceux qui se consacrent à la sagesse. Seuls ils vivent, car ils ne se bornent pas à bien gérer leur propre durée : ils y ajoutent tous les siècles; toutes les années passées avant eux leur sont acquises… aucun siècle ne nous est interdit, nous avons accès à tous, et si notre grandeur d'âme tend à franchir les limites de la faiblesse humaine, nous avons un vaste espace de temps à parcourir[106].

A la différence de l'exercice spirituel stoïcien et de son adaptation par Athanase, et aussi de la méditation proposée par Sénèque[107], Pélage exhorte la vierge à s'imaginer le plus grand présent de l'éternité et à le comparer au temps passé de sa vie (*quod in futuro dicturi sumus ubi majore aeternitatis praesentia transactum omne pro nihilo est*). Ainsi, la méditation sur le présent actuel, sur le présent de cette vie d'ici-bas, peut être transposée au plus grand présent de l'éternité future, tel qu'il est

104. Athanase, *Vie d'Antoine* 16, 4, G. J. M. Bartelink, *SC* 400, p. 179 (trad.).

105. Athanase, *Vie d'Antoine* 19, 4, G. J. M. Bartelink, *SC* 400, p. 187 (trad.).

106. Sénèque, *La brièveté de la vie* 14, 1, trad. A. Bourgery, rév. P. Veyne, dans *Sénèque. Entretiens. Lettres à Lucillus*, Paris 1993, p. 279 *sq.*

107. Voir pourtant *Dem.* 27, *PL* 30, 42D : « Oubliez le passé, et croyez chaque jour recommencer de nouveau… »

imaginé. Dans son livre *Les virtuoses et la multitude*, Jean-Marie Salamito remarque à propos du scénario eschatologique évoqué dans *Dem.* 14 :

> Quand il imagine les hommes du monde entier, l'armée des anges et Dieu lui-même en train de contempler en spectateurs le combat de sa jeune disciple contre le Diable, Pélage offre à celle-ci une vision grandiose, panoramique, à la fois cosmique et supra-cosmique, qui rappelle les récits de l'Apocalypse. Il s'agit pour ainsi dire d'une eschatologie anticipée. La meilleure preuve en est que, dans ce tableau où se superposent sans la moindre contradiction entre eux un registre terrestre et un registre céleste, Dieu n'est nullement présenté comme voyant plus que ce que voient les êtres humains[108].

Cette description est tout à fait exacte : Pélage exhorte la vierge précisément à anticiper sur l'eschatologie, c'est-à-dire à se représenter, voire à s'approprier le regard d'en haut, la perspective de Dieu – tout comme le faisaient les exercices spirituels proposés par la philosophie antique. Mais Pélage ne suggère point ici une sorte de compensation psychologique assez facile pour les efforts ascétiques. L'eschatologie anticipée de Pélage est loin d'indiquer un manque de foi dans le jugement dernier de la part du maître et de ses disciples. Plutôt, la pensée du jugement dernier comme eschatologie anticipée fait partie intégrante de l'effort ascétique, de l'effort d'auto-transformation. Or, comme l'a observé Pierre Hadot à propos des exercices spirituels de la philosophie antique, « regarder d'en haut, c'est regarder les choses dans la perspective de la mort[109]. »

Une dernière remarque à propos de l'eschatologie de *Dem.* : Pélage semble parler plus volontiers du royaume de Dieu que de l'enfer. Optimisme facile? Ou plutôt (encore une fois!) fidélité à l'enseignement rhétorique

---

108. J.-M. Salamito, *Les virtuoses et la multitude*, p. 58 *sq.*
109. P. Hadot, *Qu'est-ce que la philosophie antique?*, p. 316. Voir *Dem.* 13, *PL* 30, 28A : « Dès votre début, prévoyez la fin, et telle que vous désirerez arriver au dernier jour, efforcez-vous de le devenir dès aujourd'hui. »

dont Pélage devait être en toute probabilité l'adepte assidu ? De nouveau, c'est Cicéron qui écrit :

> Devant les hommes ayant reçu une éducation libérale, nous insisterons sur la gloire, l'honnêteté, et parlerons surtout des vertus propres à maintenir et à développer les bons rapports des hommes. Si au contraire c'est devant des gens ignorants et simples que nous parlons, mettons en avant les profits, les avantages, les voluptés, les douleurs manifestes ; ajoutons également la honte et l'ignominie en perspective[110]...

Pélage reprend aussi un autre exercice spirituel fondamental de la philosophie antique. Au chapitre 10, il écrit :

> Pour les choses dont nous avons parlé plus haut [c'est-à-dire les bonnes œuvres, la sainteté, la vertu], il ne dépendait pas de toi d'être supérieur à tous, ou qu'aucun ne soit supérieur à toi. Toutes, en effet, sont en dehors de nous et tout ce qu'on espère d'autre part nous est étranger. Celles qui ne viennent pas de l'extérieur, mais qui sont produites par ton cœur, elles sont en ta possession, en ton pouvoir. (26C)

L'arrière-fond de ce passage est la distinction stoïcienne bien connue entre ce qui dépend de nous et ce qui ne dépend pas de nous (*to eph' hêmin / to mê eph' hêmin).* Le disciple d'un maître stoïcien doit s'approprier cette distinction fondamentale comme le premier et le plus important exercice spirituel. Pierre Hadot remarque que le stoïcien se soucie constamment de

> la délimitation de notre sphère propre de liberté, d'un îlot inexpugnable d'autonomie au centre du fleuve immense des événements, du Destin. [...] Le stoïcien délimite donc un centre d'autonomie : l'âme, par opposition au corps, le principe directeur (*hêgemonikon*) par opposition au reste de l'âme, et c'est dans ce principe directeur que se situent la liberté et le vrai moi. C'est là aussi que peuvent seulement se situer le bien moral et le mal moral, car il n'y a de bien ou de mal que volontaire[111].

---

110. Cicéron, *Divisions* 92, H. Bornecque, p. 98 (trad.).
111. P. Hadot, *La citadelle intérieure*, Paris 1992, p. 99-100.

De même, dans son traité *De natura*, Pélage utilise la distinction entre le *nostrum* et le *non nostrum*. Il remarque à propos de la *possibilitas non peccandi* :

> Parce qu'il est en notre pouvoir (*nostrum est*) de ne pas pécher, nous pouvons pécher et ne pas pécher[112].

Et il ajoute :

> Parce que la possibilité de ne pas pécher n'est pas en notre pouvoir et parce que même si nous voulions ne pas avoir la possibilité de ne pas pécher, nous ne pourrions pas ne pas avoir la possibilité de ne pas pécher[113].

Et il explique :

> La possibilité même de ne pas pécher [...] repose moins dans le pouvoir de notre volonté que dans la condition nécessaire de notre nature. Or, tout ce qui est fondé sur une nécessité naturelle concerne sans aucun doute l'auteur de la nature, à savoir Dieu. Comment donc [...] peut-on croire que l'on prétend étrangère à la grâce de Dieu une prérogative qui, cela est prouvé, concerne proprement Dieu[114] ?

L'explication de Pélage vise une position qui insiste sur le rôle de la grâce de Dieu pour aider l'homme dans sa lutte contre le péché. Pélage retient la distinction stoïcienne pour mettre en relief la nécessité de la possibilité de ne pas pécher.

Tout comme d'autres maîtres de philosophie, Pélage essaie d'inculquer à Démétrias le souci de soi, l'attention à soi-même. Il écrit ainsi au c. 19 :

> Fais attention, je te prie, à la dignité à laquelle Dieu t'a élevée, quand régénérée par le baptême tu es fille de Dieu, et de nouveau par la consécration de la virginité tu es l'épouse de Jésus Christ. L'honneur qui résulte pour toi de ces deux titres t'avertit (*admoneat*) de garder soigneusement ta résolution, car la négligence ne doit jamais trouver de place là où il faut

---

112. Augustin, *De natura et gratia* 57, *CSEL* 60, p. 274 = Pélage, *De natura*, fr. 39 (W. Löhr). Ici et dans le fragment suivant, la traduction de *BA* 21, p. 351, p. 355 est reprise, parfois légèrement modifiée.
113. *Ibidem.*
114. Augustin, *De natura et gratia* 59, *CSEL* 60, p. 276 = Pélage, *De natura*, fr. 41 (W. Löhr).

conserver des choses si glorieuses (*at nullus debet esse ibi neglegentiae locus, ubi tam praeclara servanda sunt*). (33A-B)

Or, la négligence (*neglegentia*, en grec *ameleia*) consiste précisément en un manque d'attention. Et Pélage continue de la même façon (c. 19) :

> C'est pourquoi si tu désires te conserver toi-même, tu dois penser toujours à l'honneur que tu as reçu et au prix que tu vaux, car on se traite avec d'autant plus de négligence qu'on s'estime moins (*unde et tu si te ipsam bene custodire cupis, debes honorem tuum semper pretiumque cogitare. Tanto enim se unusquisque neglegentius utitur, quanto se existimat viliorem*). (*PL* 33, 1112)

Dans son traité *De natura*, Pélage, tout en répondant à l'objection que personne ne peut être sans péché, affirme que « c'est à sa négligence (*neglegentia*) qu'il convient d'imputer le fait de n'être pas sans péché[115]. » Pour une éthique qui prône le souci de soi, l'attention constante à soi-même et le contrôle de ses propres pensées, la négligence s'avère le péché principal. Dans le même ordre d'idées, il faut noter aussi que la *neglegentia* dénote presque toujours pour Sénèque une disposition fautive[116]. Et Athanase d'Alexandrie reprend dans sa *Vie d'Antoine* le même avertissement contre la négligence en prêtant l'exhortation suivante à son protagoniste :

> De même, nous devons nous aussi persévérer chaque jour dans l'ascèse, sachant que, si nous sommes négligents un seul jour, le Seigneur ne nous pardonnera pas en raison du temps passé, mais s'irritera contre nous en raison de notre négligence (*ameleia*)[117].

Pour combattre la négligence, Démétrias est exhortée à la méditation constante (c. 13) :

> Au moment où l'âge est encore mobile et où l'esprit se laisse diriger sans difficulté, il faut exercer l'habitude du bien (*consuetudo boni*) et la confirmer par une continuelle

---

115. Augustin, *De natura et gratia* 14, *CSEL* 60, p. 241 = Pélage, *De natura*, fr. 7 (W. Löhr) ; *BA* 21, p. 265, p. 267 (trad.). Voir aussi O. Wermelinger, *Rom und Pelagius*, p. 225, n. 35.
116. G. Kuen, *Die Philosophie als "dux vitae"*, Heidelberg 1994, p. 103.
117. Athanase, *Vie d'Antoine* 18, 2, G. J. M. Bartelink, SC 400, p. 185 (trad.).

méditation. Occupe donc ton esprit des meilleures choses, imprime fortement en toi la pratique d'une vie sainte...(28B)

Il est superflu de citer, en parallèle à ce conseil, des passages de Sénèque ou d'autres philosophes anciens. Pélage même recommande de réserver une certaine durée de la journée aux exercices spirituels (c. 23) :

> Bien que tu doives consacrer tout le temps de ta vie à l'œuvre divine et qu'il convienne de ne point passer une seule heure sans progresser spirituellement – ne dois-tu pas *méditer la loi du Seigneur jour et nuit* [Ps 1, 2] ? – tu dois cependant avoir un nombre d'heures déterminé et fixe où tu vaques à Dieu plus pleinement, et qui, à la façon d'une loi, t'astreigne au maximum d'attention mentale (*quo plenius Deo vaces, et qui te ad summam animi intentionem velut quadam lege contineat*). [...] Le mieux est donc de réserver à ce travail le temps du matin, c'est-à-dire la meilleure partie de la journée et jusqu'à la troisième heure d'exercer chaque jour ton âme à lutter dans le concours céleste, en un gymnase réservé à la palestre spirituelle. [...] En pleine ville, procure-toi la solitude [ou : le désert!], et t'éloignant un peu des hommes, unis-toi à Dieu de plus près[118]...

Adalbert de Vogüé a signalé quelques parallèles à ce passage, entre autres sources, dans un traité pseudo-athanasien, le *De virginitate*[119], et dans les *Sententiae ad virginem* d'Évagre le Pontique :[120] les deux auteurs proposent eux aussi de réserver le début de la journée à la prière. Il faut pourtant noter qu'Évagre réduit les trois heures à deux. De Vogüé croit que c'est la catéchèse matutinale du carême à Jérusalem qui forme l'arrière-plan de cette recommandation à Démétrias. Mais les parallèles signalés par le savant bénédictin ne font pas mention des exercices spirituels, ils se limitent à prescrire la lecture quotidienne de la Bible. De Vogüé lui-même note correctement que, à la différence de ces parallèles, *Dem.* n'évoque pas le *Priez*

---

118. *PL* 30, 37A-B, trad. A. de Vogüé, *Histoire littéraire du mouvement monastique dans l'antiquité*, t. 5, Paris 1998, p. 305.
119. Ps.-Athanase, *De Virginitate* 12, éd. E. von der Goltz, *TU* 29, 2, Leipzig 1905, p. 46.
120. Evagrius, *sent.* 4. éd. H. Gressmann, *TU* 39, 4, Leipzig 1913, p. 146 : « Il faut qu'à son lever le soleil voie le livre dans vos mains, et ton œuvre après la deuxième heure du jour. »

sans cesse de 1 Th 5, 17 et Lc 18, 1, mais cite plutôt Ps 1, 2, c'est-à-dire recommande l'étude spirituelle, la rumination de la Bible[121].

En fait, tout le chapitre 23 de *Dem.* veut instruire la vierge dans la lecture spirituelle, une lecture qui est pratiquée de la même manière dans les écoles de philosophie :

> Il ne sert de rien, en effet, d'apprendre ce qu'on doit faire, si on ne le met pas en pratique. Tu feras un excellent usage de cette lecture divine, en l'employant comme un miroir dans lequel l'âme considère en quelque sorte son image, afin de corriger ce qu'elle voit en elle de vicieux, ou orner davantage ce qu'elle y voit de beau. [...] Ce qu'il faut acquérir, insère-le profondément dans ta mémoire, et conserve-le par une continuelle méditation. (37C-D)

Ici, la lecture de la Bible et l'examen de conscience ne font qu'un[122].

Tout comme dans l'exhortation des philosophes[123], Pélage dresse une liste des hommes d'une sainteté exemplaire : elle ne présente pas des héros philosophiques, mais des personnages bibliques (c. 5-7) : c'est Abel qui est le premier à suivre la nature comme maîtresse (*magistra*). Sa justice, c'est, au dire du Seigneur même (Mt 14 ?), sa perfection : « Car tous les genres des vertus sont compris sous le nom général de justice. » (19D) Après lui, ce sont Enoch, Noé, Melchisédec, Abraham, Lot, Isaac, Jacob, Joseph. Mais c'est particulièrement l'exemple de Job qui est célébré : selon Pélage, Job, « le plus illustre des athlètes de Dieu » (*famosissimo illo athleta Dei*; 21B), qui a été privé de tous les biens extérieurs, de toutes ses possessions et jusqu'à ses vêtements mêmes, montre l'excellence de ses propres biens intérieurs. Avec sa patience, il triomphe du diable. De plus, Job énonce et accomplit les préceptes évangéliques avant l'Évangile. Et Pélage s'exclame (c. 6) :

121. A. de Vogüé, *Histoire littéraire*, t. 5, p. 306-307. Pour la retraite de la vierge dans sa propre maison, de Vogüé cite en parallèle *Cel.* 24.
122. Voir *Cel.* 14-15, *CSEL* 29, p. 446-447.
123. G. Kuen, *Die Philosophie als "dux vitae"*, p. 393. Voir, par ex., Jamblique, *Protreptique* 14.

> Oh Job ! Homme évangélique avant l'évangile, et apostolique avant les préceptes des apôtres [...] vous nous avez découvert les richesses cachées de la nature (*qui aperiens occultas divitias naturae*) et les mettant au grand jour, vous nous faites comprendre par votre exemple ce qui nous était possible à tous[124]. (22A)

Un autre sujet abordé dans *Dem.* est le combat spirituel, auquel les chapitres 25 à 27 sont consacrés. Tout d'abord, Pélage souligne que les ennemis (les démons qui suggèrent des pensées mauvaises) « tirent leur force de notre consentement et se servent de notre propre épée pour nous donner la mort » (*de consensu nostro adversarius vires accipit nostroque nos, ut dici solet, jugulat gladio*). Bien que les démons donnent de mauvais conseils, il est dans notre pouvoir d'y consentir ou de s'y refuser (*Dant illi quidem consilium, sed nostrum est vel eligere vel respuere quod suggerunt. Non enim cogendo, sed suadendo nocent : non extorquent a nobis consensum, sed expetunt.*) (40B)

Pélage avertit la vierge des attaques de l'ennemi contre une âme inexpérimentée : parfois le diable remplit l'âme du nouveau converti de pensées abjectes et impies tout en suggérant que c'est précisément la conversion à la vie sainte qui est la cause de ces pensées. Dans ce cas, la jeune vierge « pense que son âme était bien plus pure, lorsqu'elle aimait encore les choses du siècle. » (40C-D)

L'exercice spirituel fondamental proposé par Pélage consiste à distinguer entre les diverses pensées pour mieux les maîtriser. Par cette pratique mentale, la vierge s'accoutume à approuver ou rejeter certaines pensées (c. 26) :

> Le plus sûr et le plus parfait est d'accoutumer son esprit, par une observation attentive et vigilante, à discerner ses pensées, de manière à les approuver ou à les rejeter au premier mouvement de l'âme... (41A)

---

124. Voir aussi Jean Chrysostome, *Commentaire sur Job*, prol. 4 ; 1, 1, SC 346, p. 82, p. 84-88 et les références données par *SC* 346, p. 83, n. 3. Dans son commentaire du Livre de Job, Julien d'Éclane reprend et retravaille l'interprétation de Pélage, voir Julien, *In Job prol.*, *CCL* 88, p. 3. Voir E. Dassmann, « Hiob », *Reallexikon für Antike und Christentum* 15 (1991), col. 395-396 ; col. 403-405.

Selon Pélage, ce contrôle des pensées par un examen constant est capital pour contrôler nos actions avant même qu'elles s'achèvent, pour éviter les péchés (c. 26) :

> Là est en effet la source du bien, l'origine du péché, car la pensée est dans le cœur le principe de tous les grands crimes... Que ce soit un acte ou que ce soit une parole, tout est disposé avant de se produire à l'extérieur, et dans la délibération des pensées on peut discerner quel en sera le résultat. (41A)

Pour contrecarrer les attaques du diable il faut lire la Bible, il faut se laisser illuminer par la parole divine et de cette façon expulser les mauvaises pensées (c. 27) :

> C'est pourquoi vous devez [...] méditer sans cesse les saintes Écritures, en remplir votre esprit, pour ne laisser aucune place aux mauvaises pensées, et pour occuper votre âme des préceptes divins. (42A)

De nouveau, on peut comparer cet enseignement sur le combat spirituel à l'enseignement de l'Antoine de la *Vita Antonii* d'Athanase d'Alexandrie. La partie centrale de la *Vie* est formée par un discours d'Antoine sur la vie ascétique et plus particulièrement sur les attaques des démons (c. 16-43). Tout comme Pélage, Antoine recommande la vigilance et il avertit ses disciples des fourberies et des manœuvres des démons. Tout comme Pélage, Antoine met en relief que l'homme est créé bon et que l'âme dans son état naturel donne naissance aux vertus. Mais jamais au cours de son long discours Antoine ne se réfère au rôle du libre arbitre de la même manière que Pélage : Antoine met plutôt l'accent sur le rôle du Christ. C'est le Christ qui chasse les démons; l'ascète doit donc prier pour l'aide du Sauveur, en particulier pour l'arme la plus puissante contre tous les démons, le don du discernement des esprits[125].

Pélage souligne qu'il faut une longue étude, un effort soutenu, pour (ré)former ses mœurs, pour acquérir une nouvelle habitude. Et Démétrias est exhortée à la persévérance (*instantia*) ; elle doit fuir l'oisivité (*otium*) ; quand

125. Athanase, *Vie d'Antoine* 38, G. J. M. Bartelink, *SC* 400, 239 (trad.).

elle ne progresse pas, elle risque de tomber en arrière (c. 27) :

> Il faut donc renouveler son esprit en acquérant chaque jour de nouvelles vertus [...]. Tant que nous habitons ce corps, ne nous croyons jamais arriver à la perfection, c'est le seul moyen d'y parvenir plus facilement. Nous ne retournerons jamais en arrière tant que nous dirigerons nos efforts vers un point plus élevé, car dès que nous commençons à nous arrêter, nous descendons, et ne pas avancer, c'est reculer (*at ubi coeperimus stare, descendimus : nostrumque non progredi, jam reverti est*). (42B)

Ici Pélage met donc tout l'accent sur le progrès (*profectus/prokopê*) – thème favori de la philosophie païenne[126] comme de la philosophie des ascètes chrétiens[127].

La lettre à Démétrias se présente donc principalement comme un discours protreptique qui entend inculquer la philosophie ascétique à Démétrias. Tout comme d'autres *logoi protreptikoi* anciens, le discours protreptique de Pélage comporte aussi une méta-réflexion sur sa propre méthode ainsi qu'une introduction (*eisagogê*) à la nouvelle forme de vie. Par conséquent, Pélage propose des exercices spirituels à la jeune vierge qui peuvent être comparés aux préceptes similaires des écoles païennes et du monachisme chrétien.

Pour évaluer la portée des propositions de Pélage, il convient donc de toujours se rappeler le caractère fortement « psychagogique » (pour ainsi dire) de sa théologie, le fait qu'il n'y a pour lui aucune ou presque aucune différence entre théologie et exercice spirituel.

L'anthropologie

La méthode d'exhortation pélagienne est fondée sur une anthropologie que Pélage expose dans la première partie de *Dem.* (c. 2-8). Pour Pélage, il s'agit d'une digression nécessaire (c. 8) :

---

126. G. Kuen, *Die Philosophie als "dux vitae", passim.*

127. Voir par ex. Athanase, *Vie d'Antoine* 7, 11 ; 54, 7, éd. et trad. G. J. M. Bartelink, *SC* 400, p. 154-155, p. 280-281.

> Que ce soit dit en passant (*cursim*), comme un hors-d'œuvre, au sujet du bien de la nature. Il nous faut le faire pour t'aplanir le chemin vers la justice parfaite, chemin sur lequel tu courras avec d'autant plus de facilité que tu sauras qu'il n'y a rien de difficile et d'inaccessible. (23C-D)

Selon Pélage, le monde créé par Dieu est anthropocentrique : Dieu a ordonné (*disposuit*) de créer l'homme selon son image et sa ressemblance : par là, il a montré de quelle manière il créera l'homme. La position suréminente de l'homme dans le monde est révélée par le fait que tous les animaux lui sont sujets, bien qu'ils soient souvent plus puissants que lui. Mais l'homme n'est pas sans défense contre les animaux; Dieu lui a donné des armes intérieures, à savoir la raison (*ratio*) et la sagesse (*prudentia*). Par la raison et la sagesse, l'homme est capable de dominer les animaux (c. 2) :

> Dieu a voulu lui faire comprendre la dignité de sa nature par son étonnement même à la vue des animaux si forts qui lui sont soumis. (17B)

Raison et sagesse permettent aussi à l'homme de reconnaître et de servir Dieu. Comme l'a observé Carlo Tibiletti, la comparaison de la faiblesse de l'homme avec la puissance naturelle des animaux, tout comme l'accent sur la raison comme cause de la supériorité définitive de l'homme, sont probablement dérivés de Lactance[128].

Mais ce service de Dieu n'est valable qu'à la condition du libre arbitre (c. 2) :

> Seulement le Seigneur a voulu que la créature qui allait s'acquitter de ce juste devoir le ferait volontairement et non de force. (17B)

Or, continue Pélage, la vierge ne doit pas être impressionnée par l'argument selon lequel l'homme n'a pas été créé bon parce que le libre arbitre lui permet de faire le mal. C'est la foule ignorante et les hommes impies qui proposent un tel argument, « la créature qui dit à son Créateur : "Pourquoi m'avez-vous fait ainsi ?" » (18B). Le fait que l'homme (la créature douée de raison, *creatura*

128. Lactance, *L'ouvrage du Dieu Créateur*. 3, 15-17 ; 2, 4.6.9, éd. M. Perrin, *SC* 213, p. 122, p. 113-116. Voir C. Tibiletti, « Moduli stoici in Pelagio », p. 110-111.

rationabilis) ne soit pas forcé par sa propre nature à faire le bien (ou le mal) est la caractéristique même de l'humanité de l'homme et ce qui le distingue des animaux[129]. On peut donc dire que le libre arbitre signale, pour Pélage, la différence humaine. Il écrit :

> Car dans le choix entre deux routes, dans cette liberté de donner la préférence à une chose plutôt qu'à l'autre (*in hac utriusque libertatis partis*), consiste l'ornement (*decus*) de l'âme raisonnable [...]. Là, dis-je, est tout l'honneur de notre nature, là sa dignité, là est tout ce que les bons méritent de gloire, là aussi la récompense. [...] Car la créature ne saurait pas avoir autrement le mérite du bien spontané que pour avoir en même temps aussi la spontanéité du mal. [...] Cela étant, c'est un bien pour nous de pouvoir pécher, c'est un bien, dis-je, parce qu'il rend encore meilleure la part du bien. Nous l'accomplissons en toute liberté, sans y être contraints par la nécessité, puisque nous sommes libres dans notre jugement[130].

En effet, le vrai avantage de l'homme sur les autres créatures, les animaux, ce ne sont pas la raison ou la sagesse (comme dans le « modèle standard » de l'anthropologie chrétienne), mais c'est plus précisément le libre arbitre, la liberté de choix (c. 3) :

> Voilà ce qui donne surtout à la créature raisonnable la supériorité sur les autres êtres de la création : ces derniers ne font que le bien qui résulte de leur condition naturelle et encore par nécessité. Elle seule [c'est-à-dire la créature raisonnable] a le bien qui résulte de la volonté... (18B)

---

129. Des arguments similaires se trouvent dans la tradition chrétienne et chez les stoïciens, voir Sénèque, *ep.* 90, 1 *sq.* Voir J. WILDBERGER, *Seneca und die Stoa*, Berlin 2006, I, p. 315-317 ; II, p. 910-912. Voir aussi H. J. W. DRIJVERS, *Bardaisan of Edessa*, Assen 1966, p. 76 *sq*; J. B. VALERO, *Las bases antropologicas de Pelagio en su tratado de las Expositiones*, Madrid 1980, p. 326-330.

130. *PL* 30, 17C-18A. Les stoïciens, à la différence de Pélage, considèrent même la possibilité que l'homme serait supérieur aux dieux précisément à cause de son manque de perfection, qui remet la responsabilité de son perfectionnement entre ses propres mains, voir J. WILDBERGER, *Seneca und die Stoa*, I, p. 316 *sq.* Voir aussi Jean Chrysostome, *PG* 52, 451 ; *PG* 60, 590 ; *PG* 49, 377.

De là, Pélage essaie de trouver dans la nature humaine un noyau de bonté qui ne peut pas être violé. Le fait qu'il y ait des philosophes païens (« chastes, patients, modestes, libéraux, sobres et pleins de bonté »[18C]) qui aiment la justice autant que la science sans aucun secours d'en haut fournit la preuve de la bonté de la nature. En outre, Pélage évoque les phénomènes de la conscience, la honte et la crainte que nous éprouvons à chaque péché (c. 4) :

> Pourquoi notre visage, tantôt par sa rougeur, tantôt par sa pâleur est-il un témoin de nos fautes ? Pourquoi, dans l'agitation de notre âme, même pour les plus petits délits, fuyons-nous un témoin, et notre conscience est-elle tourmentée de remords ? (19A)

Tout comme Sénèque[131] ou Jean Chrysostome[132], Pélage est à même d'évoquer les tourments d'une mauvaise conscience et la gloire d'une conscience innocente. Or, à la différence de ceux-ci, il met plutôt l'accent sur le résidu de la bonté naturelle qu'indique la peine intérieure (c. 4) :

> Voilà pourquoi les tourments de la conscience, comme un bourreau secret, exercent leur fureur contre l'auteur d'un forfait, et une peine secrète de l'esprit (*secreta mentis poena*) poursuit le criminel qui se cache. Après la faute, il n'y a aucun lieu pour l'impunité, puisque le reproche lui-même est le supplice. [...] Il y a donc une sainteté pour ainsi dire naturelle (*naturalis [...] quaedam sanctitas*) qui, présidant en quelque sorte dans la citadelle de l'esprit (*qui velut in arce animi praesidens*), prononce son jugement sur tout ce qui est bon ou mauvais [...] (19B-C)

En outre, comme Pélage entreprend de le montrer plus loin (c. 9), le fait que certains vices soient aussitôt punis par une mauvaise conscience aide les hommes à les vaincre. La constatation de la bonté naturelle indestructible de l'homme constitue pour Pélage le point de départ de toute sa méthode d'exhortation. Quand Pélage parle de la « citadelle de l'esprit » (*arx animi* – l'image est d'ailleurs d'origine platonicienne et se trouve aussi

131. Sénèque, *Sur la vie heureuse* 20, 4f; *ep.* 97, 12.14-5; voir C. TIBILETTI, « Moduli stoici in Pelagio », p. 112-113.
132. Jean Chrysostome *PG* 52, 604; *PG* 53, 135; *PG* 55, 44.

chez Augustin[133]), il semble évoquer l'*hégémonikon* de l'anthropologie stoïcienne[134]. La constatation de la bonté naturelle de l'homme rappelle de même l'anthropologie stoïcienne[135], ainsi que, encore une fois, l'anthropologie du christianisme ascétique telle qu'elle est formulée dans la *Vita Antonii* d'Athanase d'Alexandrie. Dans son long discours aux moines, l'Antoine d'Athanase dit :

> La vertu n'a donc besoin que de notre vouloir, puisqu'elle est en nous et prend naissance de nous. Quand l'âme maintient sa faculté intellective dans son état naturel, la vertu prend naissance. Elle la maintient dans son état naturel quand elle demeure comme elle a été faite. Or elle a été faite très belle et très droite. [...] La chose n'est donc pas difficile. Car si nous demeurons tels que nous avons été faits, nous sommes dans la vertu, mais si nous méditons des choses mauvaises, nous sommes jugés méchants[136].

Pélage célèbre encore le libre arbitre, c'est-à-dire la possibilité du choix, dans son traité tardif *Pro libero arbitrio* :

> Nous avons un pouvoir comportant deux capacités opposées; il a été implanté en nous par Dieu et il est pareil, pour ainsi dire, à une racine féconde et productrice de fruits qui, en dépendance de la volonté de l'homme, engendre et met au jour des productions de qualités opposées et peut, selon la décision de celui-là même qui la cultive, se parer splendidement des fleurs des vertus ou inspirer la répulsion par les épines des vices[137].

Tous les hommes ont reçu la même bonté naturelle, leur diversité indéniable résulte de leurs volontés différentes. Comme l'ont montré les sorts divers d'Adam et Enoch, de Caïn et Abel, de Jacob et Esaü, c'est « la volonté seule qui

---

133. Augustin, *De libero arbitrio* 1, 10, 73 ; 1, 12, 80 ; 1, 16, 114, *CCL* 29, p. 225, p. 226, p. 234. Voir H. F. North, « The "Acropolis of the Soul" », dans R. M. Rosen, J. Farrell (éd.), *Nomodeiktes. Greek Studies in Honor of Martin Ostwald*, Ann Arbor 1993, p. 423-433; E. Bermon, *Le cogito dans la pensée de Saint Augustin*, Paris 2001, p. 154.
134. Sénèque, *ep.* 41, 2 ; Marcus Antoninus 5, 26 ; Tertullien, *De anima* 15, 3-4.5; voir C. Tibiletti, « Moduli stoici in Pelagio », p. 113-4.
135. Tertullien, *De anima* 41, 1.3; voir C. Tibiletti, « Moduli stoici in Pelagio », p. 116.
136. Athanase, *Vie d'Antoine* 20, 5.8, trad. G. J. M. Bartelink, *SC* 400, p. 191.
137. Augustin, *De gratia Christi*, 19, *CSEL* 42, p. 140, *BA* 22, p. 91 (trad.).

a produit dans la même nature des actions et des mérites différents[138]. » Vers la fin de la digression sur la bonté de la nature, ayant rappelé la force de l'habitude mauvaise qui s'accroît avec le temps, Pélage fait une remarque quelque peu énigmatique (c. 8) :

> Et nous nous demandons avec étonnement pourquoi la sainteté nous est donnée comme provenant d'un autre, à nous qui sommes ignorants à cause de notre torpeur et de notre paresse et qui n'avons aucune habitude du bien, puisque depuis si longtemps nous avons appris le mal. (23C)

Que veut dire Pélage? La remarque pourrait viser une position qui attend le secours divin pour se libérer de l'habitude mauvaise. Je crois qu'en toute probabilité Pélage critique ici la position exposée par Augustin dans les *Confessions :* il faut se rappeler l'indignation de Pélage à l'égard de la parole augustinienne « Donne ce que tu ordonnes et ordonne ce que tu veux[139] ! » L'homme de Pélage est essentiellement la capacité au bien et à l'auto-transformation. On pourrait aussi dire que, pour Pélage, toute la dignité de l'homme consiste à être le destinataire potentiel d'un discours protreptique.

L'accent mis sur le libre arbitre détermine aussi la psychologie de Pélage. Il propose de distinguer entre trois espèces de pensées (c. 27) :

– les pensées « qui sont favorisées par la volonté et qui sont embrassées avec amour » (*quibus voluntas favet, quas cum dilectione amplectitur*) ;

– les pensées qui ressemblent à une ombre légère et qui ne font que traverser l'âme, se montrant seulement en passant, appelées *typoi* par les Grecs ;

– les pensées qui sont suggérées à l'esprit malgré lui, auxquelles l'âme s'oppose avec horreur. Elles causent la tristesse quand elles sont admises, et la joie quand elles sont repoussées. (41C)

138. Pélage, *Dem.* 8, *PL* 30, 23A. – Pour le rejet du péché originel dans le commentaire sur les épîtres pauliniennes, voir la discussion nuancée de S. MATTEOLI, *Alle origini della teologia di Pelagio. Tematiche e fonti delle expositiones XIII epistularum Pauli*, Pise, Rome 2011, p. 55-116.

139. Voir ci-dessus, p. 23.

Cette division systématique vise à accentuer le rôle de la volonté humaine et à mettre en relief la liberté fondamentale de l'homme : ce ne sont pas les passions et les pensées (involontaires) qui rendent l'homme coupable, mais c'est justement son consentement volontaire (*consensus mentis*) aux pensées (*cogitationes*) et aux suggestions (*suggestiones*) de l'adversaire qui constitue le péché. Pour Pélage, le péché de la pensée existe bel et bien : c'est précisément quand la pensée s'occupe du mal, se plaît à penser et à imaginer le mal, qu'elle pèche. Pélage écrit :

> Il y a donc seulement péché dans la pensée qui obtient le consentement de l'esprit à la suggestion, qui caresse son mal en le favorisant, et qui demande avec impatience le moment de se traduire en acte. (41D)

En effet, pour pécher, l'homme n'a pas besoin de passer à l'acte, le fait même d'y avoir pensé suffit (c. 27) : « La volonté d'agir se confond avec le fait. » (41D) Et Pélage donne ce conseil à Démétrias (c. 26) :

> Le plus sûr et le mieux encore est d'accoutumer son esprit par une observation attentive et vigilante à discerner ses pensées (*discernere cogitationes suas*), de manière à les approuver ou à les rejeter au premier mouvement de l'âme (*et ad primum animi motum*[140] *vel probare vel reprobare quod cogitat*) (41A)

Et Pélage, tout en relevant que tout grand crime provient de la pensée et du cœur de l'homme, exhorte Démétrias : « Repoussez la tentation aussitôt qu'elle apparaît » (*statimque ad primam tentationis repugnare faciem*). (41B)

Les mots-clés de cette psychologie pélagienne sont *primus motus, cogitationes, consensus*. Or, l'arrière-plan de cette psychologie est par ailleurs bien connu : il s'agit de la conception stoïcienne des premiers mouvements (*primus motus*). Selon l'analyse de Richard Sorabji, cette conception, qui est déjà en quelque sorte préfigurée dans les *Tusculanae Disputationes* de Cicéron, apparaît pour la première fois chez Sénèque, dans le traité *De la colère*. Sénèque y écrit :

140. *PL* 30 note *ad locum* : "Al. *deerat* motum". Voir *PL* 33, 1117.

> De là vient que nous sourions à qui nous sourit, qu'une foule affligée nous attriste, que les combats des autres nous échauffent. [...]. Ce ne sont pas des colères, pas plus qu'il ne faut voir la tristesse dans le froncement des sourcils que fait naître un naufrage dans une comédie [...]. Mais ce sont des mouvements de l'âme qui se refuse à ces mouvements; ce sont non des passions, mais le prélude des passions[141].

Et il ajoute :

> Aucune des impulsions qui frappent l'esprit par hasard ne doit être appelée passion; celles-là l'esprit les subit en quelque sorte plutôt qu'il ne les crée. Donc la passion consiste non pas à être ému par l'idée que fait naître un objet, mais à s'y abandonner et à suivre ce mouvement fortuit[142].

Sénèque distingue donc les premiers mouvements des émotions proprement dites. Ceux-ci exigent le consentement de l'âme rationnelle. Sorabji croit que le stoïcisme tardif avait développé la conception des premiers mouvements pour réfuter la critique de la théorie stoïcienne par Posidonius. Celui-ci avait soutenu qu'il y a des émotions (comme, par exemple, certaines formes de colère ou d'angoisse, de douleur ou de tristesse) qui ne sont pas contrôlées par les jugements de l'âme rationnelle[143].

La théorie des premiers mouvements se trouve aussi chez Origène[144]. En discutant les « puissances adverses », Origène soutient que ce n'est pas le diable qui est responsable des « mouvements » de l'âme comme la faim, la soif ou le désir sexuel. Il s'agit plutôt d'instincts naturels. Or, la question se pose à propos de tous ces mouvements

141. Sénèque, *De la colère* 2, 2, 5, trad. A. Bourgery; rév. P. Veyne, *Sénèque. Entretiens. Lettres à Lucillus*, Paris 1993, p. 128.
142. Sénèque, *De la colère* 2, 3, 1, trad. A. Bourgery; rév. P. Veyne, *Sénèque. Entretiens. Lettres à Lucillus*, Paris 1993, p. 19. Voir R. Sorabji, *Emotion and Peace of Mind, From Stoic Agitation to Christian Tem ptation*, Oxford 2000, p. 66 67; *Id.*, « What is new on emotion in Stoicism after 100 B. C. ? », dans R. Sorabji – R. W. Sharples, *Greek & Roman Philosophy 100BC-200AD*, t. I, Londres 2007, p. 167-170.
143. R. Sorabji, *Emotion and Peace of Mind*, Oxford 2000, p. 66-75. Voir aussi M. Frede, *A Free Will*, Berkeley 2011. p. 39 *sq*; M. Graver, *Stoicism and Emotion*, Chicago 2007, p. 85-101 et p. 102-105, qui a découvert quelques traces de cette théorie chez Philon d'Alexandrie.
144. Voir R. Sorabji, *Emotion and Peace of Mind*, Oxford 2000, p. 346-351 pour les observations et références suivantes.

naturels : les hommes sont-ils capables de les régler de telle façon qu'ils ne dépassent pas la mesure et les limites naturelles[145] ? La réponse d'Origène est claire :

À mon avis, même si aucune impulsion diabolique ne les poussait, il n'est pas au pouvoir des hommes d'observer une conduite qui, en matière d'alimentation, n'excède pas la mesure ni la discipline, sans l'avoir apprise au préalable grâce à une habitude et une pratique durables[146].

Et Origène continue, tout en analysant la part des hommes et des démons dans les péchés :

Il est donc clair et logique que, pour le bien, la volonté humaine, imparfaite en elle-même, ne peut parvenir à elle seule à une pleine réalisation, car c'est l'aide divine qui la conduit à tout ce qui est parfait. Et de même, pour le mal, nous trouvons dans les choses dont nous faisons un usage naturel des principes et, pour ainsi dire, des semences de péché. Mais comme nous cédons plus qu'il ne faut et que nous ne résistons pas aux premiers mouvements d'intempérance (*primus intemperantiae motus*), la puissance ennemie occupe la place laissée par cette première faute, nous excite et nous harcèle de mille manières, cherche à élargir à l'extrême l'étendue des péchés ; ainsi c'est nous les hommes qui procurons les occasions et les principes des péchés, mais ce sont les puissances adverses qui les déploient en tous sens et, si possible, sans fin[147].

Richard Sorabji a montré qu'Origène, inspiré par des versets bibliques comme Mt 15, 19 et Mc 7, 21, transforme la théorie des premiers mouvements en les identifiant aux pensées (*logismoi* – Rufin traduit : *cogitationes*)[148]. Dans son *Traité des principes* 3, 2, 4, par exemple, Origène écrit :

Nous constatons que *les pensées qui procèdent de notre cœur* (Mc 7, 21) – le souvenir de nos actions, la réflexion sur les choses et leurs causes – tantôt procèdent de nous-mêmes, tantôt sont mises en branle par les puissances adverses ;

145. Origène, *Traité des Principes* 3, 2, 2. Je paraphrase la traduction de M. Harl – G. Dorival – A. Le Boulluec, *Origène. Traité des Principes*, Paris 1976, p. 177 *sq.*
146. Origène, *Traité des Principes* 3, 2, 2, trad. M. Harl, p. 177.
147. *Ibid.*, p. 178.
148. R. Sorabji, *Emotion and Peace of Mind*, p. 346.

quelquefois aussi Dieu ou les saints anges nous les envoient. [...] N'allons pas penser cependant que ces pensées bonnes ou mauvaises qui sont suggérées à notre cœur produisent autre chose qu'un ébranlement et une incitation (*nisi commotionem solam et incitamentum provocans*) nous appelant au bien ou au mal. Car il est en notre pouvoir, lorsqu'une puissance maligne se met à nous appeler au mal, de rejeter les suggestions (*suggestiones*) perverses, [...] inversement, il est en notre pouvoir, lorsqu'une puissance divine nous appelle au bien, de ne pas obéir, et ainsi – dans les deux cas – la puissance de notre libre arbitre est sauve[149].

Jérôme partage aussi cette conception : selon lui, quelqu'un qui regarde une femme avec convoitise est frappé par une « pré-émotion » (*propassio* ; *antepassio*[150]) ; c'est seulement le consentement qui transforme cette *praepassio* ou *cogitatio* en une passion, en une émotion pécheresse[151].

Augustin, de même, partage cette conception. Dans son *De sermone Domini in monte* (rédigé entre 393 et 394[152]), il écrit : « Il y a trois choses qui achèvent le péché : la suggestion, le plaisir et le consentement (*suggestio, delectatio, consensio*)[153]. » Tout comme Pélage, Augustin croit que l'âme qui s'arrête sur la pensée du mal, qui, pour ainsi dire, caresse le mal et trouve son plaisir dans la pensée du mal, est coupable. Il écrit :

Celui qui voit une femme pour la convoiter, il est tel qu'il n'est pas seulement chatouillé par le plaisir de la chair, mais qu'il consent pleinement au désir (*libido*) : de cette façon non seulement il manque de maîtriser son désir interdit (*appetitus inlicitus*), mais, s'il est possible, il l'assouvit[154].

---

149. M. Harl, p. 180-181 (trad.).
150. Jérôme traduit ainsi le terme stoïcien *propatheia*.
151. Jérôme, *In Ez.* 18, 1-2, *PL* 25, 168-169; *In Mt.* 6, 28, *PL* 26, 39; *In Ephes.* 4, 26, *PL* 26, 542-543; voir R. Sorabji, *Emotion and Peace of Mind*, p. 352-355.
152. Voir V. H. Drecoll (éd.), *Augustin Handbuch*, Tubingue 2007, p. 254.
153. Augustin, *De sermone Domini in monte* 1, 12, 34, CCL 35, p. 36 ; R. Sorabji, *Emotion and Peace of Mind*, p. 374.
154. Augustin, *ibid.*, 1, 12, 33 ; R. Sorabji, *ibid.*

Et dans le *De Trinitate*, il remarque au cours d'une exégèse allégorique du récit de la chute :

Lorsque l'attention de l'âme (*intentio mentis*) qui exerce ainsi sa fonction active sur les choses temporelles et corporelles avec cette rapidité propre au raisonnement, se laisse attirer par ce sens charnel et animal qui la porte à jouir de soi... alors, pourrait-on dire, le serpent parle à la femme. Consentir à cet attrait, c'est manger le fruit défendu (*huic autem illecebrae consentire, de ligno prohibito manducare est*). Mais si ce consentement se limite à une simple complaisance de pensée, [...] alors, me semble-t-il, c'est comme si la femme était seule à manger du fruit défendu. Lorsqu'au contraire, en consentant à mal user des choses perçues par les sens corporels, on se résout à commettre n'importe quel péché [...], il faut comprendre que cette femme a donné à son mari à manger avec elle d'une nourriture interdite[155].

Le fait que Pélage partage la psychologie ascétique d'Origène, Jérôme et Augustin, montre que l'accusation de « perfectionnisme », émise par ses adversaires, ne tient pas. R. F. Evans pourrait bel et bien avoir raison lorsqu'il suggère que la psychologie exposée dans *Dem.* entend réfuter l'accusation de Jérôme selon laquelle Pélage, tout comme le monachisme origéniste, enseigne une morale perfectionniste, une morale de l'*apatheia*[156].

Une dernière question : pourquoi Pélage appelle-t-il les *cogitationes* des *typoi* ? D'après la théorie stoïcienne, les *cogitationes* sont des représentations (*phantasiai*) qui se sont imprimées dans l'âme raisonnable, dans l'*hegemonikon*[157]. L'acte même de cette empreinte ou impression est appelé *typôsis* (d'après Zénon) ou – selon Chrysippe qui critique la terminologie de Zénon – *alloiôsis/heteroiôsis*

155. Augustin, *La Trinité* 12, 12, 17, *BA* 16, p. 245 (trad.) ; R. Sorabji, *Emotion and Peace of Mind*, p. 374-375.
156. R. F. Evans, *Pelagius. Inquiries and Reappraisals*, Londres 1968, p. 23 *sq.*
157. Sextus Empiricus, *Adv. Mathem.* 7, 236. Voir aussi Plutarque, *Notions communes* 47 (1084-1085) ; Cicéron, *Academica* 2, 18 ; 2, 21 ; 2, 77 ; Alcinoos, *Didaskalikos*, IV, éd. C. F. Hermann, p. 154, l .37. Voir A. A. Long – D. N. Sedley, *The Hellenistic Philosophers*, Cambridge 1989, , t. I, p. 236-241, t. II, p. 238-243.

(« altération, mutation »)[158]. Pourquoi Pélage précise-t-il que ce sont les pensées passagères, « semblables à une ombre légère », qui sont appelées *typoi* par les Grecs ? Je crois que cette définition pélagienne entend rester fidèle à la terminologie stoïcienne selon laquelle ces représentations (*phantasiai*) ne constituent une cognition (*katalêpsis)* qu'après avoir obtenu l'assentiment (*synkatathesis*)[159]. Or, l'assentiment et son résultat, la cognition, relèvent du libre arbitre.

Aussi longtemps que la force de cette nature originellement bonne était encore en vigueur, elle était capable d'accomplir la loi. Et Pélage continue (c. 8) :

> Mais quand elle fut ensevelie sous une masse de vices et toute souillée de la rouille de l'ignorance, le Seigneur lui applique la lime de la loi (*limam legis admovit*), afin de la polir par ses fréquentes exhortations et de la rendre capable de revenir à son premier éclat. Et il n'y a pas d'autre cause à la difficulté de bien faire que la longue habitude des vices (*longa consuetudo vitiorum*) qui nous infecte dès notre enfance, et nous corrompt pendant de nombreuses années, et cette habitude nous tient ensuite tellement liés et enchaînés qu'elle paraît d'une certaine manière avoir la force même de la nature[160].

D'après Pélage, c'est l'habitude, la *consuetudo*, qui est responsable de la dégradation de la condition originellement bonne de l'homme. Cette mauvaise habitude (*consuetudo*) devient une sorte de seconde nature – une idée qui se trouve déjà chez Cicéron, *De finibus* 5, 25, 74[161]. De plus, Cicéron remarque dans un fragment de son dialogue protreptique *Hortensius* : « Pour que la juste raison lui restitue

158. Diogène Laërce 7, 50. Voir J. Wildberger, *Seneca und die Stoa*, Berlin 2006, t. I, p. 154 ; t. II, p. 710 ; J.-B. Gourinat, *Les stoïciens et l'âme*, Paris 1996, p. 36-40.
159. Cicéron, *Academica* 2, 145 ; Stobée, *Anthologium*, éd. C. Wachsmuth – O Hense, Berlin 1884-1912, t. II, p. 111-112 ; voir A. A. Long – D. N. Sedley, *The Hellenistic Philosophers*, t. I, p. 253-259 ; t. II, p. 254-259.
160. *PL* 30, 23B-C ; trad. O. Wermelinger, « Le *tempus medium* selon Pélage », p. 366.
161. Voir N. Cipriani, *La morale pelagiana*, p. 315.

ce qu'une habitude vicieuse lui avait fait perdre[162]... » En reprenant des observations de L. Alfonsi, C. Tibiletti a justement remarqué que la *consuetudo* comme cause du mal est souvent évoquée dans un contexte protreptique : le disciple est précisément exhorté à surmonter ses mauvaises habitudes afin de réaliser une nouvelle vie de vertu, c'est-à-dire acquérir une nouvelle *consuetudo*[163].

Dans *Dem.* 17, Pélage remarque :

> Ta course dans le bien sera d'autant plus facile que ton âme ne sera pas retenue par l'habitude du mal. [...] Car si ceux-là mêmes qui par la longue habitude du péché ont anéanti le bien de la nature peuvent être renouvelés par la pénitence et, après avoir changé leur genre de vie, éteindre une habitude par une autre (*consuetudinem consuetudine exstinguere*), de très mauvais devenir excellents, combien plus te sera-t-il facile de vaincre ces choses par lesquelles tu n'as jamais été vaincue... (31D-32A)

L'auto-transformation du disciple conçue par la méthode pélagienne peut donc viser à ce remplacement d'une habitude par une nouvelle habitude, d'une seconde nature par une nouvelle seconde nature. Or Pélage exhorte Démétrias (c. 13) :

> Imprime fortement en toi la pratique d'une vie pure parce qu'alors l'esprit s'élève à la plus haute perfection et profite des avantages d'une longue habitude (*et longae consuetudinis beneficio utitur*) pour acquérir la capacité de la vie parfaite (*ad bene vivendi facultatem*). Admirant lui-même ses propres vertus, il croira que ce qu'il a appris est en quelque sorte né avec lui (*secum quodammodo in se putabit natum esse quod discit*). (28B-C)

---

162. Cicéron, *Hortensius*, fr. 63; M. Ruch, *L'Hortensius de Cicéron*, Paris 1958, p. 134 (trad.) : « ut ea sibi ratio vera restituat quae consuetudo vitiosa detraxerit. »

163. C. Tibiletti, « Moduli stoici in Pelagio », p. 115. Voir aussi L. Alfonsi, « La consuetudo nei protrettici », *Vigiliae Christianae* 18 (1964), p. 32-36. Le discours sur l'habitude – les habitudes pécheresses – se trouve aussi dans les sermons de Jean Chrysostome, voir J. L. Maxwell, *Christianization and Communication in Late Antiquity. John Chrysostom and his Congregation in Antioch*, Cambridge 2006, p. 144-168.

L'accent mis sur le rôle néfaste de l'habitude (*consuetudo*) se trouve aussi chez Augustin. Dans son *De sermone Domini in monte*, juste après la section où il expose la psychologie de *suggestio, delectatio, consensio*, il remarque que l'habitude alimentée par une pratique continuelle est plus difficile à surmonter qu'un grand, et pour ainsi dire, unique plaisir suscité par une *suggestio*. Mais Augustin est encore optimiste : il croit que l'habitude peut être vaincue à condition que l'on n'abandonne pas et que le Christ vienne à l'aide[164]. Dans les *Confessions* 8, 5, 10 Augustin discute son incapacité à être continent :

> Car le désir (*libido*) tire son origine de la volonté perverse, et si l'on sert le désir, l'habitude (*consuetudo*) se forme. Et si l'on ne résiste pas à l'habitude, la nécessité se forme[165].

De plus, Pélage parle de « la lime de la loi ». Par cela il semble indiquer qu'il faut considérer les vices et les mauvaises habitudes comme une sorte de rouille couvrant l'âme, c'est-à-dire comme un mal survenu plus tard et ne concernant donc pas l'essence même de la chose. L'image de la rouille semble être d'origine platonicienne. Sa première attestation se trouve chez Platon, *République* 609A : là, l'exemple de la rouille ne sert qu'à illustrer le fait que chaque chose a un mal qui lui est propre.

Dans le *Corpus Hermeticum* 14, 7, il est dit :

> Et ne te laisse pas mettre en garde par la diversité des choses créées, de crainte d'abaisser Dieu et de lui attacher un manque de gloire : car il n'est pour lui qu'une gloire, créer tous les êtres, et c'est cela qui est comme le corps de Dieu, le fait de créer. Mais le créateur lui-même n'a rien qui passe pour mauvais ou laid : car ce sont là les accidents inséparablement liés au fait de la génération comme la rouille au bronze et la crasse au corps. Or ce n'est pas le bronzier qui a fait la rouille, ni les parents qui ont fait la crasse, ni Dieu qui a créé le mal. Mais c'est la durée des choses créées qui produit cette sorte de pustulence du

164. Augustin, *De Sermone Domini in monte* 1, 12, 34, *CCL* 35, p. 38.
165. Augustin, *Confessions* 8, 5, 10. Voir la collection des passages dans le commentaire *ad locum* de J. J. O'Donnell, *Augustine's Confessions*, vol. III, *Commentary*, Oxford 1992, p. 32-33.

mal; et voilà pourquoi justement Dieu a fait le changement, comme une purification des choses créées[166].

Ici la métaphore apparaît dans le cadre d'une théodicée : ce n'est pas Dieu qui est responsable du mal, mais c'est précisément la durée des choses qui rend inévitable une certaine détérioration de leur condition. De même, Pélage exempte Dieu de toute culpabilité. Et dans les deux passages cités, Pélage, comme l'extrait du *Corpus Hermeticum*, souligne la durée pure et simple, la longueur des années, plutôt que la négligence volontaire des hommes, pour expliquer la dégradation de la nature humaine.

Ce sont deux autres auteurs chrétiens, à savoir Clément d'Alexandrie et Adamantius, qui évoquent la métaphore pour mettre l'accent sur la culpabilité humaine. Clément cite un fragment de Basilide le gnostique qui, semble-t-il, s'est aussi servi de la métaphore : Basilide avait probablement accentué, tout comme le passage tiré du *Corpus Hermeticum*, l'inévitabilité de la dégradation des choses au cours de temps[167]. De même, dans le dialogue d'Adamantius, l'exemple de la rouille est évoqué afin de souligner que le mal n'est pas dans la nature des choses créées mais qu'il est ajouté par la négligence des hommes, qui sont doués d'un libre arbitre[168].

L'image de la « rouille » est aussi présente dans un passage évoqué par Augustin dans le *De gratia Christi et peccato originali* 2, 30 :

Évitons dès lors de diviser les temps à la manière de Pélage et de ses disciples, en disant : aux origines il y a des hommes qui menèrent une vie de justice en vertu même de la nature; puis, sous la Loi; troisièmement, sous la grâce. En vertu de la nature, c'est-à-dire à partir d'Adam pour toute cette longue période où la Loi n'était pas encore donnée. À ce stade en effet, disent-ils, on parvenait à connaître le Créateur en prenant la raison pour guide, et la norme de la vie, on la

166. Éd. et trad. A. D. Nock – A.-J. Festugière, *Corpus Hermeticum*, t. II, Paris 1983, p. 224 *sq*.
167. Clément d'Alexandrie, *Stromates* 4, 88, 5. Voir le commentaire de W. Löhr, *Basilides und seine Schule*, Tubingue 1996, p. 157-159.
168. Adamantius, *Dialogus* 3, 13, éd. W. H. van den Sande Bakhuyzen, *GCS*, Leipzig 1901, p. 134-137.

portait gravée dans le cœur par une loi non pas écrite, mais naturelle. Toutefois, prétendent-ils, du jour où la nature, ayant par la dépravation des mœurs perdu la fraîcheur de son teint, commença à ne plus suffire, la Loi vint à s'y surajouter afin d'en gratter la rouille, à la manière d'une lime, et de la rétablir en son éclat premier. Mais par la suite, ainsi argumentent-ils, une excessive habitude du péché ayant prévalu et la Loi s'étant révélée peu efficace pour y remédier, survint le Christ et, comme pour une maladie des plus désespérées, le médecin intervint non par ses disciples, mais en personne[169].

Pélage, ou l'un de ses disciples, semble ici proposer une périodisation de l'histoire du salut en trois temps. Dans un premier temps, les hommes sont bons par nature et accomplissent la loi naturelle gravée dans le cœur. Puis, la nature humaine se dégrade sous le poids des mauvaises habitudes : vient alors le temps de la loi, une loi qui a pour fonction de libérer l'homme de la rouille de ses vices. Dans un troisième temps, alors que la loi s'est révélée inefficace à l'égard des péchés, c'est le Christ qui intervient tel un médecin pour sauver les hommes[170].

L'anthropologie de Pélage recoupe donc sous plusieurs aspects celle de certains de ses contemporains, tels Jérôme ou Augustin. Les concordances concernent la psychologie du péché, le rôle clé du libre arbitre et la conception de l'habitude qui transforme le péché en nécessité inaltérable. Ce qui distingue Pélage de ces autres conceptions anthropologiques, c'est son insistance sur l'inviolabilité et l'intégrité du libre arbitre. Cette insistance s'explique par la visée protreptique et transformatrice de toute la pensée pélagienne : Pélage, en maître spirituel, veut que ses disciples se libèrent systématiquement de toute pensée qui pourrait contrecarrer leur progrès vers le bien. La Loi et le Christ jouent fondamentalement le même rôle, à savoir exhorter et inciter les hommes à surmonter leurs vices et leurs mauvaises habitudes, et à réaliser l'impeccance qui correspond à la volonté de Dieu. Ainsi, selon Pélage, il y a plus de continuité que d'opposition entre la Loi et le

169. Trad. *BA* 22, p. 221, p. 223.
170. Voir mon commentaire : W. Löhr, « Pelagius' Schrift *De natura* », *Recherches augustiniennes* 31 (1999), p. 247 *sq.*

Christ :[171] tous deux ont une fonction essentiellement protreptique. Leur différence ne relève que de leur intensité et de leur efficacité respectives, la protreptique du Christ étant plus convaincante que celle de la Loi.

La morale : Vers la « sainteté totale »

Pélage recommande à Démétrias ce que A. de Vogüé a appelé une « sainteté totale ». Pour lui, la vierge est inspirée et par le bien de la nature et par le bien de la grâce[172]. Or, la grâce, c'est la grâce du Christ, la grâce du Nouveau Testament, les commandements et les exhortations du Seigneur. Après avoir appris à la vierge le bien de la nature (c. 2-8), Pélage entend donc par la suite lui enseigner le bien de la grâce, la volonté du Christ (c. 9ff). Dans l'Écriture, la volonté de Dieu se divise en quatre parties :

I. les choses qui sont défendues (le mal) ;
II. les choses qui sont commandées (le bien) ;
III. les choses qui sont tolérées (le moyen) ;
IV. les choses qui sont conseillées (le parfait).

Les choses défendues et les choses commandées embrassent la justice (*iustitia*), la norme que chaque chrétien doit accomplir. Les choses tolérées et les choses conseillées sont, au contraire, laissées à la discrétion des chrétiens : la renonciation aux choses tolérées et l'accomplissement des conseils évangéliques définissent une vie en quête de perfection, une vie visant à la gloire et à la récompense. Ainsi, en ce qui concerne la perfection de la virginité, Pélage souligne que le Seigneur ne la commande ni ne l'impose, mais qu'il essaie de motiver (*accendere*, « enflammer ») le disciple, en ce sens qu'il l'offre pour ainsi dire, qu'il y appelle[173].

Ce serait aller au-delà de l'objectif de cette étude que de reconstruire la genèse et le développement de l'importante distinction chrétienne entre précepte et conseil, c'est-à-dire de la théorie selon laquelle l'accomplissement de ce

---

171. I. Bochet, « Une nouvelle lecture du *Liber ad Honoratum* », *REA* 45 (1999), p. 350, n. 101.
172. Pélage, *Dem.* 9.
173. Pélage, *Dem.* 9, *PL* 30, 24B-25A. Voir aussi Pélage, *De Virginitate* 5, *PL* 30, 166.

qui est conseillé mérite davantage que l'accomplissement de ce qui est commandé. En effet, la réflexion chrétienne développe par là le concept de « surérogation » (le mot est plus tardif) ou d'une morale de sainteté, d'une morale du comparatif. Or, l'idée de la vie chrétienne prônée par Pélage se comprend mal si on ne réalise pas qu'elle est fondée sur un concept de surérogation.

Comme l'a observé S. Thier[174], la théorie chrétienne tire probablement son origine de l'exégèse d'Origène qui combine pour la première fois 1 Co 7, 25 (« Pour ce qui est des vierges, je n'ai pas d'ordre du Seigneur mais je donne un avis en homme qui, par la miséricorde du Seigneur, est digne de confiance ») et Luc 17, 10 (« Ainsi de vous, lorsque vous aurez fait tout ce qui vous a été prescrit, dites : Nous sommes de simples serviteurs, nous avons fait ce que nous devions faire »). D'après Origène, on sera sauvé quand bien même on n'accomplirait que les préceptes (*diatetagmena*), mais, comme le dit Luc 17, 10, si l'on en reste là, on n'est cependant qu'un serviteur inutile[175]. Ambroise reprend la distinction d'Origène et la met en relation avec la péricope de Mt 19, 16-26 : les préceptes sont liés à la punition du péché (*poena peccati*) tandis que les conseils enseignent la perfection[176]. De plus, il ne faut pas oublier Cyprien qui déclare dans son traité *De habitu virginum*, tout en évoquant Jean 14, 2 (« Dans la maison de mon Père, il y a de nombreuses demeures »), que les vierges gagneront les meilleures demeures dans le royaume de Dieu[177].

En écrivant *Dem.*, Pélage était bien conscient de la controverse suscitée à Rome et à Milan quelques années auparavant par le moine Jovinien : ce dernier avait nié toute différence entre les mérites et les récompenses respectives des chrétiens ordinaires et des ascètes. C'est pourquoi Pélage doit préciser la relation entre la vie des chrétiens ordinaires et celle des chrétiens accomplis, les vierges et les moines. Pélage critique Jovinien, sans pour

174. S. Thier, *Kirche bei Pelagius*, Berlin – New York 1999, p. 148-149.
175. Origène, *fr.* 39 in I Cor, éd. C. Jenkins, *Journal of Theological Studies* 9 (1908), p. 508 *sq.*
176. Ambroise, *De viduis* 12, 73-4 ; voir S. Thier, *Kirche bei Pelagius*, p. 148-149, n. 90.
177. Cyprien, *De habitu virginum* 23 ; S. Thier, *ibid.*

autant accepter le ton et les exagérations de la polémique anti-jovinienne de Jérôme[178].

La réaction de Pélage à Jovinien s'avère nuancée. D'abord, Pélage s'efforce de souligner que les chrétiens ascètes ne peuvent se dispenser des obligations multiples d'un christianisme « moyen », et que ce christianisme moyen reste toujours la base de toute tentative de parvenir à une forme de vie chrétienne plus parfaite. D'après Pélage, la quête de la perfection ascétique n'est rien sans l'accomplissement minutieux de tous les commandements qui circonscrivent la *iustitia*, la justice des chrétiens ordinaires (c. 10) :

> Si donc tu veux suivre le conseil spécial de la perfection et jouir du bonheur attaché à cette résolution, observe le commandement général (*generale mandatum*). Je l'ai dit et je le répète, en fait de sainteté (*in causa iustitiae*), nous avons tous les mêmes obligations. Vierge, veuve, femme mariée, d'un grand, moyen ou petit rang, à tous indistinctement il nous est ordonné d'accomplir les commandements. (25A-25B)

Et plus loin (c. 16) il écrit en commentant Phil 2, 14 (« Agissez en tout sans murmures ni contestations, afin de vous rendre irréprochables et purs... ») :

> Nous ne devons pas, en effet, choisir à notre gré quelques-uns des commandements de Dieu; il faut les observer tous sans distinction. [...] Aucun commandement de Dieu ne peut nous paraître méprisable, si nous pensons toujours à son auteur... (30A-B)

En fait, affirme Pélage, c'est précisément celui qui a choisi la vie parfaite qui, par ce choix même, a affiché sa résolution d'obéir à tous les commandements. Or, autant Pélage met l'accent sur l'égalité de tous les chrétiens devant la norme de *iustitia*, autant il tente d'inciter la vierge à poursuivre la gloire plus grande d'une vie parfaite. C'est précisément parce que Pélage semble accepter la position de Jovinien, selon laquelle la sainteté ordinaire des chrétiens (qui vaut l'accès au royaume de Dieu) peut

178. Voir D. G. Hunter, *Marriage, Celibacy and Heresy in Ancient Christianity: The Jovinianist Controversy*, Oxford 2007, p. 260-268. Hunter rapproche la réaction de Pélage à Jovinien de celle d'Augustin et de l'auteur des *Consultationes Zacchaei et Apollonii* (283).

même être considérée comme une sorte de perfection, qu'il doit exalter la gloire et les récompenses futures de la vie ascétique. Il écrit (c. 11) :

> Cette vie [c'est-à-dire la vie chrétienne] est-elle la seule dans laquelle il ne faille pas combattre pour son avancement, et où chacun doive rester tel qu'il a commencé d'être, sans aucun désir de progrès et sans tendre à de plus grandes choses ? Si dans toutes les études de ce siècle, on n'est jamais satisfait de son progrès, suffit-il dans la vie spirituelle d'avoir seulement commencé ? (26D)

Ce passage semble prendre pour cible la proposition de Jovinien selon laquelle il n'y aura aucune différence entre veuve et vierge si toutes deux sont également baptisées et restent dans cet état[179].

Et Pélage évoque l'amour des belles-lettres[180], le désir des richesses, la passion des honneurs pour se plaindre (c. 11) :

> Et nous, par une condamnable incurie (*dissimulatio*), nous négligeons la divine sagesse, les richesses du ciel, les honneurs immortels. (27A)

Pélage exhorte la vierge au désir de la justice (c. 12) : « Comme, dans la faim et la soif, on désire la nourriture et le rafraîchissement. » (27B) En effet, selon Pélage, étant donné qu'il y a une certaine pluralité des formes de la vie chrétienne, les chrétiennes ont un choix, et leur choix doit être à la mesure de leur désir des récompenses éternelles (c. 12) :

> C'est donc à vous de juger avec quelle ardeur vous devez accomplir ce que, par le désir d'une plus grande récompense, vous avez résolu de faire au-delà de ce qui est nécessaire aux autres. (27B)

C'est 1 Co 7 qui sert de témoin biblique à la valorisation inégale des états de vie chrétienne. Pélage cite le verset 34 de ce chapitre :

---

179. Jérôme, *Contre Jovinien* 1, 33, *PL* 23, 267A.

180. Pélage cite ici la sentence d'un auteur païen anonyme, *PL* 30, 27A : « litterarum ardor [...] ipsa magis aetate inflammatur. »

> La femme non mariée et une vierge s'occupent du soin des choses du Seigneur, afin d'être saintes de corps et d'esprit; mais celle qui est mariée s'occupe du soin des choses du monde, et de plaire à son mari. (27C)

Jovinien a aussi discuté de façon assez détaillée 1 Co 7. Pour lui, aucune différence entre vierges et femmes mariées n'y est énoncée. Il remarque en s'adressant aux vierges :

> Je ne te fais aucune injustice, ô vierge : tu as choisi la chasteté à cause de la nécessité présente; il t'a plu d'être sainte en corps et en esprit. Ne sois pas orgueilleuse : tu es un membre de la même Église à laquelle appartiennent aussi les femmes mariées[181].

Dans son commentaire, Pélage souligne que la femme mariée qui s'efforce de plaire aussi à son mari fait probablement mieux que la vierge qui néglige de plaire à tous deux : un mari et Dieu[182]. La même interprétation se trouve aussi dans *Dem.* Pélage avertit d'abord la vierge contre le moindre péché (c. 12) :

> Celle qui est sainte de corps et d'esprit, ne pèche ni dans ses membres, ni dans son cœur. Je dis pécher, non pas seulement dans ce qui a rapport à la chasteté, mais aussi par rapport à n'importe quel point de la justice.

Et il ajoute un peu plus loin :

> De même, si celle qui est mariée et aime son mari songe comment plaire à son mari, combien laisser à ses enfants, embarrassée comme elle l'est dans les mille soucis du monde, elle consulte rarement la volonté de Dieu et ne peut alors se croire exempte de péché. Mais que ne fera pas la vierge qui, délivrée de tous les embarras du siècle et libre en toutes choses, s'est mise à l'école de chasteté ? (27C-27D)

Pélage fait valoir que la vierge a bien raison de regarder son propre état avec une certaine humilité. De cette manière, il essaie de résoudre le problème que la controverse sur Jovinien avait mis en valeur : comment

181. Jérôme, *Contre Jovinien* 1, 5, *PL* 23, 228A.
182. Pélage, sur 1 Co 7, 35, éd. A. Souter, p. 169. Voir aussi sur 1 Co 7, 28, éd. A. Souter, p. 167; *Virg.* 4, *PL* 30, 165C; Y.-M. Duval, *L'affaire Jovinien*, Rome 2003, p. 292-3.

préserver la communauté au sein d'une Église qui contient des ascètes et des chrétiens ordinaires? Or, la solution proposée par Pélage doit tenir compte d'un élément additionnel, l'eschatologie. Comme on le sait, Jovinien avait rejeté la croyance selon laquelle les ascètes seraient récompensés par une position privilégiée dans le royaume de Dieu. Il affirme dans sa quatrième thèse que « pour tous ceux qui préservent leur baptême, il y aura la même rémunération dans le royaume des cieux[183]. » Et il déclare plus loin : « Il y a deux classes, les béliers et les boucs, les justes et les pécheurs, et les uns sont rangés à la droite, les autres à la gauche[184]... »

Jovinien rapporte le verset de Jean 14, 2 (« Dans la maison de mon Père, il y a de nombreuses demeures ») non point au royaume de Dieu mais au nombre des Églises dispersées sur la terre[185]. De même, les versets de 1 Co 15, 41 et suivants (« Il y a aussi des corps célestes et des corps terrestres, mais autre est l'éclat des célestes, autre celui des terrestres ») sont par lui rapportés à la distinction entre deux classes d'hommes, les spirituels et les charnels[186]. En glosant 1 Co 15, 41 Jovinien rappelle aussi 1 Co 12, 12-26 (la comparaison de l'Église avec un corps humain) :

> Nous aimons tous les membres également, et nous ne préférons point l'œil au doigt ou le doigt à l'oreille, mais tous souffrent ensemble par la perte de chacun[187].

Contre l'eschatologie égalitaire de Jovinien – qui cadre avec son ecclésiologie pareillement égalitaire – Pélage soutient qu'il y aura une différenciation des récompenses dans le royaume de Dieu. Dans *Dem.* 17 il écrit :

> Dans le royaume des cieux, les demeures seront diverses suivant le mérite de chacun. La différence des œuvres fera la différence des récompenses; plus on resplendit ici-bas par la sainteté, plus on brillera là haut dans la gloire. Applique-toi donc maintenant à acquérir la perfection de toutes les vertus, et vis d'une manière céleste pour obtenir la récompense du ciel. (31C-D)

183. Jérôme, *Contre Jovinien* 1, 3, *PL* 23, 224B.
184. Jérôme, *Contre Jovinien* 2, 18, *PL* 23, 326B-C.
185. Jérôme, *Contre Jovinien* 2, 19, *PL* 23, 328A.
186. Jérôme, *Contre Jovinien* 2, 20, *PL* 23, 328C.
187. *Ibid.*

Bien que Pélage encourage la vierge Démétrias à resplendir par sa sainteté dès le siècle présent, la visée n'est pas de créer une petite élite au sein de l'Église, mais plutôt de convertir les incroyants. Il écrit (c. 17) :

> Ceux qui, dans le siècle futur, doivent briller comme l'éclat du soleil, doivent déjà dans les siècles présents resplendir de la même clarté de leur justice afin de pouvoir, par la sainteté de leurs œuvres, dissiper l'aveuglement des infidèles… (31C)

Peter Brown et d'autres savants ont suggéré que l'enseignement de Pélage visait à réformer l'Église selon les conceptions d'un christianisme rigoriste[188]. D'après eux, la morale proclamée par Pélage entendait s'opposer au laxisme de la majorité des chrétiens de son temps. Pélage serait donc un rigoriste qui voulut stopper la dérive du christianisme contemporain et finit par prêcher à une élite exclusive d'aristocrates chrétiennes, à des *happy few*. Or, ce qui est frappant dans *Dem.*, c'est la manière assez nuancée avec laquelle Pélage semble traiter la problématique ecclésiologique suscitée par la critique de Jovinien : en rejetant l'égalitarisme de Jovinien, Pélage semble mettre tout l'accent sur l'inégalité des récompenses dans l'au-delà, dans le royaume de Dieu. On ne peut comprendre l'enseignement de Pélage si l'on ne prend pas au sérieux sa pensée eschatologique. Les exercices spirituels que Pélage propose à Démétrias ne laissent aucun doute : Pélage entend réorienter toutes les émotions sociales de l'aristocrate (orgueil, sentiment de l'honneur, honte, ambition) vers la transcendance, vers l'au-delà. À cet égard, ses visées en tant que maître spirituel sont à la hauteur des ambitions de ses prédécesseurs païens : il veut effectuer une transformation totale de la mentalité et du comportement de ses disciples. Quant à la situation dans l'Église d'ici bas, Pélage soutient qu'on ne peut pas accomplir les conseils de perfection si l'on n'accomplit pas d'abord les préceptes pour tous (10 : *generale mandatum*). La vierge ne dépasse jamais cette situation fondamentale de l'égalité[189]. Par là, la concurrence et la compétition entre les

---

188. P. Brown, *Augustine of Hippo. A Biography,* Londres 1967, p. 340-352.

189. L'insistance sur le *generale mandatum*, sur les obligations de tous se trouve aussi dans diverses éthiques philosophiques.

chrétiens d'ici-bas que prévoit Pélage visent l'au-delà plutôt que la vie terrestre, leur enjeu étant moins les honneurs de la société et de l'Église de ce siècle que ceux du royaume éternel de Dieu.

Chapitre III

LE *CORPUS CASPARI* : LES TRAITÉS PÉLAGIENS *SUR LES RICHESSES* ET *SUR LES MAUVAIS DOCTEURS*

Dans ce chapitre nous nous occuperons de l'auteur pélagien anonyme (mais son pélagianisme est assurément sujet à discussion) de six écrits qu'on appelle le *Corpus Caspari* : c'est en effet Carl Paul Caspari qui fut le premier à les présenter ensemble dans une édition critique en 1890[1]. Tout d'abord nous donnerons une introduction générale aux écrits du *Corpus Caspari*, évoquerons les problèmes qu'il soulève et ferons le point sur l'état de la recherche. Puis nous nous concentrerons plus particulièrement sur deux de ces six écrits, les traités *De Divitiis* et *De malis doctoribus*.

Introduction au *Corpus Caspari* (CC)

Le *Corpus Caspari* est constitué de six écrits :

1. La lettre *Honorificentiae tuae* (*Hon.*) : elle est transmise par deux manuscrits, le Codex lat. 6299 de Munich (VIIIe/IXe siècle), et le Codex a VII 5 du Collège bénédictin de Saint-Pierre à Salzburg (IXe/Xe siècle). L'auteur de cette lettre est un ascète laïc, d'un rang social élevé, père d'une fille. Il semble répondre à la lettre d'un ami qui est, lui aussi, un membre de l'aristocratie et qui séjourne probablement à Rome.

1. C. P. Caspari, *Briefe, Abhandlungen und Predigten aus den zwei letzten Jahrhunderten des kirchlichen Alterthums und dem Anfang des Mittelalter*, Christiania 1890 (Réimp. Bruxelles 1964).

II. La lettre *Humanae referunt litterae*, plus courte que *Hon.* ; elle est transmise par les mêmes manuscrits : l'auteur s'adresse à un jeune ami qui vient juste d'achever ses études et n'a pas encore décidé d'adopter une vie ascétique. La lettre s'achève par la phrase suivante : *Opto te semper Deo vivere et perpetui consulatus honore gaudere*[2], « Je te souhaite de vivre toujours pour Dieu et de te réjouir de l'honneur d'un consulat perpétuel. » On a inféré de cette salutation que le destinataire de cette lettre était issu d'une famille consulaire[3].

Les quatre autres écrits du *Corpus Caspari* sont les suivants :

III. *Sur les mauvais docteurs / De malis doctoribus* (*Mal.*) – voir plus loin.

IV. *Sur les richesses / De divitiis* (*Div.*) – voir plus loin.

V. *Sur la chasteté / De castitate* (*Cast.*) : C'est une lettre-traité adressée à un jeune homme, probablement de la haute aristocratie romaine, qui est sur le point d'embrasser la vie ascétique. Il faut relever que ce traité discute, dans deux passages (10, 7. 16), deux exégèses de Jovinien.

VI. *Sur la possibilité de l'impeccance / De possibilitate non peccandi* (*Poss.*) – encore un traité, adressé à un ami qui, semble-t-il, s'est récemment converti à une vie ascétique. Si l'on suppose que *Poss.* est écrit par la même personne que la lettre *Hum.*, on pourrait de même conclure que les destinataires du traité et de la lettre sont identiques.

Ces quatre écrits sont transmis par le manuscrit Vatican, latin 3834 (s. IX/X)[4].

---

2. *Hum.* 5, *PLS* 1, 1380.

3. Voir A. KESSLER, *Reichtumskritik und Pelagianismus*, Fribourg 1999, p. 126. – La dernière partie de *Hum.*, *PLS* 1, 1378, l. 23-1380, l. 3, est identique à *Poss.* 6-7, *PLS* 1, 1462-1464.

4. Le codex joint sans interruption *Poss.* à *Mal.* : c'est C. P. CASPARI qui a distingué avec de bons arguments les deux lettres/traités et a inventé le titre *De possibiliate non peccandi.* Il faut aussi noter que le texte de *Poss.* est interrompu par un passage de 40 lignes (édition Caspari) tiré du traité *mal*, voir C. P. CASPARI, *Briefe*, p. 228-230.

La première édition de ces quatre écrits a été publiée en 1571 à Rome par l'Espagnol Solanius. Le volume portait le titre suivant : *Sancti Sixti tertii pontificis maximi liber de divitiis. Eiusdem liber de malis doctoribus, de operibus fidei et de iudicio futuro. Eiusdem liber de castitate.* Il y a eu plusieurs réimpressions de l'édition de Solanius, en particulier celles d'Anvers 1575 et de Lyon 1677[5].

Comme on l'a déjà indiqué, en 1890, le très érudit Carl Paul Caspari – juif allemand baptisé, théologien luthérien et professeur d'Ancien Testament à l'université d'Oslo – publia la deuxième édition de ces quatre écrits et ajouta les deux lettres[6]. L'édition de Caspari est fondée sur le seul manuscrit du Vatican. Caspari défend la thèse selon laquelle les quatre écrits de ce codex, tout comme les deux lettres, sont issus de la même plume. Pour sa nouvelle édition – la première édition de l'ensemble des six écrits qui mérite vraiment l'épithète de « critique » – Caspari consulte aussi l'édition de son prédécesseur et les réimpressions successives d'Anvers et de Lyon. En 1902, la thèse *De operibus Fastidii Britannorum episcopi*, soutenue à l'université de Munich par Julius Baer, apporta quelques corrections, d'ailleurs très utiles, au texte de Caspari[7].

C'est un autre savant éminent, Dom Germain Morin, qui en 1927 signala l'existence d'un deuxième manuscrit, à savoir le codex Basiliensis O IV.18 (s. XII). Ce témoin omet une partie de *Mal*[8]. et *Poss.* tout entier[9]. Morin attira aussi l'attention sur deux copies sur papier (Vat. 4580 et 4581) des écrits du ms. Vatican 3834 ; il s'agit des copies faites sur ce codex Vaticanus par Solanius. Le texte de ces six écrits publiés en 1959 dans le tome I du *Supplément* à la *Patrologia Latina* se fonde sur l'édition de Caspari. La

5. Voir C. P. Caspari, *Briefe*, p. 231 *sq.*
6. C. P. Caspari, *Briefe.*
7. J. A. Baer, *De operibus Fastidii, Britannorum Episcopi*, Nuremberg 1902. Voir A. Kessler, *Reichtumskritk und Pelagianismus*, Fribourg 1999, p. 238.
8. Le texte *PLS* 1, 1431, 6-1457, 31 est omis.
9. Je remercie la Biblioteca Apostolica Vaticana et le Universitätsbibliothek Basel d'avoir mis à ma disposition les photocopies digitalisées de ces deux manuscrits.

dernière partie de *Cast.* est présentée selon le manuscrit de Bâle[10].

En 1987, le latiniste Michael Winterbottom publia un article qui propose un bon nombre de corrections au texte de Caspari. Winterbottom se prononce en faveur d'une nouvelle édition critique de tous les textes du *Corpus Caspari*[11].

En 1995, Andreas Kessler, un jeune chercheur helvétique, publia une thèse rédigée sous la direction d'Otto Wermelinger à Fribourg, consacrée à l'un des écrits du *Corpus Caspari*, le *De divitiis*[12]. Outre une introduction très détaillée, la monographie de Kessler présente une nouvelle édition de ce traité, fondée sur les deux seuls manuscrits connus. Kessler souligne pourtant qu'il ne présente qu'un simple texte pour la lecture (*Lesetext*).

En 2007, une chercheuse italienne, Antonella Cerretini, publia une édition et traduction avec introduction substantielle du *De Castitate*[13]. Bien qu'elle cite les travaux de Baer et de Winterbottom dans sa bibliographie, son édition donne l'impression de ne pas les avoir utilisés pour la constitution de son texte. Cerretini semble d'ailleurs attribuer ce traité à Pélage lui-même.

---

10. G. Morin, « Un manuscrit inconnu et complet de trois des opuscules de l'évêque breton Fastidius », *Basler Zeitschrift für Geschichte und Altertumskunde* 26 (1927), p. 234-241 ; voir *PLS* 1, 1503-1505. Voir A. Kessler, *Reichtumskritik*, p. 239 qui – tout comme Morin – fait mention d'un manuscrit introuvable du Cast. (cod. 843 Bibl. Pal. Vat.) qui avait été signalé par de Montfaucon en 1739. Morin (comme Baer et d'autres savants antérieurs et postérieurs à lui) croyait d'ailleurs que l'auteur de ces écrits était l'évêque breton Fastidius, une identification assez improbable, voir A. Kessler, *Reichtumskritik*, p. 104, n. 7. Voir *PLS* 1, 1375-1505 ; 1687-1694.

11. M. Winterbottom, « Pelagiana », *Journal of Theological Studies* 38 (1987), p. 106-129.

12. A. Kessler, *Reichtumskritik*. Pour une analyse, voir aussi P. Garnsey, « The Originality and Origins of Anonymus *De Divitiis* », dans H. Amirav – B. ter Haar Romeny (éd.), *From Rome to Constantinople. Studies in Honour of Averil Cameron*, Louvain 2007, p. 29-45 ; S. Toscano, *Tolle Divitem. Etica, Società e Potere nel De Divitiis*, Catania 2006 ; P. Brown, *Through the Eye of a Needle*, Princeton 2012, p. 310-321. Je n'ai pris acte de ces trois publications qu'après l'achèvement de mon manuscrit.

13. A. Cerretini, éd., *Pelagio. Lettera sulla castità*, Brescia 2007.

Après ce survol de l'histoire des éditions du *Corpus Caspari*, force est de conclure qu'aucun texte du *Corpus Caspari* n'a jusqu'ici reçu une édition tout à fait satisfaisante – hormis, dans un certain sens, le traité *Div.*

Quant aux traductions modernes, on doit signaler, avant tout, la traduction anglaise – d'ailleurs très bonne et exacte – de l'ensemble des six écrits par B. R. Rees. Sont aussi à signaler les traductions italiennes de *div*[14]. et *cast*[15]. Autant que je sache, aucune traduction française des textes du *Corpus Caspari* n'a été publiée jusqu'ici[16].

La date et l'auteur du Corpus Caspari

Parler de l'auteur du *Corpus Caspari* présuppose que Carl Paul Caspari a eu raison de croire que les six écrits auraient été rédigés par le même auteur. Tous les successeurs de Caspari sans exception semblent avoir accepté ses arguments; Andreas Kessler, par exemple, adopte l'hypothèse de Caspari sans discussion. Caspari avait relevé un grand nombre de parallèles entre les six écrits, concernant les idées, l'argumentation et le style[17]. Il serait trop long de revenir ici sur ces arguments, qui me semblent d'ailleurs assez incontestables. Il faut néanmoins noter que, plus récemment, W. Dunphy a essayé de montrer que *Poss.* a été rédigé par Céleste, l'associé de Pélage. Dunphy compare certains passages de *Poss.* aux argumentations qui se trouvent dans une *chartula* intitulée *Definitiones ut dicitur Caelestii* et qu'Augustin présente dans son traité *De perfectione hominis iustitiae*. Or, ces rapprochements prouvent à mon avis simplement que certains arguments circulaient dans le milieu pélagien en Sicile, mais ils ne suffisent point à démontrer l'identité de la *chartula* citée par Augustin avec *poss*[18].

14. C. Scaglioni, trad., intro. et notes note, *Pelagio, Può un cristiano essere ricco*, Troina 2005.
15. Voir n. 13.
16. A. Kessler, *Reichtumskritik*, p. 241 signale la possibilité d'une traduction inédite.
17. Voir C. P. Caspari, *Briefe*, p. 278-328.
18. W. Dunphy, « Caelestius's De possibilitate non peccandi? » *Academia* 66 (1997), p. 65-81.

D'abord, quelques observations sur la chronologie de ces six écrits. Le *terminus a quo* du *Corpus Caspari* est environ 400, et il est donné par un passage du *De castitate* 10, 7 qui parle d'un Jovinien *quondam hereticus*, ce qui présuppose la mort de Jovinien[19]. De plus, il faut noter que l'auteur a utilisé le commentaire sur les épîtres pauliniennes de Pélage (voir ci-dessous), ce qui repousse le *terminus a quo* après 405-406[20]. Dans *Mal.* chapitre 1 et chapitre 17, 2 l'auteur semble signaler qu'il se trouve dans une situation difficile et dangereuse. Il écrit (1, 1) :

> [...] parce que, dans ces temps-ci, il n'est même pas sûr de prononcer un discours qui soit sans liens, libre, et s'envole tout de suite [V : *cito fulgentem* ; B : *cito fugientem*], et qui ne soit point du tout lié par l'entrave d'une écriture quelconque[21]...

De plus, il remarque à propos de lui-même et de ses amis :

> À cause de cette doctrine, ils gagnent peu d'amis mais beaucoup d'ennemis à leur cause. [...] De là vient qu'ils sont opprimés par des cabales injustes et impies, qu'ils sont attaqués par des accusations falsifiées, qu'ils sont souillés par l'infamie de l'hérésie, que presque chaque discours de leurs adversaires a pour sujet leur dénigrement. [...] Comme nous l'avons déjà dit un peu plus avant, nous sommes calomniés par des accusations de telle sorte parce que nous disons purement et simplement, sans le déguisement d'une quelconque tromperie, ce que contient la foi de la vérité[22]...

De ces passages, Caspari a déduit que l'auteur aurait rédigé l'écrit *Mal.* après 418, c'est-à-dire après la triple condamnation de Pélage et de Céleste par les évêques africains, le gouvernement impérial et le pape Zosime[23]. En outre, Caspari croit que les expressions fortes (*die sehr starken Ausdrücke*) contenues dans les passages évoqués pourraient signaler une date postérieure à 418.

---

19. Voir A. Kessler, *Reichtumskritik*, p. 109-110.
20. A. Kessler, *Reichtumskritik*, p. 110-111.
21. « cum hoc in tempore solutum et liberum ac cito fulgentem et nullius scripturae vinculo compeditum sermonem proferre vix tutum sit. » (*PLS* 1, 1418).
22. *Mal.* 17, 2, *PLS* 1, 1447-1448. Voir C. P. Caspari, *Briefe*, p. 248 *sq.*
23. C. P. Caspari, *Briefe*, p. 340.

Andreas Kessler n'accepte pas l'argumentation de Caspari et propose une correction : selon lui, les passages évoqués reflètent la situation d'après 411, et, plus particulièrement, d'après 415-416, lorsque, selon Kessler, Augustin, Jérôme et Orose commençaient à dénoncer les doctrines de Pélage et Céleste comme une hérésie. Pourtant, soutient Kessler, on ne trouve dans *Mal.* aucune trace de la condamnation officielle par Innocent de Rome le 27 janvier 417 – un fait qui, toujours selon Kessler, permet de conclure que cet écrit doit être situé avant cette date. De plus, Kessler constate que de tels passages ne se trouvent point dans les autres écrits du *Corpus Caspari*. Pour Kessler, ces écrits sont donc à dater avant 415-416 (et même probablement, pour une raison que nous discuterons plus loin, avant 414)[24].

Contre les arguments de Kessler, il faut souligner que ce n'est qu'après 418 que l'on peut parler d'une véritable persécution des pélagiens, par l'Église ou par les autorités civiles, qui pourrait justifier les remarques de l'auteur évoquées ci-dessus. Partant, je préfère la datation de Caspari à celle de Kessler, du moins pour *Mal.* Il demeure néanmoins bel et bien possible que certains écrits du *Corpus Caspari* soient à dater d'avant 418.

Le *terminus ante quem* du *Corpus Caspari* est fourni par Césaire d'Arles (+ 542), *sermon* 20, 4 qui cite *Hon.* 1[25]. Il faut aussi noter que Gildas, qui écrit son *De excidio Britonum* peut-être dans le premier quart du VIe siècle, avait probablement lu *Mal*[26].

Que savons-nous de l'auteur ? C'est principalement la lettre *Hon.* qui nous fournit quelques indications sur son identité, sa biographie et sa datation. Quand il rédige *Hon.*, l'auteur séjourne en Sicile chez une femme de la haute aristocratie qui joue apparemment pour lui le rôle de maître spirituel. Cette femme (une *femina clarissima*,

24. Voir A. KESSLER, *Reichtumskritik*, p. 111-112.
25. *Ibid.*, p. 111.
26. Gildas, *De excidio* 38, 2 ; cf. *Mal.* 9, 1, *PLS* 1, 1390. Voir K. GEORGE, *Gildas's De excidio Britonum and the Early British Church*, Woodbrige 2009, p. 72-75, p. 96-103. Mais voir les remarques critiques de R. FLECHNER, dans *The Journal of English and Germanic Philology* 109 (2010), p. 523-525.

c'est-à-dire d'une famille de l'aristocratie sénatoriale)[27] a montré à l'auteur la « voie de la vérité » (*via veritatis*), c'est-à-dire la vraie manière de vivre comme un chrétien. L'auteur a, semble-t-il, rencontré cette femme alors qu'il était de passage en Sicile, allant de Rome (probablement sa patrie)[28] vers l'Orient. On peut supposer qu'il s'est décidé à voyager en Orient pour y trouver des maîtres spirituels et pour y apprendre une manière plus authentique de vivre la vie chrétienne[29]. Mais, toujours selon l'auteur, la noble femme l'a dissuadé de poursuivre son voyage en Orient, en lui prouvant « et par la raison, et par la loi de Dieu (c'est-à-dire par l'Écriture), que Dieu peut être trouvé en tout lieu par ceux qui le connaissent[30]. » Ainsi, avoir rencontré cette femme en temps opportun a épargné à l'auteur un long et hasardeux voyage en Orient.

En outre, dans la lettre *Hon.*, l'auteur annonce à son ami, très sceptique, son projet de placer sa fille sous la direction de la *femina clarissima* pour qu'elle aussi apprenne la vie ascétique :

> Je désire que ma fille soit une vierge de telle sorte qu'elle sache comment garder le bien de la virginité et comment se comporter comme vierge de Dieu, afin qu'elle ne ressemble pas à celles dans lesquelles la charité reste stérile par ignorance, parce qu'elles gardent les autres préceptes avec moins de diligence. Dans le cas de ces vierges, c'est la chasteté elle-même qui est souvent mise en danger parce qu'on ne sait pas comment la garder[31].

Ce passage rappelle la conception de la « sainteté totale », de la justice (*iustitia*) qui s'efforce d'accomplir totalement et complètement tous les commandements de Dieu. Nous en avons trouvé une esquisse dans *Dem.*; l'auteur prône aussi cet idéal dans les autres écrits du

---

27. *Hon.* 5, *PLS* 1, 1692; voir A. Kessler, *Reichtumskritik*, p. 106 *sq.*, p. 122.
28. *Hon.* 5; voir A. Kessler, *Reichtumskritik*, p. 116 *sq.*
29. L'accompagnateur de l'auteur était un certain Antiochus, à l'encontre duquel son correspondant semble avoir exprimé des remarques défavorables, voir *Hon.* 3.
30. *Hon.* 5, *PLS* 1, 1693.
31. *Ibid.*

Corpus Caspari[32]. On peut donc dire que l'auteur attend de la *femina clarissima* qu'elle se charge d'enseigner à sa fille cette « sainteté totale ».

L'auteur cherche de toute évidence à gagner l'approbation de son ami dans la maison romaine duquel sa fille semble alors habiter. Au début de la lettre, il mentionne – non par hasard, semble-t-il – que son ami avait désapprouvé son projet de partir pour l'Orient en faisant valoir qu'il est possible de vénérer Dieu en tout lieu et qu'il n'est donc pas besoin de faire un si long voyage. Plus loin dans la lettre, c'est précisément à la *femina clarissima* que l'auteur attribue les mêmes propos. De plus, l'auteur prend soin d'accentuer l'excellente réputation de la femme : sa dévotion, sa foi et sa science, dit-il, sont reconnues non seulement par des laïcs mais aussi par des prêtres. Au scepticisme de son ami à l'égard de la vie ascétique enseignée en Orient, l'auteur réagit en prônant l'idée d'une réalisation plus proche de cet ascétisme chrétien, avec la *femina clarissima*, d'abord en Sicile et peut-être plus tard à Rome.

La *femina clarissima* n'est mentionnée que dans *Hon.* Dans les cinq autres écrits du *Corpus Caspari*, c'est l'auteur lui-même qui joue le rôle de maître spirituel, et exhorte à une vie ascétique. Dans la deuxième lettre, *Hum.*, il veut encourager un jeune homme à se convertir à une vie ascétique. De même, *Cast.* s'adresse à un jeune homme qui s'est décidé à devenir un ascète chrétien. On peut supposer que *Hum.* et *Cast.* sont d'une date plus tardive que *Hon.* Il semble même possible que le *Corpus Caspari* ait été rédigé dans un laps de temps de plusieurs années. C'est une raison de plus pour se montrer prudent à l'égard de la chronologie assez serrée que propose Andreas Kessler.

Ajoutons deux observations générales. D'une part, pour ce qui est de son éducation, l'auteur, probablement d'origine aristocratique, a sans doute profité de ce type d'éducation rhétorique caractéristique des lettrés de l'Antiquité tardive. L'analyse détaillée de *Div.* par Andreas

32. Voir, par exemple, *Hum.* 2 ; 4, *PLS* 1, 1376 *sq.* ; 1378 (la sainteté totale, la *tota plenitudo iustitiae* se résume dans la règle d'or biblique) ; *Mal.* 14, 1, *PLS* 1, 1439 *sq.* ; *Div.* 9, 5-10, 1, *PLS* 1, 1392-1394. Voir aussi Pélage, *Cel.* 14-15, *CSEL* 29, p. 446-447.

Kessler l'a mis en évidence. Dans *Hum.* 2, il rejette toute la culture littéraire classique – représentée par Virgile, Salluste, Térence et Cicéron. Il peut néanmoins évoquer un passage de Virgile ou un proverbe[33]. Il semble aussi avoir lu des auteurs chrétiens comme Cyprien ou Augustin[34]. M. Winterbottom remarque dans son annotation : « Les quatre ouvrages [c'est-à-dire *Div. Cast. Mal.* et *Poss.*] sont tous rythmés, fondés sur le système familier de l'époque, en partie métrique, en partie accentué[35]. » Or, l'auteur ne fait point étalage de son éducation : une seule fois, tout au début de *Hum.*, il allègue explicitement une citation classique, une phrase tirée du *Charmide* de Platon : « Jeune homme, parle, pour que nous fassions ta connaissance[36] ! » Puis, citant Sir 4, 29 et Sir 27, 7 comme parallèles bibliques, il ajoute :

> Il faut croire que la sagesse humaine (qui était postérieure) a volé la définition de cette phrase pour augmenter la vaine gloire d'un auteur. Tout homme qui connaît les royaumes et la diversité des temps sait que le roi Salomon vécut plus tôt…

Ici, l'auteur évoque évidemment la théorie juive et chrétienne selon laquelle la sagesse païenne a mis à contribution la sagesse biblique (c'est la fameuse théorie du vol des Hellènes).

D'autre part, l'auteur, semble-t-il, prend quelque soin à éviter la controverse doctrinale. Cette observation est naturellement assez difficile à prouver : on peut la contester par l'hypothèse selon laquelle la majorité de ces écrits aurait été composée avant 411, c'est-à-dire avant le début de la controverse pélagienne. En dépit de cette prudence de l'auteur, on trouve maintes traces des positions pélagiennes dans les six écrits du *Corpus Caspari* : tout comme Pélage et les pélagiens de Sicile, notre auteur récuse les serments[37]. L'auteur défend aussi la possibilité de

---

33. *Cast.* 4, 5, *PLS* 1, 1469 = Virgile, *Aeneis*, 4, 569-570; *Cast.* 10, 8, *PLS* 1, 1484. Voir A. Kessler, *Reichtumskritik*, p. 119.
34. Voir A. Kessler, *Reichtumskritik*, *ibid.*
35. M. Winterbottom, « Pelagiana », *Journal of Theological Studies* 38 (1987), p. 107.
36. *Hum.* 1 : « Adolescens, loquere, ut sciamus te! » *PLS* 1, 1375.
37. *Hon.* 2, *PLS* 1, 1690; *Hum.* 4, *PLS* 1, 1379; *Mal.* 14, 1 ; 22, *PLS* 1, 1440-1454; Augustin, *ep.* 156, *CSEL* 44, 448 (éd. 9) ; Pélage, *Dem.* 19; voir C. P. Caspari, *Briefe*, p. 241, p. 244, p. 255 *sq.*

l'impeccance (l'état de l'homme sans péché), et il souligne que le péché relève du libre arbitre, non de la nature[38]. L'homme n'est pas créé corrompu, mais au fil du temps sa bonté originelle est viciée par la corruption : « L'homme perd par sa propre négligence (*neglegentia*) ce qu'il possède par nature[39]. » Dans quelques passages de *Poss.*, l'auteur reproduit les arguments de la défense de l'impeccance proposés par Céleste dans ses *Definitiones*[40]. Or, il évite de préciser sa position sur la transmission du péché d'Adam[41]. Selon lui, ce péché consiste dans l'infraction au précepte divin. De plus, comme l'a relevé C. P. Caspari, notre auteur diffère d'autres pélagiens comme Céleste ou Julien d'Éclane pour ce qui est de la mortalité d'Adam : selon lui, c'est bien le péché d'Adam qui lui a mérité la mort, tandis que Céleste et Julien soutiennent qu'Adam a été créé mortel[42]. Au synode de Diospolis, Pélage et les évêques avaient condamné cette conception naturaliste de la mort – une prise de distance, il est vrai, aussitôt remise en question par Augustin[43]. De plus, la doctrine fut visée par la loi anti-pélagienne que l'empereur Honorius promulgua en 418 – une raison possible de la prudence de notre auteur sur ce point précis. Notre auteur écrit qu'Adam et Ève furent punis de mort à cause de leur transgression

> non pas, comme le prétendent quelques ignorants parce qu'ils auraient convoité d'être dieux mais parce qu'ils ont mangé du fruit de l'arbre, ce qui leur est plus tard reproché par Dieu. Il

38. *Hon.* 1, *PLS* 1, 1689 ; *Poss.* 3, 1 ; 4, 1, *PLS* 1, 1459 *sq.* Voir l'évocation de l'habitude peccamineuse dans *Mal.* 4, 2, *PLS* 1, 1422, ou la réflexion sur le libre arbitre dans *Cast.* 10, 5, *PLS* 1, 1482. Voir A. Kessler, *Reichtumskritik*, p. 156-159.

39. *Cast.* 3, 5, *PLS* 1, 1468.

40. Voir p. 127.

41. *Hon.* 1, *PLS 1*, 1689 ; *Mal.* 13, 1 ; 14, 1 ; 16, 4, *PLS 1*, 1438 *sq*, 1439 *sq*, 1444, voir A. Kessler, *Reichtumskritik*, p. 160. Le péché qui consiste en la désobéissance aux préceptes de Dieu manifeste aussi le mépris (*contemptus*) de Dieu; voir aussi Pélage, *De natura* fr. 22 (W. Löhr) = Augustin, *De natura et gratia* 33, *CSEL* 60, p. 257.

42. *Hon.* 1, *PLS* 1, 1689 ; *Mal.* 13, 1, *PLS* 1, 1438 *sq.* ; C. P. Caspari, *Briefe*, p. 241 *sq.*

43. Augustin, *De gestis Pelagii* 24, *CSEL* 42, p. 78 ; *Contra Iulianum opus imperfectum* 1, 67 ; 4, 43 ; 6, 16, *CSEL* 85, 1, p. 72 ; *CSEL* 85, 2, p. 46, p. 342.

> n'y aurait pas de raison d'imputer des péchés mineurs à ceux qui ont commis des péchés plus grands[44].

Selon Caspari, il est vrai, l'auteur critique ici l'exégèse d'Augustin qui avait justement affirmé que le premier couple « voulait ravir la divinité et par là perdit la félicité[45]. » Mais, vu le contexte, il est clair que cette exégèse s'explique principalement par la conception de la « sainteté totale » de l'auteur, d'après laquelle la moindre infraction aux préceptes de Dieu est jugée intolérable. Pour l'auteur, c'est toujours l'autorité divine qui est mise en question – par le premier couple, tout comme par les chrétiens laxistes ou négligents de son temps.

Si nous avons raison de supposer que l'auteur écrivait bien après 411 et peut-être même après 418, c'est-à-dire à un moment où le pélagianisme est déjà visé comme hérésie, sa réticence concernant le péché originel et son rejet implicite de la conception naturaliste de la mort pourraient signaler une attitude prudente et réservée à l'égard de la controverse doctrinale. Cette attitude serait similaire à celle d'autres aristocrates chrétiens de son temps : si tant est qu'ils s'engagent dans les controverses doctrinales (sur l'origénisme, comme sur Pélage et Céleste), ils préfèrent jouer le rôle d'intermédiaires plutôt que celui de partisans[46].

Comme nous avons déjà eu l'occasion de le remarquer, dans deux passages de *Cast.* (10, 7 et 16), l'auteur formule une polémique contre un individu explicitement nommé, à savoir Jovinien. Il écrit, en commentant 1 Co 7, 25 :

> Quoi que tu dises, l'apôtre a donné le conseil de ne pas se marier, il n'a pas établi un précepte. (Tu le diras) parce que toi, tout comme Jovinien, l'hérétique de jadis, tu considères la virginité comme superflue à cause de cet argument.

L'auteur évoque ici l'exégèse de Jovinien qui avait souligné qu'aucun précepte, dans ce verset, n'est énoncé[47]. Le passage révèle une connaissance assez précise de la

44. *Mal.* 13, 1, *PLS* 1, 1438.
45. Augustin, *En. in Ps.* 68, 9, *PL* 36, 848 ; C. P. Caspari, *Briefe*, p. 255.
46. A. Kessler, *Reichtumskritik*, p. 135.
47. *PLS* 1, 1483 ; Jérôme, *Contre Iovinien* 1, 13, *PL* 23, 227A.

position de Jovinien. La critique de Pélage contre Jovinien ne semble pas faire état de cette exégèse.

On a parfois essayé d'identifier l'auteur avec un personnage connu : plus récemment, F. Nuvolone, par exemple, a renouvelé la vieille hypothèse de J. Garnier selon laquelle notre auteur serait le prêtre romain et futur pape Sixte III[48]. Nuvolone fonde son hypothèse sur le fait que la tradition manuscrite attribue les écrits *Div.*, *Mal.*, *Cast.* et *Poss.* à un *Sanctus Sixtus episcopus et martyr.* À vrai dire, il est bien évident que le pape Sixte III ne peut pas revendiquer la qualité de martyr, et que c'est donc à Sixte II que la tradition manuscrite entend attribuer les quatre écrits. Mais Nuvolone croit qu'à l'origine de cette pseudonymie se trouve la paternité bien réelle de Sixte III, et que cette dernière est d'autant plus probable que le prêtre Sixte – aux dires d'Augustin – fut suspecté de favoriser les pélagiens[49]. O. Wermelinger semble avoir accepté l'hypothèse de son disciple, tandis que d'autres savants – notamment Y.-M. Duval et B. R. Rees – se montrent plus prudents. Je crois qu'Andreas Kessler a bien raison d'en arriver à la conclusion que l'hypothèse de Garnier et de Nuvolone est sans fondement. L'auteur de ces six écrits – s'il s'agit vraiment d'un seul auteur, bien entendu – est évidemment un laïc qui est, ou était, marié[50]. D'ailleurs, l'attribution pseudonymique à Sixte II n'est pas – vu le temps et les circonstances – si inattendue : Kessler a bien raison de rappeler dans ce cadre la pseudonymie des *Sentences de Sexte,* un écrit cité et mis à contribution précisément par Pélage lui-même[51].

48. F. Nuvolone, *Dictionnaire de Spiritualité* t. 12/2, col. 2916-2917.
49. Augustin, *ep.* 194, 1, *CSEL* 57, p. 176.
50. Mais voir F. Nuvolone, *Dictionnaire de Spiritualité,* t. 12/2, col. 2917 qui suppose une conversion tardive de Sixte à la vie ascétique.
51. Voir Augustin, *De natura et gratia* 77, *CSEL* 60, p. 291 ; H. Chadwick, *The Sentences of Sextus,* Cambridge 1959, Nr. 36 ; 46b ; 60. Voir A. Kessler, *Reichtumskritik,* p. 136-144 ; R. Kany, « Die gottgeschenkte Freiheit. Eine antike Sentenz bei Porphyrius, Sextus und Pelagius », dans N. El-Khoury – H. Crouzel – R. Reinhardt (éd.), *Lebendige Überlieferung.* Prozesse der Annaherung und Auslegung; *Festschrift für Hermann-Josef Vogt zum 60. Geburstag,* Beirut – Ostfildern 1992, p. 153-170.

Si l'on partage l'opinion communément admise, selon laquelle le *Corpus Caspari* est l'œuvre d'un seul auteur, on peut constater que, dans son ensemble, il présente un traitement assez complet des questions soulevées par le christianisme ascétique au début du ve siècle : *Div.* et *Cast.* s'occupent d'une façon assez détaillée de la chasteté, de la pauvreté et de la critique anti-ascétique de l'aristocratie chrétienne. *Poss.* clarifie la question qui est à l'origine du débat entre Pélage, Augustin et Jérôme, à savoir la possibilité même de la perfection chrétienne. *Mal.* attaque le christianisme modéré et médiocre de la majorité de l'aristocratie chrétienne au début du siècle. Les deux lettres (*Hon.*; *Hum.*) servent d'introduction : elles présentent un récit de conversion et anticipent tous les thèmes majeurs des quatre traités.

Le traité *Sur les richesses* (*Div.*)

De Divitiis est le traité le plus long et le plus important du *Corpus Caspari*. Présentons tout d'abord la disposition du traité telle qu'elle est proposée par Andreas Kessler :[52]

Structure et composition de *Div.* :

1. Prologue (1, 1-1, 4)

   1.1. L'esprit des hommes dominé par la convoitise.

   1.2. Trois vices connexes : l'avarice, la gourmandise, le désir (1, 2-4). L'avarice est le plus puissant d'entre eux, parce qu'elle alimente les deux autres et ne peut être assouvie.

2. *Narratio* (2, 1-6, 3)

   2.1. La définition de l'avarice (2, 1-4, 2)

   2.2. La définition de la richesse (5, 1-5, 2)

   Digression : La pauvreté du Christ comme norme (5, 3)
   La comparaison entre le riche/le juge et le Christ (6, 1-6, 3).

3. *Propositio*

   3.1. Dieu condamne le désir des richesses ; l'injustice et le vol sont à l'origine de toutes les richesses (7, 1).

52. A. Kessler, *Reichtumskritik*, p. 221.

4. *Argumentatio*

Probatio (7, 2-10, 10)

4.1. Preuve : la richesse est à l'origine de l'injustice et du vol (7, 2-8, 1).
4.2. Preuve : la richesse ne provient pas de Dieu (8, 2-9, 2).

Digression sur l'herméneutique de l'Ancien Testament : la richesse d'Abraham est à interpréter allégoriquement (9, 3-9, 4) tandis qu'il faut maintenant suivre l'exemple du Christ (9, 5).

4.3. Preuve : rejet fondamental des richesses dans le Nouveau Testament : appel à renoncer aux richesses, validité universelle de cette demande (10, 1-10, 10).

Refutatio (11, 1-20, 2)

4.4. La question des richesses dans la première Église (11, 1-11, 8)
4.5. Le renoncement aux richesses, l'autarcie et l'évergétisme aristocratique (12, 1-16).

Digression : l'acquisition des richesses par l'injustice (17, 1-17, 3).
La richesse et le royaume de Dieu (18, 1-18, 9).
La tentative d'échapper aux préceptes de Dieu par une interprétation allégorique (18, 10).
La richesse et la conception de la « sainteté totale » (19, 1-20, 2).

5. *Peroratio* (20, 3-20, 5)

Appel aux émotions (jugement dernier) (20, 3-4)
Exhortation finale (20, 5-7).

Quant au genre littéraire de *Div.*, A. Kessler l'a défini comme une *diatribe*, selon la définition de Klaus Berger :[53] traitement d'un sujet déterminé à la façon d'une conversation vive et agitée avec des adversaires fictifs, polémique,

53. Voir K. BERGER, « Hellenistische Gattungen im Neuen Testament », dans H. TEMPORINI – W. HAASE (éd). *Aufstieg und Niedergang der römischen Welt*, vol. II, t. 25, 2, Berlin – New York 1991, p. 1124-1132.

saturé en lieux communs, citations et comparaisons, pointes et antithèses, apte à captiver un auditoire[54]. Kessler a analysé de façon détaillée la rhétorique virtuose du traité, qui entend démontrer sa thèse en procédant par *probationes* et *refutationes*[55].

Il est d'ailleurs possible – mais difficile à prouver – que le traité réagisse à un écrit précis. Au c. 11, 5, l'auteur remarque : « C'est ton problème parce que tu soutiens dans un autre traité[56]... » A. Kessler remarque à propos de ce passage : « On ne peut pas savoir s'il s'agit d'un moyen rhétorique visant à conforter la fiction d'un partenaire du dialogue, ou si l'auteur vise effectivement un traité et un destinataire déterminés[57]... »

Quant au sujet du traité, on a souvent supposé que la question des richesses ne jouait un rôle guère important pour Pélage et ses associés. Ainsi, Aimé Solignac observe qu'« à vrai dire, les écrits de Pélage insistent peu sur ce point[58]. » A. Kessler, après une analyse approfondie de la question, en est venu à la conclusion que, tout au contraire, le renoncement aux richesses faisait partie intégrante de la morale pélagienne[59]. Dans son commentaire, Pélage critique toutes les possessions qui dépassent les limites de la *sufficientia*, de ce qui suffit, tels que les marbres ornant les murs d'une maison ou les vêtements précieux[60]. La convoitise des richesses (*avaritia*) est attaquée sous plusieurs angles, et elle est désignée comme la source de tous les crimes[61]. Les richesses sont associées à l'inquiétude et à l'orgueil. Le vrai chrétien doit se comporter comme un pèlerin qui sait être né et devoir mourir dépourvu de toutes ses possessions. Au cours de sa vie, il doit prendre soin d'acquérir les vraies richesses,

54. A. Kessler, *Reichtumskritik*, p. 228.
55. *Ibid.*, p. 221-237.
56. *Div.* 11, 5, « *tu videris qui alio tractatu adseris...* » *PLS* 1, 1398.
57. Voir A. Kessler, *Reichtumskritik*, p. 397.
58. A. Solignac, *Dictionnaire de Spiritualité*, t. 12/2, col. 2933.
59. A. Kessler, *Reichtumskritik*, p. 33-48.
60. Pélage, *In Tim* 2, 9 ; 5, 4 ; 5, 6, éd. A. Souter, p. 482, p. 493 *sq.* ; *In Phil* 4, 12, éd. A. Souter, p. 414 ; A. Kessler, *Reichtumskritik*, p. 40.
61. Pélage, *Eph* 4, 19, éd. A. Souter, p. 368 ; *In 2 Cor* 9, 10, éd. A. Souter, p. 283 ; *In 1 Tim.* 6, 10, éd. A. Souter, p. 501 ; A. Kessler, *Reichtumskritik*, p. 40 *sq.*

c'est-à-dire les vertus de justice, de piété et de foi[62]. Par conséquent, les modèles du vrai chrétien ne sont pas les riches de l'Ancien Testament, mais plutôt le Christ avec son mépris des possessions et des richesses[63]. À propos de 1 Co 12, 13 (« Aussi bien est-ce dans un seul Esprit que nous tous avons été baptisés en un seul corps, Juifs ou Grecs, esclaves ou hommes libres »), Pélage remarque :

> Que nous soyons faits un seul corps dans le Christ. Ceux qui possèdent en commun les choses spirituelles et célestes doivent aussi avoir en commun les choses terrestres et charnelles, selon la sentence du prophète (Malachie 2, 10) : *N'est-il pas un seul père pour tous*[64] ?

Le parallèle entre la communauté des biens terrestres et spirituels est développé dans *Div.* (voir ci-dessous).

Pélage considère le renoncement aux richesses dans le cadre de la vie ascétique qu'il recommande. Mais dans aucun passage il ne demande la réalisation radicale de la pauvreté, l'abandon de tous les biens : pour lui, la possession d'un ou deux esclaves ne dépasse pas les limites de la suffisance (*sufficientia*)[65].

Dans les autres écrits – attribués avec plus ou moins de probabilité à Pélage (comme le *Liber de vita christiana*, l'*Epistula ad Celantiam*, le *Liber de scientia divinae legis*) – on trouve parfois des passages demandant l'abandon des richesses, comme c'est le cas dans *La Lettre à une mère de famille*[66]. Dans ces écrits, le ton de la critique semble plus agressif que dans le *Commentaire* ou dans *Dem*[67].

Ce n'est qu'en 414 ou 415 qu'un certain Hilaire de Syracuse relate à Augustin les propos de « certains chrétiens de Syracuse », qui semblent annoncer un rejet des richesses plus accentué que celui de Pélage. Voici ce que disent les pélagiens anonymes de Sicile :

---

62. Pélage, *In Tim.* 6, 11, éd. A. Souter, p. 502 ; A. Kessler, *Reichtumskritik*, p. 42.
63. Pélage, *In 1 Cor.* 1, 28, éd. A. Souter, p. 136. A. Kessler, *ibid.*
64. Pélage, *In 1 Cor* 12, 13, éd. A. Souter, p. 197. Voir Pélage, *Virg.* 1 ; R. F. Evans, *Four Letters of Pelagius*, p. 47-48.
65. Pélage, *In 1 Tim* 5, 14, éd. A. Souter, p. 496 ; A. Kessler, *Reichtumskritik*, p. 44.
66. A. Kessler, *Reichtumskritik*, p. 49.
67. *Ibid.*, p. 49-55.

Un riche qui reste dans ses richesses ne peut pas entrer dans le royaume de Dieu à moins qu'il ne vende toutes ses possessions, et il ne lui servirait en rien d'accomplir les commandements à l'aide de ses richesses[68].

À partir de là, on peut distinguer deux propositions soutenues par ces pélagiens :

I. Leurs possessions empêchent les riches d'entrer dans le royaume de Dieu.

II. L'évergétisme des riches ne les aide pas dans leur quête du salut.

La première proposition figure dans l'acte d'accusation du synode de Diospolis (415). Devant le synode, Pélage avait franchement nié la paternité de cette thèse et avait affirmé que du reste « pour satisfaire le saint synode, j'anathématise ceux qui tiennent ou ont jamais tenu de tels propos[69]. »

D'emblée, l'auteur de *Div.* semble plus proche de la position des pélagiens de Sicile que de celle de Pélage lui-même. Il est intéressant d'observer comment il manie la première proposition : dans certains passages, il semble rejeter l'opinion selon laquelle les richesses sont un mal en soi. Par exemple, en *Div.* 6, 1, il écrit :

Tout ce qui est compris dans ces considérations, nous ne l'avons pas dit parce que nous jugerions répréhensible cette fortune (*substantia*) qui est sans aucun péché et est dépensée dans de bonnes œuvres. Cette fortune ne fournit à ses possesseurs aucune nécessité ou occasion de pécher...

Mais, fait valoir l'auteur, l'acquisition des richesses n'est guère possible sans injustice ni péché (*Div.* 7, 5) :

Les richesses sont-elles alors des injustices ? Je ne dis pas que les richesses en elles-mêmes soient des injustices, mais je crois qu'elles tirent précisément leur origine de l'injustice...

Et encore (8, 2)

Les richesses alors ne sont-elles pas de Dieu ? [...] Il faut d'abord prouver qu'il n'y a aucune injustice dans les richesses, et alors il faut supposer qu'elles viennent de Dieu.

Et encore (19, 3) :

68. Augustin, *ep.* 156, *CSEL* 44, p. 448.
69. Augustin, *De gestis Pelagii* 24, *CSEL* 42, p. 77 ; *BA* 21, p. 487 (trad.).

Alors, que disons-nous? Que les richesses sont un péché? Mais non! Nous ne disons pas qu'elles sont un péché, mais qu'elles offrent une occasion de pécher, soit qu'elles aient été acquises malhonnêtement, soit qu'elles ne soient pas possédées comme il faut, soit qu'une incurie des préceptes célestes naisse précisément du souci qu'on a d'elles...

Bien que l'auteur nie théoriquement que les richesses soient un mal en soi, il déclare en effet qu'il est pratiquement impossible de les acquérir ou de les retenir sans s'impliquer dans des injustices, sans commettre des péchés. Ainsi, bien que les richesses en soi ne soient pas peccamineuses, il n'y a pas de richesses sans péché. C'est probablement par précaution théologique que l'auteur essaie de prendre ses distances par rapport à la thèse radicale selon laquelle les biens sont un mal en soi; après tout, il ne veut pas courir le risque d'être dénoncé comme manichéen.

En dépit de cette prudence, l'auteur est, en effet, tout proche du rejet radical de toute sorte de richesses. Selon lui, même ceux qui ont hérité de leurs richesses ne peuvent s'excuser : en recherchant l'origine des diverses richesses, l'auteur en arrive invariablement à la conclusion qu'elle est injuste et criminelle. Mais, se demande-t-il, comment peut-on se prononcer sur les origines lointaines des fortunes présentes (7, 4) ? Voici sa réponse : on peut toujours connaître le passé à travers le présent. Du reste, si l'on compare la richesse et l'abondance des uns à la pénurie des autres, on ne peut que conclure que les richesses sont fondamentalement injustes (8, 1-2). La nature nous enseigne que Dieu distribue ses biens, ceux du ciel et ceux de la terre, comme l'air, la chaleur du soleil, la pluie et la lumière de la lune et des étoiles, à tous les hommes, riches comme pauvres, de façon égale (8, 3). Il fait de même à l'égard des biens de la religion : c'est la même loi pour les riches comme pour les pauvres, le même baptême, le même pardon des péchés, la même sanctification. Le fait que Dieu, en tant que dispensateur des biens – biens de la nature ou biens de la religion –, observe la même mesure pour chacun prouve incontestablement que la justice de Dieu a pour fondement l'égalité de tous. Partant, il est évident que l'inégalité entre les riches et les pauvres ne peut pas tirer son origine de Dieu.

Pour l'auteur, la richesse des riches est accompagnée non seulement de l'avarice, mais aussi d'un bon nombre d'autres vices : c'est donc le désir de richesse qui est à l'origine de tous les crimes :

> Quel homme sage ou prudent douterait que la cupidité soit la source de tous les maux, la racine de tous les forfaits, l'aliment de toutes les fautes, la matière de tous les délits, à cause de laquelle ni la terre, ni la mer, ni aucun endroit ne peuvent être habités ou traversés sans danger ni sans peur[70] ?

Et l'auteur, reprenant un lieu commun de la critique des richesses, continue en dressant une longue liste des maux et des crimes qui tirent leur origine de la concupiscence.

Évidemment, tout comme Pélage, l'auteur n'ignore pas l'idéal stoïcien de la *temperantia* ou, selon son expression, de la *sufficientia*. Il ne reconnaît alors que trois catégories d'hommes : les hommes sont soit riches, soit pauvres, soit en possession de biens suffisants pour vivre (5, 1). À ce propos, l'auteur cite Prov 30, 8, « Ne me donne ni pauvreté ni richesse, laisse-moi goûter ma part de pain… » (5, 2). Mais, à la différence de Pélage, l'idéal philosophique de la suffisance, d'après l'auteur, ressortit à la justice de l'Ancien Testament, non à la pauvreté totale demandée par le Nouveau Testament[71] (5, 3). Pourtant, l'auteur semble concéder qu'il est légitime, même pour un chrétien, de se contenter de la suffisance, sans s'efforcer de réaliser l'état de la perfection. Il écrit (5, 3) :

> Celui qui donne le superflu aux indigents et se contente selon la doctrine de l'Ancien Testament de ce qui suffit, est à louer (*laudandus est*). Or, celui qui accomplit non seulement les préceptes de l'Ancien Testament mais aussi ceux du Nouveau Testament est digne d'une louange plus grande…

Ainsi, l'auteur évite de déclarer que l'idéal de l'Ancien Testament est un mal. Prenant en compte l'objection selon laquelle Abraham était riche et que sa richesse venait de Dieu, il fait valoir qu'Abraham est précisément le premier dont l'Écriture affirme que Dieu a fait de lui un homme riche. Mais, étant donné qu'il y avait de toute évidence des

70. *Div.* 17, 3, *PLS* 1, 1406.
71. L'auteur se réfère à Lc 14, 33 ; Mt 8, 20 ; 2 Cor 8, 9. Voir le commentaire d'A. Kessler, *Reichtumskritik*, p. 351.

riches bien avant Abraham, il faut conclure que la richesse des riches avant Abraham n'était pas de Dieu. En conséquence, l'intention originelle de Dieu n'était pas la richesse de tel ou tel homme mais l'égalité de tous. Par conséquent, la richesse d'Abraham ressortissait à la volonté pédagogique de Dieu : Dieu avait concédé à Abraham, le seul croyant qu'il avait trouvé sur la terre, précisément ces biens que l'audace humaine s'était déjà injustement arrogés en les prenant à tort pour le bien suprême. Cela a été fait pour que les hommes abandonnent leurs faux dieux (9, 2).

En tout cas, souligne notre auteur, les passages concernant Abraham, tout comme maints autres passages de l'Ancien Testament, doivent être interprétés allégoriquement (9, 3). L'auteur observe que, bien qu'il soit généralement admis, à titre de principe herméneutique, qu'il faut allégoriser l'Ancien Testament et prendre au pied de la lettre le Nouveau Testament, ses adversaires prêchent l'inverse quand il s'agit de la question de la richesse (18, 10). Ils citent Abraham, David et Salomon comme exemples de riches justes, et s'efforcent d'allégoriser ces péricopes du Nouveau Testament qui parlent du mépris des biens[72].

Pour les chrétiens, donc, ce ne sont plus les justes de l'Ancien Testament qui servent de modèles, mais seulement et exclusivement l'exemple du Christ qui s'est dénudé de tous les biens. De cette façon, l'auteur reprend la morale christocentrique de Pélage : il faut imiter partout et toujours le Christ, qui est le Sauveur et a révélé la nouvelle loi. À la différence de Pélage lui-même, l'auteur fait donc valoir la différence fondamentale entre la suffisance de l'Ancien Testament et les préceptes du Nouveau Testament : le Christ, tout comme les apôtres, a enseigné et vécu la pauvreté ascétique.

L'auteur s'occupe d'une discussion détaillée de tous les passages néotestamentaires qui ont trait à la pauvreté ascétique[73]. Il réfute l'opinion selon laquelle Jésus aurait demandé aux seuls apôtres de renoncer aux biens et selon laquelle l'invitation à la pauvreté ascétique aurait été limitée à une époque particulière de l'histoire de l'Église

72. Voir, de même, *Cast.* 10, 4, *PLS* 1, 1481.
73. Ce sont Mt 8, 20 ; Mt 19, 21 ; Lc 14, 33 ; Jean 8, 34 ; Act 4, 34-5 ; 5, 1-4 ; 1 Cor 11, 1 etc.

(10, 4-8). Aussi n'accepte-t-il pas que Jn 19, 27, « Puis il dit au disciple : Voici ta mère. Dès cette heure-là, le disciple l'accueillit chez lui », soit à gloser ainsi : « Chez lui, c'est-à-dire dans ses biens » (*in sua bona*). Ensuite, l'auteur présente la discussion la plus détaillée et la plus savante, semble-t-il, de tous les commentateurs anciens du verset Mt 19, 24, « Il est plus facile à un chameau de passer par le trou d'une aiguille qu'à un riche d'entrer dans le royaume de Dieu[74]. »

Somme toute, il faut constater que l'auteur demande effectivement aux chrétiens sérieux d'abandonner leurs richesses. Par là, il semble nier l'éthique du comparatif prêchée par Pélage : selon la perspective rigide de l'auteur, la morale chrétienne n'est guère une affaire de bien et de meilleur mais plutôt d'un seul bien, ce qui est commandé par Dieu, et d'un seul mal, son contraire.

Les arguments scripturaires mis à part, l'auteur s'occupe aussi dans *Div.* de toute une série d'objections qu'on peut appeler, faute de mieux, « pragmatiques ». Cette série se divise en deux groupes.

Le premier groupe est celui des richesses ; selon l'argumentation de ses adversaires imaginaires ou réels, elles sont nécessaires pour les raisons suivantes :

I. « D'où me viendront les aliments de la vie, si je méprise tous mes biens[75] ? »

II. « Mais il est honteux que celui-là même qui avait l'habitude de donner aux autres ait à recevoir quelque chose des autres[76]. »

III. « Mais il est meilleur pour moi de vivre de mes propres biens, que d'espérer recevoir quelque chose d'un autre[77]. »

IV. « Mais j'ai des enfants pour lesquels je veux conserver tous mes biens[78]. »

---

74. *Div.* 18, *PLS* 1, 1407-1411.
75. *Div.* 13, *PLS* 1, 1402 *sq.*
76. *Div.* 14, *PLS* 1, 1403.
77. *Div.* 15, 1, *PLS* 1, 1403 *sq.* Cf. *Hon.* 4, 1-3, *PLS* 1, 1691 *sq.*
78. *Div.* 20, 2, *PLS* 1, 1416.

Ce sont les arguments des aristocrates qui sont accoutumés à leur train de vie et se vantent de vivre en autarcie, de sauvegarder leur fortune, de jouer au patron généreux. D'emblée, notre auteur confronte cet idéal aristocratique et l'exemple du Christ. Ceux qui suivent le Christ ne doivent pas se vanter des honneurs, des richesses, des beaux vêtements, d'appartenir à la noblesse de ce monde[79]. Ils ne doivent pas non plus avoir honte de l'humilité et de la pauvreté, d'une naissance obscure, du mépris et des injures. Les biens de la vie d'ici-bas doivent être comparés aux biens infiniment plus grands du royaume de Dieu. Contre les arguments de son adversaire, qui défend la vie traditionnelle des aristocrates et les attitudes qui l'accompagnent, notre auteur insiste sur la révolution des valeurs effectuée par le christianisme.

Tandis que le premier groupe des objections « pragmatiques » manifeste les valeurs traditionnelles de l'aristocratie romaine, le deuxième groupe comprend des arguments spécifiquement chrétiens :

I. « Quand je serai pauvre, grâce à quoi pourrai-je faire l'aumône[80] ? »

II. « Qui fera les œuvres de la miséricorde, si tous, en méprisant leurs biens, s'efforcent de s'élever au degré de la perfection[81] ? »

III. « Pourquoi ne puis-je pas accomplir tous les préceptes du Christ avec mes richesses[82] ? »

Ces questions formulent les objections de la charité chrétienne qui entend utiliser les richesses pour subvenir aux pauvres et pour accomplir ainsi les commandements du Christ. L'auteur récuse cet argument. Comme nous l'avons vu, les pélagiens siciliens dont Hilaire de Syracuse relate les propos avaient eux aussi nié que la charité des riches chrétiens pût les aider dans leur quête du salut. Autant que je sache, Pélage ne formule dans aucun passage une telle critique. On doit donc constater à nouveau que la position de notre auteur est plus proche de celle des pélagiens siciliens que de celle de Pélage lui-même.

---

79. *Div.* 14, *PLS* 1, 1403.
80. *Div.* 12, 4, *PLS* 1, 1401.
81. *Div.* 12, 5, *PLS* 1, 1401.
82. *Div.* 19, 2, *PLS* 1, 1412.

Particulièrement intéressante est la réponse de l'auteur à la deuxième question : est-ce qu'il est vraiment possible, ou même souhaitable, que tous les membres de l'Église parviennent à la perfection ? L'Église n'a-t-elle pas besoin de membres moins parfaits ?

D'après l'auteur, l'Église consiste en deux peuples (*populi*) qui confessent le même Christ Seigneur : les catéchumènes et les baptisés. Mais ces deux peuples se pressent vers un seul peuple (*ad unum tamen ambo festinant*). De même, il y a dans l'Église ceux qui ont les moyens de faire les œuvres de miséricorde, et ceux qui sont parfaits et pauvres : ceux qui se sont élevés au degré de la piété (*gradus pietatis*) doivent pourtant s'efforcer de monter au sommet (*culmen*) de la perfection. L'auteur cite en exemple les écoles de rhéteurs dans lesquelles il y a divers degrés. Pour autant, tous s'efforcent d'atteindre le degré le plus élevé. Selon l'auteur, il y aura toujours des riches pour suppléer les positions vacantes dans l'Église[83].

Par ces remarques, l'auteur esquisse sa propre solution au problème de la diversité au sein même de l'Église, et de la coexistence de formes et de conceptions différentes de la vie chrétienne : cette diversité n'est tolérable qu'à la condition que tous les chrétiens se hâtent vers le même but. Ainsi, l'auteur ne prévoit une diversité que faute de mieux, et celle-ci reste provisoire.

Le rigorisme de notre auteur à l'égard de la richesse peut être comparé à la position tout à fait similaire qu'il formule à l'égard de la chasteté dans son traité *Cast.* Dans ce traité, l'auteur entre dans une discussion très détaillée de 1 Co 7 [84] : il faut se rappeler que c'est précisément sur ce chapitre traitant du mariage, de la continence et de l'incontinence que se trouve souvent fondée la distinction traditionnelle entre précepte et conseil, entre le bien et le meilleur, entre une vie sans péché et une vie parfaite[85]. Il est peu surprenant que notre auteur s'attaque tout particulièrement à la distinction entre précepte et conseil faite

83. *Div.* 12, 5, *PLS* 1, 1401 *sq.*

84. Voir S. Prete, « Lo scritto pelagiano "*De castitate*" *è* di Pelagio ? », *Aevum* 35 (1961), p. 315-322 ; G. Caruso, « L'esegesi di 1 Cor 7 nell'epistola pelagiana *De castitate* », *Augustinianum* 45 (2005), p. 467-499. Nous citons *Cast.* d'après l'édition de *PLS* 1.

85. Voir ci-dessus, p. 119 *sq.*

dans le verset de 1 Co 7, 25, « Pour ce qui est des vierges, je n'ai pas d'ordre du Seigneur (*praeceptum Domini*), mais je donne un avis (*consilium autem do*) en homme qui, par la miséricorde du Seigneur, est digne de confiance. » Après la citation de ce verset, l'auteur continue :

> Tu me dis donc : l'apôtre avoue ne pas avoir d'ordre du Seigneur concernant les vierges. Or, il atteste qu'il ne manque pas de conseil. Mais crois-tu vraiment que ce soit chose de peu d'importance que de rejeter le conseil de Dieu[86] ?

En effet, suggère l'auteur, le conseil de l'apôtre ne vient pas de son propre jugement, mais de l'esprit de Dieu. Il n'y a qu'un hérétique comme Jovinien (*Iovinianus quondam*) pour mettre en avant le verset de 1 Co 7, 25 dans l'idée de prouver que la chasteté est superflue (*superfluus*). Le conseil de l'apôtre est bon parce que c'est l'homme bon qui produit les choses bonnes à partir du bon trésor de son cœur. Mais l'écriture ne dit-elle pas (Tobie 4, 18) : « Ne méprise pas un bon conseil » ? Et l'auteur conclut :

> Il n'importe pas que quelque chose ne soit pas un précepte si cette chose est, par sa similarité, ramenée à un précepte[87].

La stratégie argumentative de l'auteur vise donc à *nier* la différence entre précepte et conseil, qui était pourtant si importante dans toute la méthode de Pélage.

L'auteur récuse aussi l'argument selon lequel, parce qu'il y a dans l'Église des dons divers, les conseils de la perfection ne s'adressent pas à la majorité des chrétiens : selon lui, une telle interprétation rendrait vaines les exhortations de l'apôtre. La manière dont l'auteur soutient – tout en adoptant l'exégèse de Pélage lui-même[88] – que 1 Co 7, 7, « chacun reçoit de Dieu son don particulier, celui-ci d'une manière, celui-là d'une autre », se réfère au libre arbitre est très pertinente :

> Le don, c'est évidemment le don de sa propre volonté (*propriae scilicet voluntatis*), selon laquelle sont donnés à l'homme non seulement la condition d'être marié ou non, mais aussi le choix du bien et du mal, de la vie et de la mort,

86. *Cast.* 10, 7, *PLS* 1, 1483.
87. *Cast. ibid.*
88. Pélage, *In I Cor* 7, 7, éd. A. Souter, p. 162.

comme l'Écriture le dit : *Devant l'homme le bien et le mal, la vie et la mort : ce qui lui agrée lui est donné* [Si 15, 17][89].

Pour l'auteur, donc, le libre arbitre ne sert pas tant à devenir meilleur, à surpasser les chrétiens ordinaires, qu'à éviter le pire, le mal et la mort.

De même, l'auteur semble implicitement récuser l'éthique du comparatif en commentant 1 Co 7, 9, « Mieux vaut se marier que de brûler » :

Se marier est donc mieux parce que brûler est un mal. C'est un bien suspect qui est meilleur qu'une peine assez sévère[90].

Comme dans le cas des richesses, l'auteur n'en vient pas à déclarer que le mariage est un mal en soi. À l'instar de Pélage, l'auteur prône dans ses traités, ici et ailleurs, l'idéal de la « sainteté totale ». Ceux qui veulent acquérir la plus grande gloire du Nouveau Testament, doivent « vivre selon l'exemple du Christ et persévérer dans la chasteté (*integritatis perseverantia*)[91]. » Par référence à Jac 2, 10 (« Aurait-on observé la loi tout entière, si l'on commet un écart sur un seul point, c'est du tout qu'on devient justiciable »), l'auteur soutient qu'aucune personne transgressant ne serait-ce que l'un des plus petits préceptes ne peut atteindre le salut[92].

À en croire l'auteur, il serait non seulement plus facile de vivre selon l'exemple du Christ si l'on renonce à se marier, mais la sainteté totale ne serait vraisemblablement possible qu'à condition d'être continent : ceux qui sont entravés par les liens et les nécessités du mariage trouvent l'accomplissement des préceptes trop difficile. L'auteur modifie donc la position de Pélage : tandis que celui-ci souligne bien la différence entre *praeceptum* et *consilium*, entre une sainteté qui vaut l'accès au royaume de Dieu et une perfection qui vaut un rang élevé dans ce même royaume, notre auteur semble presque nier cette

89. *Cast.* 10, 5, *PLS* 1, 1483.
90. *Cast.* 10, 6, *PLS* 1, 1483.
91. *Cast.* 10, 8, *PLS* 1, 1484. Voir aussi *Cast.* 8, 2, *PLS* 1, 1477.
92. *Cast.* 10, 8, *PLS* 1, 1484; *Div.* 19, 2, *PLS* 1, 1412 *sq.*

différence. D'après lui, ceux qui ne peuvent pas suivre pleinement l'exemple du Christ manqueront tout probablement aussi le royaume de Dieu, la vie éternelle.

On peut aussi démontrer la différence subtile entre Pélage et l'auteur à propos de leur exégèse respective de 1 Co 7, 40, « Elle sera pourtant plus heureuse, à mon sens, si elle reste comme elle est. Et je pense bien, moi aussi, avoir l'Esprit de Dieu. ». Pélage glose le texte comme suit :

> Heureuse est la femme mariée si elle garde la justice ! Plus heureuse est la veuve parce qu'elle acquiert avec moins de peine une récompense plus grande ! La plus heureuse, c'est la vierge qui, sans aucune peine, peut parvenir à la récompense la plus grande[93] !

Pélage distingue donc des degrés de perfection, tout en concédant que le degré le plus bas, à savoir l'état de femme mariée, est quand même *beatus* s'il peut garder la justice. Les trois degrés ou états de vie diffèrent quant à la facilité de l'accomplissement des préceptes de Dieu. À la différence de Pélage, notre auteur se concentre sur la seconde partie du verset, « Et je pense bien, moi aussi, avoir l'Esprit de Dieu. » Pour lui, ce verset prouve que les conseils de Dieu émanent plus ou moins directement de Lui, qu'il n'y a, en effet, aucune différence réelle entre conseils et préceptes. Et il conclut son exégèse en remarquant :

> Heureux sommes-nous, que Dieu a jugés dignes de donner le conseil de la vie, mais malheureux sommes-nous si nous repoussons un tel conseiller[94] !

Aussi Pélage remarque-t-il à propos de 1 Co 7, 35, « Je dis cela pour votre propre utilité, non pour vous tendre un piège, mais pour vous porter à ce qui est digne... » :

> Pour qu'il ne semble pas qu'il leur impose une nécessité, l'apôtre dit qu'il les exhorte à ce qui leur est utile. En même temps, il faut remarquer que, si ce que l'apôtre conseillait leur était vraiment utile, alors ce qu'ils voulaient leur serait moins utile[95].

93. Pélage, *In Cor* 7, 40, éd. A. Souter, p. 170.
94. *Cast.* 10, 7, *PLS* 1, 1484.
95. Pélage, *In 1 Cor* 7.35, éd. A. Souter, p. 169.

Pour Pélage, donc, il s'agit ici d'une évaluation de possibilités : l'apôtre ne veut que conseiller, et non imposer une nécessité. Mais notre auteur observe à propos du même verset :

> Ô apôtre ! Ta justification n'est pas proposée sans attaquer le mariage ! Car si ce que tu dis est utile, était-ce donc inutile ce qu'ils souhaitaient ? Et si ce que tu dis est honorable, comment faut-il donc considérer ce qui semble s'opposer à ton enseignement[96] ?

Giovanni Caruso a mené une comparaison détaillée des exégèses respectives de Pélage et de notre auteur sur 1 Co 7. Il constate qu'il y a plusieurs recoupements et concordances : il semble que notre auteur ait étudié attentivement le commentaire de Pélage. Mais il y a aussi des divergences importantes : somme toute, Pélage propose une vue moins dénigrante et plus nuancée du mariage que ne le fait notre auteur[97].

Une dernière remarque : le rigorisme plus accentué de l'auteur se révèle aussi dans un tout petit détail : au chapitre 18, il s'occupe de l'exégèse de Mt 19, 24 (« Il est plus facile à un chameau de passer par le trou d'une aiguille qu'à un riche d'entrer dans le Royaume des Cieux »). L'auteur essaie de réfuter une interprétation allégorique, selon laquelle le chameau signifie certains groupes d'hommes, comme les païens. Mais l'adversaire fictif insiste : « Pourquoi donc le Seigneur lui-même compare-t-il les hommes avec des animaux, comme par exemple les Cananéens avec des chiens, ou Hérode avec un renard ? » Et l'auteur répond :

> Ces comparaisons ne se réfèrent pas à l'extérieur du corps, mais plutôt à la ressemblance des caractères qui, même chez les animaux, ne sont pas formés sans que le libre arbitre ait dirigé d'une manière quelconque les mouvements naturels (*qui nec ipsis animalibus absque aliquo naturalis motus gubernantur arbitrio*)[98].

96. *Cast.* 10, 13, *PLS* 1, 1488.
97. G. Caruso, « L'esegesi di 1 Cor 7 nell'epistola pelagiana *De castitate* », *Augustinianum* 45 (2005), p. 467-499.
98. *Div.* 18, 7, *PLS* 1, 1410. Voir aussi *Cast.* 2, *PLS* 1, 1465, où l'auteur parle d'un *mentis motus* qui pourrait violer la chasteté.

Dans cette remarque, nous rencontrons de nouveau la théorie des premiers mouvements. L'auteur étend cette théorie aux animaux : eux aussi, affirme-t-il, ont une sorte de libre arbitre qui contrôle les mouvements naturels. Cette affirmation dépasse de beaucoup la théorie stoïcienne des premiers mouvements : pour les Stoïciens, il est impossible d'attribuer aucune rationalité aux animaux[99].

Bref, si l'on compare *Div.* aux dires de Pélage lui-même, on peut certes constater un durcissement des positions : tandis que Pélage énonce une morale du comparatif, une morale du bien et du meilleur et du progrès infini vers le bien, l'auteur est plus enclin à une morale pour ainsi dire « binaire », une morale du bien et du mal. Les richesses, certes, ne sont pas un mal en soi, mais presque. Par conséquent, l'auteur ne cherche pas à reconnaître la morale standard des aristocrates chrétiens comme la base d'une morale plus exigeante. Pour lui, il n'y a aucune continuité évidente entre les valeurs aristocratiques (soit chrétiennes, soit païennes) et les valeurs de l'ascèse chrétienne. Il y a plutôt opposition, discontinuité, un pour et un contre. Le christianisme, ce ne sont pas les valeurs aristocratiques spiritualisées mais plutôt l'abrogation totale de ces valeurs. L'humilité de l'adepte du Christ ne cadre point avec l'orgueil et l'arrogance des sénateurs, juges et grands propriétaires. Il y a des passages où l'auteur semble même subtilement corriger les positions de Pélage.

Le traité *Sur les mauvais docteurs* (*Mal.*)[100]

Le deuxième écrit du Corpus Caspari à présenter ici est le *De malis doctoribus* (*Mal;* « Sur les mauvais docteurs »). Il s'agit d'une lettre-traité assez longue, adressée à une personne anonyme. Flavio Nuvolone, dans son article du *Dictionnaire de Spiritualité* désigne *Mal.* comme « une lettre circulaire à l'intérieur du mouvement[101] » ; je ne sais pas sur quel passage de l'écrit se fonde cette affirmation. Le prologue ne nous informe guère sur le destinataire. Il

99. R. Sorabji, *Emotion and Peace of Mind*, p. 125-126.

100. Selon le codex Vaticanus 3834 le titre complet est *De malis doctoribus et operibus fidei et de iudicio futuro.* Nous utilisons le texte de *PLS* 1, 1418-1457.

101. *Dictionnaire de Spiritualité*, t. 12/2, col. 2916.

se limite à évoquer le désir de celui-ci de se remplir des paroles de l'Écriture Sainte, soit de vive voix, soit par des écrits. Peut-être ne s'agit-il que d'un lieu commun, et qu'aucun destinataire réel n'est envisagé. Dans *Mal.*, l'auteur s'attaque à une position défendant une définition minimale du christianisme. Tout comme dans *Div.* et dans *Cast.*, la réfutation de l'auteur semble tout à fait exhaustive : tous les arguments et objections possibles, qu'ils soient scripturaires ou d'un caractère plus général, semblent être considérés.

Structure et composition du Mal :

1. Prologue (1, 1-2, 2)

2. *Narratio* : La maladie spirituelle causée par les maîtres mauvais (3, 1-5, 4)

3. *Propositio* : La foi, l'obéissance et la justice sont inséparables (5, 5)

4. *Argumentatio*

Probatio : Si 32, 24; 1 Jn 3, 6 ; Jac 2, 18 sqq.; 2 P 1, 5-7 (6, 1-3).

Objection : Si la foi sans les œuvres est inutile, pourquoi Dieu dit-il à travers le prophète : *Mais le juste vivra par sa foi* (Hab 2, 4) ?

Réfutation : Le juste ne fait pas les œuvres de l'injustice (7, 1-2).

Objection : Il faut distinguer entre l'admission au royaume de Dieu et la vie pour les pécheurs (Ga 5, 21).

Réfutation : Il n'y a que l'enfer ou le royaume de Dieu, il n'y a pas de troisième endroit. Dans le royaume de Dieu, il y aura pourtant des récompenses différentes : Za 12, 8; 1 Co 15, 41; 2 Co 9, 6; Dan 12, 3; Mt 25, 31 sqq.; Dan 12, 1.2 (8, 1-3)

Objection : Seuls les infidèles, c'est-à-dire les idolâtres ou les incroyants, périront.

Réfutation : Mais selon l'Écriture, ce sont aussi les pécheurs qui périront : Si 15, 1 ; Is 13, 9 ; Ps 11, 6 ; Ps 34, 21 ; Ps 37, 10 ; Ps 37, 20 ; Ps 140, 11 (9, 1).

Objection : Les pécheurs dont parle l'Écriture sont les infidèles (c'est-à-dire les incroyants et les idolâtres).

Réfutation : Amos 9, 10 ; Ps 145, 20 ; Ga 3, 10 (9, 2).

Digression : La justice demandée par le Christ surpasse celle demandée par la loi de l'Ancien Testament (10, 1-4)

Objection : Notre justice doit surpasser celle des scribes et des Pharisiens, non celle de la loi de l'Ancien Testament

Réfutation : Mt 5, 17 ; Is 5, 20 ; Mt 5, 21.22 (10, 2-4)

Digression : La justice défectueuse et l'hypocrisie de beaucoup de chrétiens, et leurs mobiles (11, 1-4).

Probatio : L'Écriture (Nouveau et Ancien Testaments) condamne même la moindre infraction aux préceptes de Dieu : Mt 12, 36 ; Mt 5, 22 ; 1 Jn 3, 14.15, etc. (12, 1-2).

Exemples de personnages vétérotestamentaires que Dieu a punis pour des infractions à sa Loi (13, 1-2)

Objection : On commet des péchés qui, d'après le jugement des hommes, ne sont pas si graves (mentir, jurer, rendre le mal par le mal, etc.).

Réfutation :

I. Toute transgression, même la plus petite, porte atteinte à l'autorité de celui qui a donné le commandement.

II. La « discipline de la justice » (*disciplina iustitiae*) est plus exigeante après l'arrivée du Christ et la peine prévue est plus sévère : He 10, 28-31 ; 12, 25 ; Mt 25, 41 : le feu éternel (14, 1-5).

Objection : Le feu est éternel, non la peine.

Réfutation : Mt 25, 46 ; Mc 9, 43.48 (15).

Objection : Les propos regardant les châtiments éternels sont formulés pour inspirer de la terreur. Il ne faut pas croire que les châtiments soient réels.

Réfutation : Les propos de Dieu sont vrais; l'objection est, en effet, une invention du diable (16, 1-7).

Objection : Cette doctrine est trop dure et trop difficile et irrite l'esprit de beaucoup de gens et les rend désespérés.

Réfutation : Les vrais chrétiens doivent dire la vérité (17).

Probatio : Les témoins de la vérité confirment la vérité de la *propositio* : ils accusent les faux chrétiens et les mauvais maîtres au jugement dernier (18, 1).

I. Fils de Dieu (18, 2-3).
II. Pierre (19)
III. Paul (20).
IV. Jean (21)
V. Jacques (22)

Peroratio

Appel aux émotions I (23, 1-2) : au jugement dernier, les pécheurs voient la récompense des justes et le châtiment des pécheurs.

Recapitulatio (24, 1)

Appel aux émotions II (24, 2-3) : même si les châtiments ne sont pas réels, au jugement dernier les pécheurs seront punis par les tortures de leur propre conscience.

Exhortation finale (25).

Quant au genre littéraire, *Mal.* ne diffère point de *Div.* La composition de *Mal.* s'avère tout à fait parallèle à celle de *Div.* : dans l'un comme dans l'autre écrit, l'argumentation procède par des *probationes* et des *refutationes* des objections de l'adversaire. Dans l'un et l'autre, l'exégèse, c'est-à-dire la discussion parfois très détaillée de certains passages clés de l'Écriture, joue un rôle assez important. Chacun des deux traités se conclut par une évocation du jugement dernier.

Mal. s'attaque aux mauvais maîtres, aux *mali doctores*. Les *mali doctores*, ce sont apparemment des directeurs de conscience. Ils jouent le rôle de thérapeutes des âmes; ils analysent et guérissent les causes des maladies de l'âme (2, 1). Or, il faut se rappeler que la philosophie pratique de l'antiquité se comprend principalement comme « thérapie de l'âme ». Comme Pélage lui-même, notre auteur croit que des idées, des conceptions et des argumentations fausses peuvent affaiblir l'âme et bloquer son progrès (*profectus*) vers le but. Selon l'auteur, c'est le rôle du directeur de conscience que de combattre et de corriger de telles idées. A. J. Voelke a consacré un recueil d'articles à « La philosophie comme thérapie de l'âme[102] ». Il montre, par exemple, que la thérapie de l'âme chez les Épicuriens consiste principalement dans la réfutation des opinions fausses qui troublent l'âme. *Div.* tout comme *Mal.* s'occupent précisément de cette lutte mentale contre les propositions erronées. La thérapie de l'âme, c'est donc une sorte de lavage du cerveau qui doit être vidé de toutes les opinions qui font obstacle au progrès spirituel.

L'auteur accuse les *mali doctores* sur plusieurs points (2, 1). Leur doctrine n'aide pas les âmes à progresser (*nullus animae profectus adquiritur*) ; de plus, ils ne connaissent pas les vraies causes des diverses maladies spirituelles. Parce qu'ils convoitent la gloire et les applaudissements, ils accommodent leurs exhortations aux mœurs de leur audience. Avant tout, ils promettent le royaume à la foi toute simple, à la foi qui n'est point accompagnée des bonnes œuvres (5, 4). D'après eux, seule l'idolâtrie serait irrémédiable (5, 3).

Mais pourquoi l'auteur se croit-il plus avisé que les mauvais docteurs? Son expertise se base sur sa propre expérience, affirme-t-il : il a souffert les mêmes maladies que ceux qui le consultent. Ces remarques pourraient indiquer la condition laïque de l'auteur.

La cible principale de la critique de notre auteur, c'est donc la supposition que le christianisme se limite à l'abandon des dieux païens et à la foi dans le Dieu chrétien. Les adversaires de l'auteur prônent, de son point de vue, une définition minimale du christianisme. Ce sont des chrétiens qui se vantent de leur foi chrétienne, mais n'acceptent pas que cette dernière doive aller de pair avec la justice, c'est-à-dire avec la sainteté totale demandée par l'auteur.

102. Fribourg 1993.

S'agit-il d'adversaires fictifs et d'une position inventée par l'auteur ? Pourtant, il est bel et bien possible que l'auteur s'attaque ici à une position chrétienne qui avait vraiment des adhérents dans son milieu, à savoir la haute aristocratie romaine[103]. À ce propos, il faut se rappeler qu'en 413, dans son traité *De fide et operibus*, Augustin réfute l'opinion de certains laïcs qui (en faisant référence à 1 Co 3, 10) soutiennent que la foi en Christ, acquise par le baptême, suffit pour atteindre le salut. La foi, croient-ils, est efficace quoiqu'elle manque des bonnes œuvres : à la fin, elle sera purifiée par le feu[104].

Les correspondants d'Augustin en 413, tout comme les adversaires de notre auteur, sont des chrétiens qui, semble-t-il, ont pleinement et par conviction renoncé à leur passé païen. Peut-être s'agit-il même de chrétiens de la seconde ou troisième génération. Nulle part notre auteur ne les accuse d'un quelconque « semi-christianisme », comme s'ils n'avaient renoncé qu'imparfaitement aux institutions et coutumes païennes. Pour eux, le paganisme ne semble plus constituer un problème ou une tentation.

Or, ces chrétiens refusent, selon l'auteur, d'accomplir la conversion totale de leur vie, ils ne sont pas préparés à remplacer leurs habitudes corrompues par des habitudes nouvelles (4, 2)[105] : au fond, l'auteur prône l'anthropologie et la méthode d'instruction de Pélage, qui tourne autour de la substitution d'une *consuetudo* par une autre.

Est-il possible que l'auteur s'attaque à la position d'Augustin lui-même ? Dans *Mal.* 7, 1 l'adversaire fictif cite Hab 2, 4 (« Mon juste vivra par la foi ») pour défendre la position qui est la sienne, selon laquelle la vie éternelle peut être donnée aux croyants en raison de leur seule foi.

---

103. Voir Alan Cameron, *The Last Pagans of Rome*, Oxford 2011, p. 176 *sq.* qui propose cinq catégories d'affiliation religieuse – chrétiens convaincus/rigoristes, chrétiens moyens (*center Christians*), païens moyens, païens convaincus, et un groupe très large qui n'est ni chrétien ni païen. Selon Cameron, durant la période de 340 à 430, les trois quarts du groupe des païens moyens passèrent dans le groupe des chrétiens moyens. Notre auteur est probablement un rigoriste qui s'attaque aux chrétiens moyens et à ceux qui leur concèdent une place au sein de l'Église.
104. Augustin, *De fide et operibus* 1, *PL* 40, 197-198.
105. *PLS* 1, 1422.

Dans un passage fameux de son *Contra duas epistolas Pelagianorum*, Augustin explique que le chrétien orthodoxe observant tous les commandements, sans toutefois monter au sommet de la perfection, régnera avec Christ à cause de sa foi[106]. Or, à la différence de l'adversaire fictif de notre auteur, Augustin n'excuse point la négligence des préceptes de Dieu ; il fait seulement valoir que l'observation des conseils évangéliques n'est point une condition d'admission dans le royaume de Dieu. De plus, comme évêque, Augustin se soucie de l'orthodoxie des croyants : la foi toute simple ne suffit pas, il faut partager la foi orthodoxe. Pour l'auteur du *Corpus Caspari*, à l'inverse, les impies, ce sont bien les païens ou les incroyants, mais non pas les hérétiques – une indication supplémentaire de sa qualité de laïc.

Mal. se focalise sur l'eschatologie. On peut détecter les traces de deux débats contemporains. Au chapitre 8, l'auteur se heurte à une objection, qui veut distinguer entre « le royaume » et « la vie éternelle » et qui semble donc prévoir la possibilité pour certains pécheurs de gagner la vie éternelle sans pour autant gagner l'accès au royaume de Dieu.

Il est remarquable que, dans ce contexte, l'auteur n'évoque point le problème du baptême des enfants. Or, aux dires d'Augustin, des disciples anonymes de Pélage soutiennent que les enfants morts sans être baptisés recevront – s'ils sont sans péché – la vie éternelle sans entrer dans le royaume de Dieu[107]. Augustin discute cette thèse non seulement dans son *De meritis peccatorum et remissione* (411), mais aussi dans son sermon 294, prêché à Carthage le 27 juin 413. D'après Augustin, il n'y a pas de lieu moyen entre le royaume de Dieu et l'enfer, entre la béatitude et le feu éternel. Or, ni Pélage ni Céleste ne semblent avoir enseigné cette distinction. Un chercheur moderne, F. Refoulé, a même suggéré de considérer la distinction comme une conclusion abusive tirée par

106. Augustin, *Contra duas epistolas Pelagianorum* 3, 5, 14, *BA* 23, p. 500-507 ; J. M. Salamito, *Les virtuoses et la multitude*, p. 246 *sq.*
107. Voir Augustin, *De peccatorum meritis et remissione* 1, 26, *CSEL* 60, p. 25 *sq.* Voir aussi 1, 15 ; 1, 30 ; 1, 58 etc. ; O. Wermelinger, *Rom und Pelagius*, p. 177.

Augustin lui-même[108]. Mais cette suggestion me semble peu probable : la distinction se trouve bel et bien dans les propos des pélagiens de Sicile rapportés par Hilaire de Syracuse. En outre, elle est reprise dans l'acte d'accusation du synode de Diospolis (415). Le troisième canon du concile de Carthage du 1er mai 418 condamne de nouveau l'opinion selon laquelle Jean 3, 5 (« En vérité, en vérité, je te le dis, à moins de naître d'eau et d'Esprit, nul ne peut entrer dans le royaume de Dieu ») ou Jean 14, 2 (« Dans la maison de mon père, il y a de nombreuses demeures ») indiqueraient un endroit médian, ou un lieu autre où pourraient exister les enfants morts avant leur baptême. Augustin, prenant pour cible en 419 la thèse de Vincentius Victor selon laquelle Jn 14, 2 promettrait le salut en dehors du baptême, cite le canon 3 du synode de Carthage. Ce canon est d'ailleurs omis dans certaines collections des canons. Il est possible que notre auteur soit bien conscient de tout ce débat et du canon contesté du concile de Carthage[109].

Notre auteur, tout en rejetant la distinction entre royaume de Dieu et vie éternelle, accepte pourtant que, dans le royaume, les justes recevront des récompenses proportionnelles à leurs mérites (il cite à ce propos Za 12, 8 ; 1 Co 15, 41 ; 2 Co 9, 6) et que les pécheurs seront châtiés selon leurs péchés. En cela, il ne fait qu'adopter la position de Pélage, qui remarque à propos de 1 Co 15, 41 (« Une étoile même diffère en éclat d'une autre étoile ») :

> Il compare la différence entre les étoiles à la diversité parmi les justes : ils sont rendus divers, quant à leur gloire, par les degrés divers de leur vertu, non par les péchés : car ce n'est pas dans le ciel, mais dans la peine, qu'il y aura une diversité des péchés[110].

Cette exégèse est dirigée contre l'égalitarisme sotériologique de Jovinien. À propos de 2 Co 9, 6 (« Songez-y : qui sème chichement moissonnera aussi chichement… »), Pélage écrit :

---

108. F. Refoulé, « La distinction "Royaume de Dieu – Vie éternelle" est-elle pélagienne ? », *Revue des sciences religieuses* 51 (1963), p. 247-254.
109. O. Wermelinger, *Rom und Pelagius*, p. 176-179 (références).
110. Pélage, *In 1 Cor* 15, 41, éd. A. Souter, p. 223. Voir, dans le même sens, *Div. leg.* 7, 2 ; *Cast.* 8, 2, *PLS* 1, 1476 *sq.* ; C. P. Caspari, *Briefe*, p. 283.

Il [c'est-à-dire l'apôtre] fait cette remarque contre Jovinien lorsqu'il montre qu'il y a des degrés de mérites[111].

Or, notre auteur, c'est tout à fait clair, ne met pas l'accent sur cette différenciation des récompenses et des châtiments : ce qui compte pour lui, c'est l'alternative dramatique de deux lieux (le ciel, l'enfer), et donc de deux fins possibles de la vie humaine.

Une bonne partie du traité *Mal.* (c. 15 ; 16 ; 23) s'occupe des châtiments des pécheurs dans l'au-delà, et plus particulièrement de la réalité ou non du feu éternel pour la punition des pécheurs. De nouveau, il faut lire ces passages comme une prise de position réfléchie au sein d'un débat contemporain.

Dans ce contexte, l'auteur discute deux objections :

I. « le feu est éternel, non pas la peine » (15, 1) ;

II. « les propos regardant les châtiments éternels sont formulés pour inspirer de la terreur. Il ne faut pas croire que les châtiments soient réels » (16, 1).

Ces deux objections doivent être complétées par la proposition énoncée en 24, 2 selon laquelle, si les châtiments ne sont pas réels, on peut s'imaginer qu'au jugement dernier, quand les péchés de tous seront révélés à tous, le coupable sera puni, c'est-à-dire terrorisé par sa mauvaise conscience.

Quant à sa substance théologique, la discussion sur l'enfer, le feu éternel et les châtiments dans l'au-delà est largement inspirée par la discussion que Origène consacre à ce sujet dans divers passages de ses œuvres. Origène examine si le pécheur est puni par un feu matériel ou spirituel, et si le feu est une punition temporelle pour purifier l'âme du pécheur, ou s'il s'agit bien d'un feu éternel et donc d'un châtiment irrémédiable pour un délinquant qui a définitivement raté sa chance d'être sauvé.

Origène discute des diverses possibilités et évite de formuler des solutions définitives. Dans certains passages, il semble affirmer la réalité des peines éternelles et soutient que ceux qui sont condamnés à souffrir dans le feu

111. Pélage, *In 2 Cor* 9, 6, éd. A. Souter, p. 281.

éternel (qui est invisible) sont les associés du diable[112]. Dans d'autres passages, Origène semble modifier la vue réaliste des peines éternelles. D'une part, il discute de l'éternité de peines : l'Écriture semble indiquer, dit-il, que le feu éternel est pour les anges et le diable[113]. D'autre part, Origène considère la possibilité que, dans certains passages scripturaires (par exemple, Is 66, 24 ou 47, 14), le feu éternel désigne la pénitence intérieure d'une conscience troublée[114]. « Dieu ne crée pas les peines, c'est nous-mêmes qui nous préparons ce que nous souffrons[115] ». D'après Origène, le pécheur est comme enfermé dans la mémoire de ses crimes et péchés. Tout comme dans le corps l'abondance et la mauvaise qualité des nourritures engendrent des fièvres, les péchés allument dans l'âme le feu personnel de chaque pécheur. « Ensuite, son esprit lui-même (ou sa conscience) se rappelle, grâce à la puissance divine, toutes les actions dont il avait imprimé en lui les empreintes et les formes lorsqu'il péchait, et il verra exposé devant ses yeux l'histoire de chacun des crimes qu'il a accomplis... » (*omnia in memoriam recipiens quorum in semet ipsa signa quaedam ac formas, cum peccaret, expresserat, et singulorum... historiam quandam scelerum suorum ante oculos videbit expositam*)[116]. Pour Origène, toute punition venant de Dieu entend corriger et guérir le pécheur : les punitions divines sont donc principalement éducatives et médicinales. Ainsi, Origène lutte contre la critique marcionite et gnostique d'après laquelle le Dieu qui punit est

---

112. Origène, *hom. in Lev.* 3, 4, éd. et trad. M. Borret, *SC* 286, p. 142-143; *comm. Ser. Matth.* 72, éd. E. Klostermann, *GCS*, p. 171-172; voir B. E. Daley, *The Hope of the Early Church. A Handbook of Patristic Eschatology*, Cambridge 1991, p. 56.
113. Origène, *hom. in Jos.* 14, 2, éd. et trad. A. Jaubert, *SC* 71, p. 328-329; B. E. Daley, *The Hope of the Early Church*, p. 57.
114. Voir Origène, *Princ.* 2, 10, 4-6, éd. et trad. H. Crouzel – M. Simonetti, SC 252, p. 382-391; Jérôme, *ep.* 124, 7, éd. et trad. J. Labourt, *Lettres* VII, p. 102-103.; *Contra Rufinum* 2, 7, *PL* 23, 449; B. E. Daley, *The Hope of the Early Church*, p. 56; H. Crouzel, « L'Hadès et la Géhenne selon Origène », *Gregorianum* 59 (1978), p. 291-331 (= *Id.*, *Les fins dernières selon Origène*, Londres 1990, Nr. X).
115. Origène, *hom. in Ez.*3, 7, M. Borret (trad.), SC 352, p. 141; B. A. Daley, *ibid.*
116. Origène, *Princ.* 2, 10, 4, trad. M. Harl, *Origène. Traité des Principes*, Paris 1976, p. 137; B. A. Daley, *ibid.*

un Dieu cruel et vengeur qui ne mérite point d'être considéré comme le vrai Dieu[117].

En conclusion, on peut dire que les deux objections présentées dans la seconde partie de *Mal.* sont formulées précisément dans le cadre de la discussion établie par Origène. Et, comme nous le verrons, tout comme Origène notre auteur renonce à une prise de position définitive.

Dans la controverse origéniste de la fin du IVe siècle, l'eschatologie, le feu éternel et la question de savoir si, oui ou non, le diable peut être sauvé deviennent à nouveau sujets de controverse. Jérôme traite du feu éternel et du sort du diable dans sa polémique contre Rufin[118]. Pélage déclare dans un chapitre de ses *Extraits* :

> Au jour du jugement, les injustes et les pécheurs ne devront pas être épargnés, mais ils devront brûler dans les feux éternels.

Comme preuve scripturaire, Pélage allègue Ps 103, 35 (« que les pécheurs disparaissent de la terre, les impies, qu'il n'en soit jamais plus ») et Is 33, 14 (« les impies tout comme les pécheurs brûleront, et ceux qui abandonnent Dieu seront consumés »)[119].

Jérôme discute cette proposition de Pélage dans son *Dialogue contre les Pélagiens* 1, 28[120]. Jérôme propose de distinguer entre les pécheurs et les impies : ceux-là disparaîtront de la terre, c'est-à-dire qu'ils renonceront à pécher et cesseront donc d'exister en qualité de pécheurs. Ceux-ci, à savoir ceux qui ignorent Dieu, comme c'est le cas des hérétiques, seront condamnés au feu éternel s'ils ne se convertissent pas. La punition des pécheurs n'est pas éternelle, elle entend guérir les pécheurs, non pas les détruire.

La distinction entre les impies et les pécheurs se trouve aussi dans le *carmen* VII de Paulin de Nole. À la fin du monde, les impies (*impii*), c'est-à-dire ceux qui ne sont pas

---

117. B. E. DALEY, *The Hope of the Early Church*, p. 57.
118. Jérôme, *Contra Rufinum* 2, 7, *PL* 23, p. 449.
119. Augustin, *De gestis Pelagii* 9-10, *CSEL* 42, p. 60 *sq.*; Jérôme, *Dialogue contre les Pélagiens* 1, 28. Voir aussi Pélage, *In 2 Cor* 11, 3, éd. A. SOUTER, p. 289 *sq*, où l'interprétation littérale de la géhenne et l'éternité des punitions sont défendues.
120. *PL* 23, 544. Voir aussi Orose, *Liber apologeticus* 16, *CSEL* 5, p. 627.

baptisés, ne seront ressuscités que pour être punis; ils ne seront même pas admis à l'interrogatoire et au jugement, parce qu'il sera évident qu'ils ont préféré la mort au salut. Or, les pécheurs baptisés seront ressuscités et jugés et, à travers le feu punitif, sauvés. Avec quelques brûlures sur leur corps, ils auront la vie, mais non la gloire[121].

Le chapitre de Pélage figure aussi dans l'acte d'accusation du synode de Diospolis. Augustin remarque à propos de la réaction du synode :

> Cette proposition avait tant ému nos frères qu'ils estimèrent la lui reprocher au sens où tous les pécheurs devraient subir un éternel supplice, sans même excepter ceux qui ont le Christ pour principe...

Les évêques à Diospolis semblent donc partager le point de vue de Jérôme. Et Augustin continue :

> Toutefois, comme Pélage avait répondu qu'il « avait parlé selon l'Évangile, où il est dit à propos des pécheurs (Mt 25, 46) : *Ils iront au supplice éternel, mais les justes entreront dans la vie éternelle* », cette sentence de l'Évangile et du Seigneur ne pouvait en aucun point déplaire à des juges chrétiens, ignorant ce qui, dans les paroles extraites du livre de Pélage, avait pu émouvoir nos frères, habitués qu'ils étaient d'entendre ses conférences ou celles de ses disciples[122]...

Augustin critique Pélage pour avoir négligé de distinguer entre « ceux des pécheurs qui doivent être sauvés par le feu » (1 Co 3, 14) et ceux « qui auront à endurer un éternel supplice[123] ». Et il ajoute en citant les actes du synode :

> Or, Pélage a ajouté : « Si quelqu'un partage une croyance différente, c'est un Origéniste » *(et si quis aliter credit, Origenista est)*, qualificatif que les juges ont admis, puisque, en vérité, c'est cela que l'Église réprouve très justement chez Origène, à savoir que, même ceux qui, au dire du Seigneur, devront endurer un éternel supplice et le diable lui-même

---

121. Paulin de Nole, *Carmen* VII, 20-51, *CSEL* 30, p. 19-20. La distinction entre la vie et la gloire rappelle celle entre la vie et le royaume que notre auteur rejette.
122. Augustin, *De gestis Pelagii* 3, 9, *CSEL* 42, p. 60; *BA* 21, p. 451 *sq.* (trad.).
123. Augustin, *ibid.*, *BA* 21, p. 451 *sq.* (trad.).

et ses anges seront, après un temps aussi long qu'on voudra, purifiés et délivrés de leurs peines et réunis aux saints qui règnent avec Dieu dans une communion de béatitude[124].

Pélage, donc, tout en ayant pris ses distances avec l'eschatologie d'Origène au moment opportun, semble assez peu concerné par le sort des pécheurs condamnés. Augustin, à l'inverse, s'avère un véritable théoricien de l'enfer et des châtiments divins : dans le livre XXI de la *Cité de Dieu*, il disserte sur les questions soulevées par Origène, et sur d'autres problèmes comme ceux-ci : « Des corps peuvent-ils survivre dans le feu ? », « La douleur corporelle aboutira-t-elle inévitablement à la destruction du corps ? », « Qu'est-ce que la géhenne et la punition éternelle ? », « La justice demande-t-elle vraiment que le temps de la punition n'excède pas le temps des péchés ? », etc.

La curiosité intellectuelle d'Augustin, qui s'exerce à propos de tous les sujets imaginables, et donc aussi de ces questions, est assez loin des préoccupations de Pélage. Toute la méthode d'exhortation de Pélage se contente plutôt de relever les différents honneurs dans le royaume de Dieu : dans leur éternité, ils sont infiniment plus grands que les biens temporels qu'on peut acquérir dans notre vie d'ici-bas. Il est facile de comprendre pourquoi Pélage ne peut pas vraiment embrasser la proposition origénienne d'un feu temporel, médicinal et éducatif : une telle conception ne cadrait point avec sa méthode d'exhortation qui entend dépeindre le jugement dernier pour impressionner l'imagination de son auditoire chrétien et pour stimuler ses efforts dans la vie d'ici-bas.

À première vue, l'auteur de *Mal.* semble partager l'attitude pragmatique de Pélage à l'égard des châtiments : il réfute l'opinion selon laquelle ces châtiments ne seraient point réels mais seraient une fable convenue pour mieux motiver l'effort moral des gens. Il soutient qu'une fable convenue est moins efficace pour atteindre un tel but[125].

---

124. Augustin, *De gestis Pelagii* 3, 10, *CSEL* 42, p. 60 *sq.*, *BA* 21, p. 453 (trad.).

125. Cf. Jean Chrysostome, *In 1 Thess.* 8, 4, *PG* 62, 444-446 ; *Hom. in* Rm 25, 4-6, *PG* 60, 632-638; voir B. Daley, *The Hope of the Early Church*, p. 107.

À l'égard de la question fondamentale concernant la réalité ou non des châtiments de l'enfer, l'auteur partage pourtant l'ambivalence d'Origène.

Au chapitre 23, il suppose la réalité des châtiments : il évoque la psychologie des pécheurs au jour du jugement dernier, et met en relief leur inquiétude (*anxietas*), leur angoisse et leur tristesse quand ils doivent voir les justes recevoir les récompenses célestes, tandis qu'eux, pécheurs, sont jugés indignes de tels honneurs. Il évoque la douleur, la honte, l'envie des pécheurs qui voient les justes emmenés par les archanges et les anges dans le royaume de Dieu, tandis qu'eux, pécheurs, sont emportés par des sbires vers les peines de l'enfer (*et te a poenalibus ministris ad tartari rapi supplicia*). Au jour du jugement dernier, c'est l'avertissement de l'auteur, tout regret arrivera trop tard !

Mais l'auteur prend soin de compléter cette eschatologie réaliste par une deuxième version, en revenant sur le même sujet dans son tout dernier chapitre (24, 2). Ici, il semble prêt à accepter pour le moment l'hypothèse de l'inexistence du feu éternel et de sa proclamation à la seule fin d'effrayer les pécheurs. De nouveau, il essaie d'explorer la psychologie du pécheur au jour du jugement[126]. Or, il ne relève pas ici l'envie, à la vue de la récompense des justes, des pécheurs condamnés, mais plutôt leur honte et les tourments de leur conscience (*qualis eorum conscientiam afficit dolor*) quand leurs péchés sont mis au jour, en présence de Dieu, des puissances célestes, des martyrs et des saints. Ce jour-là, ceux qui tout au long de leur vie étaient réputés plus justes que d'autres, seront révélés dans toute leur injustice et leur peccaminosité. En même temps, remarque-t-il, ceux qui n'étaient jamais estimés et honorés durant leur vie seront moins tristes : ils ne pourront guère être déçus, parce qu'ils n'ont que peu ou pas d'espérance.

Il est significatif que l'auteur projette les tourments de la conscience dans l'avenir, dans la scène du jugement dernier. Pour Origène, par contraste, les tourments de la conscience subsistent et dans la vie présente, et dans la vie future.

---

126. Cf. Jean Chryostome, *Hom. in 2 Cor* 10, 3, *PG* 61, 469-470 ; *Hom. in* Rm 5, 6, *PG* 60, 429-430 ; *Ad Theod. Laps.* 1, 12 ; voir B. Daley, *The Hope of the Early Church*, p. 106 *sq.*

L'auteur ne se prononce pas clairement sur le sort de ces pécheurs qui sont punis par leur conscience au jour du jugement. Où s'en iront-ils ? Prévoit-il un salut universel à la façon d'Origène ? Aucun passage n'indique une telle solution. L'auteur se limite à faire valoir que, dans le cas où les peines éternelles ne seraient pas réelles, la honte et les tortures de la conscience des pécheurs, elles, seront bien éternelles (24, 3).

L'auteur met en relief, dans *Mal.* tout comme dans *Div.* (et dans *Cast.*), l'opposition entre les valeurs traditionnelles des aristocrates et une forme de vie proprement chrétienne. Ce ne sont pas seulement les richesses qui suscitent la critique de l'auteur (et d'autres moralistes de l'antiquité tardive), mais aussi et surtout le pouvoir, les attitudes et le comportement qui vont de pair avec une position sociale élevée. Car ces aristocrates ne sont pas seulement riches. Dans un passage grandiose, *Div.* évoque, plein d'indignation, le contraste entre, d'un côté, la hauteur, l'arrogance et la puissance des hommes riches et, de l'autre, l'humilité du Christ : ils siègent comme juges dans les tribunaux, alors que le Christ, lui, bien qu'innocent, a été jugé. Ils voient sans états d'âme que des hommes sont torturés, flagellés et tués en leur présence, et que les corps de ces infortunés ne sont ensuite même pas ensevelis. Le juge puissant et cruel, après avoir commis ces cruautés, se délasse parmi ses amis à la maison et, étendu et au repos sur des tapis empilés, divertit ses convives en racontant quel homme il aura le plaisir de laisser déchirer, et par quelle espèce de mort, devant tout le peuple (*Div.* 6, 2-4). Et, s'indigne l'auteur, c'est ce même juge cruel qui se justifie en disant qu'il n'obéit qu'aux lois et « qui, peu avant, s'est vanté de vivre selon la loi du Christ comme un disciple de l'Évangile ou, comme la rumeur l'avait rapporté, comme un argumentateur (*disputator*)[127]... »

Notre auteur semble donc afficher une vue totalement négative des privilèges, des rôles et des honneurs de l'aristocratie. Il aime mettre l'accent sur l'égalité fondamentale des hommes. Il ne peut pas comprendre qu'un juge chrétien supporte non seulement d'observer la torture d'un homme sans aucune émotion, mais donne même l'ordre

127. *Div.* 6, 2, *PLS* 1, 1386.

d'infliger la torture à quelqu'un qui est de la même nature que lui-même (*similis tibi natura, tibi aequalis natura*; *Div.* 6, 2). La même phrase, qui vient d'un stoïcisme sentimental, d'un stoïcisme de douceur, réapparaît dans *Mal.* c. 23, 2 : là, ce sont les pécheurs qui s'attristent au jugement dernier de ne pas être rémunérés du même bonheur (*beatitudo*) que les justes, qui sont pourtant de la même nature qu'eux-mêmes (*nostri similis natura*)[128].

La critique polémique ne s'arrête pas aux aristocrates chrétiens qui ne changent point leurs attitudes et leur train de vie traditionnel. Elle vise aussi des ascètes et des chrétiens comme lui-même, qui s'efforcent de vivre selon l'Évangile :

> Plusieurs de nos frères rejettent le mariage – que l'apôtre a pourtant permis aux chrétiens de contracter – et pourtant haïssent leurs frères, ce qui n'était pas même permis aux anciens. Ils renoncent à la viande, mais non pas à la malice. Nous ne buvons pas de vin, mais nous sommes enivrés par la fureur[129]...

Ici, l'auteur semble viser les ascètes chrétiens comme lui-même. Bien qu'il rejette les valeurs traditionnelles de l'aristocratie romaine, il semble constamment en appeler aux attitudes et à la psychologie sociale qui inculque et soutient ces valeurs. C'est bien la conclusion paradoxale à laquelle conduit une lecture attentive. À propos du jugement dernier, donc, l'auteur ne se présente pas tant comme un théoricien des châtiments divins mais comme un psychologue, voire un psychagogue. Il veut que son auditoire anticipe sur ses propres émotions au jour du jugement (c'est la version chrétienne de la *praemeditatio malorum*, un autre des exercices spirituels). Or, toute sa psychologie – cela dit de façon assez provisoire, car cela mériterait un commentaire détaillé – semble tourner autour des émotions de la honte (*confusio*), de l'envie et de l'orgueil. C'est une psychologie de l'honneur et de la honte (*honor and shame*), dans le cadre d'une concurrence intensive. Aussi les adversaires, les mauvais docteurs, sont-ils accusés de « convoiter la gloire » (*cupidi gloriae*)[130]. En

128. *PLS* 1, 1455.
129. *Mal.* 11, 1, *PLS* 1, 1434-1435.
130. *Mal.* 5, 1, *PLS* 1, 1422.

Mal. 11, l'auteur dépeint d'un ton moralisant une société chrétienne où la concurrence règne partout. Partout, se plaint l'auteur, il y a luttes, disputes et diffamations :

> Chacun cherche sa propre gloire, l'un désire être honoré davantage que l'autre! Aucun ne supporte qu'un autre soit déclaré supérieur à lui ou meilleur que lui. Chacun craint que de l'amour pour un autre ne résulte la haine de soi-même, chacun craint que les louanges dont son prochain est accablé ne soient une réprobation pour lui-même, et que tout ce qui est donné à son prochain ne lui soit dérobé[131].

Selon l'auteur, les chrétiens (aristocrates) de son temps sont voués à la compétition continue et sans relâche pour le capital social le plus important, à savoir leur réputation auprès de leurs pairs. Cette situation de concurrence totale se poursuit même au jugement dernier; mais alors, c'est l'espérance de l'auteur, la hiérarchie des honneurs se trouvera bouleversée. C'est Dieu qui déterminera enfin le résultat du concours de la vie et qui répartira les honneurs et les déshonneurs, la gloire et la honte. L'auteur exploite assez habilement les émotions de fierté et de honte; selon lui, le jugement dernier et définitif oppose ceux qui seront confondus et ceux qui seront à jamais glorifiés. Tout en niant les valeurs de sa classe, notre auteur, aristocrate romain chrétien, les confirme. La transformation totale que l'ascèse chrétienne demande à l'auteur ne peut être supportée qu'à la condition d'une compensation psychologique considérable : or, une telle compensation doit être – c'est bien entendu une nécessité psychologique – de la même monnaie que le renoncement.

L'auteur du *Corpus Caspari* semble éviter toute prise de position à l'égard des doctrines pélagiennes contestées, comme la bonté inviolable de la nature humaine ou la transmission du péché originel. Mais il reprend l'insistance pélagienne sur la sainteté totale. Tout comme Pélage, il veut éliminer toute pensée pouvant encourager le laxisme et la négligence morale. Comme nous l'avons vu, l'auteur est plus strict que Pélage. Il transforme la morale du comparatif, la morale du bien et du meilleur, en morale du bien et du mal.

---

131. *Mal.* 11, 1, *PLS* 1, 1435.

C'est bien une morale de discontinuité : l'auteur témoigne d'une attitude tout à fait négative envers les valeurs traditionnelles de l'aristocratie. Ce ne sont pas les valeurs (la morale réfléchie) qui lient cet auteur à son passé mais plutôt sa psychologie, sa mentalité. On peut comprendre la position de l'auteur comme celle d'une réception laïque des positions pélagiennes. Or, il s'avère qu'une morale du comparatif est psychologiquement difficile : les laïcs éduqués (du moins, ce laïc éduqué) demandent des certitudes morales. L'auteur se plaint vivement de la diversité des formes de vie au sein de l'Église ; il croit qu'il n'y a qu'une seule loi pour tous les chrétiens. Dans un certain sens, sa position s'oppose exactement à celle de Jovinien. Il critique une position qui entend rassembler l'Église par la seule exigence du baptême et de l'adhésion à la foi chrétienne.

CHAPITRE IV

QU'EST-CE QUE LE PÉLAGIANISME ?

Qu'est-ce que le pélagianisme? Quel est l'enjeu du débat entre Pélage et Augustin? S'agit-il, comme on l'a supposé, d'un conflit entre deux conceptions opposées du christianisme?

Dans notre premier chapitre, nous avons exposé les difficultés des contemporains à définir la doctrine de Pélage. Dans le deuxième chapitre, nous avons essayé d'analyser l'enseignement de Pélage en tant que discours protreptique et formation aux exercices spirituels. Le troisième chapitre a présenté un laïc pélagien qui a modifié l'enseignement de Pélage. Dans le présent chapitre, nous discutons d'abord de trois réponses différentes apportées à la question de la nature du pélagianisme : seront de cette manière présentés les apports de la philologie ou de l'histoire littéraire, de l'histoire du dogme chrétien (*Dogmengeschichte*) et de l'histoire ancienne. Dans une seconde partie, j'essaierai d'esquisser ma propre réponse à la question : qu'est-ce que le pélagianisme?

Qu'est-ce que le pélagianisme ? Trois réponses modernes

La réponse de l'histoire du dogme

Dans la section de son *Lehrbuch der Dogmengeschichte*[1] consacrée à Pélage, A. von Harnack traite d'abord du rôle limité du pélagianisme dans le développement du dogme au sens strict, en dressant le bilan de la controverse :

1. A. von Harnack, *Lehrbuch der Dogmengeschichte*, t. III, *Die Entwicklung des kirchlichen Dogmas*, II/III, Darmstadt 1964.

Pélage, dit Harnack, a été à l'origine de la réfutation par l'Église de deux doctrines :

I. que, pour être sauvé, la grâce de Dieu (avant et après le baptême) n'est pas nécessaire, et

II. que le baptême des nouveau-nés n'est pas pleinement une rémission des péchés[2].

Harnack s'occupe plus particulièrement de Julien d'Éclane qui, selon lui, avait érigé le pélagianisme en système théologique. Bien que le pélagianisme de Julien se développe en un certain sens après coup, c'est-à-dire après la condamnation officielle du pélagianisme, Harnack croit devoir l'exposer dans le cadre de sa *Dogmengeschichte* parce que ses implications auraient continué à occuper l'Église durant longtemps[3]. Harnack esquisse à grands traits le système pélagien selon la forme proposée par Julien : son point de départ est la proposition axiomatique que Dieu est bon ainsi que juste. À partir de là, le raisonnement pélagien s'élève à la proposition que toute la création sans exception est bonne, y compris la nature humaine douée du libre arbitre. Ainsi, la mort d'Adam ne résulte pas de son péché et le péché d'Adam n'est pas transmis à sa postérité[4]. Harnack croit que, à la différence de son disciple Julien, Pélage lui-même n'était pas intéressé par la construction d'un tel système : les seules doctrines qui lui importaient auraient été le dogme trinitaire et la proposition que la faculté naturelle de l'homme suffit à accomplir de bonnes œuvres[5]. Pélage proclamait l'idéal ascétique à l'intention d'une chrétienté devenue molle et mondaine[6]. Harnack reconnaît expressément la pureté des bonnes intentions de Pélage et de ses disciples, leur mépris du manichéisme et leur volonté de défendre la justice et la bonté de Dieu. D'après lui, leur souci principal était la lucidité de la pensée théologique et un christianisme dans lequel l'ascèse cède finalement à la modération[7] (Harnack, il faut l'avouer, a quelques difficultés à concilier la pensée ascétique de Pélage avec

2. *Ibid.*, p. 187.
3. *Ibid.*, p. 187-188.
4. *Ibid.*, p. 190-200.
5. *Ibid.*, p. 187.
6. *Ibid.*, p. 168 *sq.*
7. *Ibid.*, p. 188-189.

la position de Julien qui semble prôner le mariage et le bon usage de la sexualité). Pourtant, selon Harnack, la doctrine des Pélagiens est, au fond, athée (*im tiefsten Grunde gottlos*) parce qu'elle ignore le salut et se contente de jongler avec des concepts (*Begriffsmythologie*, « mythologie conceptuelle » selon l'expression de Harnack). Le pélagianisme annule donc dans le christianisme le pôle de la doctrine mystique du salut (*mystische Erlösungslehre*) ; il ne reste que le pôle de la liberté humaine[8]. Augustin, au contraire, parle selon la perspective de la grâce vécue : il lui est ainsi tout à fait impossible de donner un exposé raisonné de la nature et de l'histoire. Pour Harnack, donc, l'opposition de Pélage et d'Augustin peut être comprise comme le conflit d'un rationaliste chrétien[9], d'une part, et d'un génie religieux, de l'autre, qui fut le réformateur le plus important de la spiritualité chrétienne durant la période allant du IVe siècle au XVIe siècle. Par comparaison avec le christianisme réducteur de Pélage, le christianisme d'Augustin s'avère assez nuancé et riche, bien que, aux dires de Harnack, il soit encore encombré de conceptions démodées (*die altkatholische Grundlage der theologischen Denkweise*, « le fondement vieux-catholique de son tour d'esprit théologique »). Aussi Augustin n'a-t-il pas encore établi de façon assurée la supériorité du religieux sur le moralisme[10].

L'interprétation de la controverse pélagienne par Harnack appelle deux remarques. D'une part, il faut tenir compte du fait que l'arrière-plan des jugements historiques de Harnack est toujours formé par les présupposés et les partis pris de la théologie néo-protestante du XIXe siècle. Cette théologie prônait un individualisme religieux. Selon elle, l'essence du christianisme, ce sont Dieu le Père et la valeur infinie de l'âme humaine. Ainsi le christianisme n'est, pour ce qui est de son essence, ni une morale ni une métaphysique, mais une religion ou, selon l'expression choisie par Harnack dans le sillage de F. D. E. Schleiermacher, « la religion des religions[11] ».

8. *Ibid.*, p. 201.
9. *Ibid.*, p. 170 : « L'origine du pélagianisme [...] c'est un christianisme rationaliste tout à fait conséquent. »
10. *Ibid.*, p. 4.
11. Voir A. v. Harnack, *Das Wesen des Christentums*, Gütersloh 1999.

Pour Harnack, Pélage représente un christianisme tronqué, dépourvu de toute valeur spirituelle. De plus, la perspective de Harnack a tendance à concevoir Pélage et Augustin comme représentants de types de théologie qui se répètent dans l'histoire. Par conséquent, il ne parvient pas à une interprétation proprement historique ni de l'un ni de l'autre. Par exemple, quand il parle du « rationalisme » de Julien ou de Pélage, il lui faudrait nuancer historiquement ce terme.

D'autre part, pour analyser le pélagianisme en tant que système théologique, Harnack mêle les propositions de Pélage et de Julien. Le résultat est une sorte de pélagianisme fictif, la construction d'un historien moderne du dogme qui pourrait rappeler les essais de définition de l'hérésie pélagienne formulés par les anciens synodes antipélagiens. Or l'historien moderne est obligé de distinguer scrupuleusement entre les positions de Pélage et celles de ses disciples connus et inconnus.

La réponse de l'histoire littéraire

De l'histoire du dogme du XIXe siècle à la recherche contemporaine, des « grands récits » (*master narratives*) à la philologie minutieuse : pour le chercheur moderne, le pélagianisme est d'abord un dossier plus ou moins large de sources qu'on appelle « pélagiennes », une littérature composée d'écrits divers[12].

À première vue, l'identification des textes pélagiens semble assez facile à réaliser : on se focalise sur les protagonistes pélagiens, par exemple Pélage lui-même, son associé Céleste ou Julien d'Éclane, et on essaie d'attribuer à ces personnages tels ou tels écrits. Selon ce point de vue, rassembler un dossier des sources « pélagiennes » n'est ni plus ni moins difficile que les problèmes d'attribution et d'authentification qui se posent dans d'autres domaines de l'histoire littéraire de l'antiquité.

---

12. La présentation la plus complète et la mieux informée de cette littérature se trouve dans l'article de F. G. Nuvolone – A. Solignac, « Pélage et pélagianisme », *Dictionnaire de Spiritualité*, t. 12/2, col. 2889-2942.

Mais, après réflexion, on se rend compte que les choses ne sont malheureusement pas si simples. Le dossier des sources pélagiennes (un dossier plus ou moins virtuel) comprend non seulement des écrits attribuables, selon une probabilité plus ou moins grande, à des auteurs connus, mais aussi un bon nombre d'écrits anonymes. Pourquoi serait-il légitime de désigner ces écrits comme pélagiens, à supposer qu'ils ne proviennent ni de Pélage ni de l'un de ses disciples connus ?

Prenons l'exemple de l'auteur du *Corpus Caspari* : nous avons relevé son hésitation apparente à s'engager dans la controverse doctrinale. On ne trouve chez lui aucune proposition portant sur la transmission du péché d'Adam ou sur les rôles respectifs du libre arbitre et de la grâce divine. Pourtant, l'auteur semble défendre la thèse de l'impeccance (dans l'écrit *De possibilitate non peccandi*) – mais sans se prononcer de manière suffisamment claire sur les bases anthropologiques de sa prise de position. Pour quelle raison donnons-nous à son écrit le label « pélagien » ?

La question n'est pas anodine : l'ampleur de notre dossier et, par conséquent, le profil même du phénomène historique du « pélagianisme » varient selon les critères appliqués. Aussi nous faut-il dresser une liste de critères possibles, puis entamer une discussion critique de ces critères, afin d'être à même de proposer et d'appliquer une critériologie agréée. Ici, je ne peux que signaler le problème en présentant le catalogue de critères qu'a proposé Andreas Kessler dans sa monographie sur le traité *De divitiis*. Kessler dresse une liste de huit critères :

Un écrit est « pélagien » si

1. il est rédigé entre 380/385 et 418 ;
2. ses destinataires appartiennent à la couche sociale supérieure des chrétiens, en particulier l'aristocratie sénatoriale ;
3. il peut être localisé dans certaines régions géographiques : à Rome, en Italie de Sud, en Sicile, en Afrique romaine, à Jérusalem et parfois en Grande Bretagne ;
4. son auteur se présente comme un maître de vie chrétienne propageant une forme de christianisme qui entend transformer l'auto-représentation traditionnelle des aristocrates romains en une auto-représentation

chrétienne et élitiste, et suggérer ainsi un idéal ascétique de justice/sainteté;

5. il s'y trouve une interprétation littérale de la Bible, qui rejette toute allégorisation de l'Écriture et plus particulièrement du Nouveau Testament, et comprend donc toute la Bible et particulièrement le Nouveau Testament comme une loi réglant la vie entière du chrétien;

6. il affirme explicitement que la nature humaine est créée bonne et que l'homme peut, s'il le veut, accomplir tous les préceptes de Dieu et ainsi parvenir à la perfection;

7. il souligne que le Christ est le modèle exclusif du processus de transformation et de réformation, et que tout accomplissement de la Loi consiste, en effet, dans l'imitation de Dieu;

8. il s'intéresse avant tout à la vie chrétienne et, plus particulièrement, à la pratique de l'ascèse chrétienne[13].

Quelques-uns des présupposés et partis pris sur lesquels se fonde cette liste méritent une discussion.

1. Kessler propose un cadre chronologique assez limité – entre 380 et 418 – pour le pélagianisme : il suppose que Pélage séjournait à Rome à partir de 380 (et que le censeur inconnu de l'*Adversus Jovinianum* de Jérôme pourrait donc bel et bien être Pélage) et que le pélagianisme a bien vite disparu de la scène après 418. Or, comme nous l'avons déjà vu, ces deux hypothèses sont hautement contestables.

2. De plus, Kessler limite par sa définition même l'audience du pélagianisme aux couches sociales supérieures de la chrétienté latine. Toutefois, on peut encore contester cette hypothèse : comme Jean-Marie Salamito l'a bien relevé, au moins l'une des correspondantes de Pélage, Claudia, n'était pas issue de ce milieu aristocratique[14]. De plus, un bon nombre des écrits de Pélage n'était point, semble-t-il, destiné à des fidèles

13. Paraphrase de A. KESSLER, *Reichtumskritik und Pelagianismus. Die pelagianische Diatribe 'De divitiis'. Situierung, Lesetext, Übersetzung, Kommentar*, Fribourg 1999 (« Paradosis » 43), p. 23-24.

14. J.-M. SALAMITO, *Les virtuoses et la multitude*, p. 113.

aristocratiques, mais à des clercs, des évêques et des moines.

3. Le critère géographique n'est intelligible que si l'on suppose l'existence définitive de groupes pélagiens localisables. Si l'on suppose au contraire que le pélagianisme était plutôt une doctrine et une manière de penser certains problèmes et que toute personne pouvait par conséquent l'adopter et devenir pélagien par la simple étude des écrits pélagiens, le critère géographique n'a pas de sens.

4. Le critère 4 dépend du critère 2 : Kessler suppose que les auteurs pélagiens s'occupaient principalement de promouvoir la transformation des valeurs traditionnelles aristocratiques en des valeurs chrétiennes. Ainsi, le pélagianisme serait une doctrine/un mouvement qui, en favorisant ce processus de redéfinition chrétienne des valeurs traditionnelles, aurait facilité la conversion de l'aristocratie romaine au christianisme.

5. Les critères 5 à 7 fournissent une définition minimale du pélagianisme comme doctrine : la bonté de la nature humaine, l'impeccance, le légalisme focalisé sur l'imitation du Christ, la visée pratique. Kessler, voulant appliquer sa définition aussi et surtout à l'auteur du *Corpus Caspari*, omet la négation du péché originel, les modalités du libre arbitre ou la distinction entre royaume de Dieu et vie éternelle. En situant l'auteur anonyme avant 418, Kessler a renoncé à discerner une évolution du pélagianisme après la triple condamnation de cette année. Encore faut-il constater que le pélagianisme tel qu'il est défini par Kessler ne réagit ni à Jovinien ni à Augustin : c'est un pélagianisme pur, sans polémique ni adversaires. En un certain sens, l'approche de Kessler s'oppose ainsi à la position de Harnack.

La discussion de la critériologie proposée par Andreas Kessler a de nouveau illustré combien il est délicat de trouver une définition plausible du pélagianisme qui dépasse les diverses définitions des synodes antiques. Mais notre critique est quelque peu injuste, et l'on peut très bien défendre la liste de Kessler en faisant valoir qu'il suffit qu'un écrit remplisse plusieurs ou la plupart de ces critères pour mériter la qualification de « pélagien ». Il semble en l'occurrence que le noyau indispensable de la critériologie de Kessler soit formé par les critères 5 à 7, c'est-à-dire par une définition doctrinale du pélagianisme.

La réponse de l'histoire ancienne

Depuis l'étude consacrée en 1943 à Pélage par Georges de Plinval, sinon déjà précédemment, un consensus s'est établi selon lequel le pélagianisme (quelle que soit sa définition précise) doit en tout cas être considéré comme une doctrine adaptée aux idéaux et aux valeurs de l'aristocratie romaine. Cette thèse a été approfondie par l'analyse qu'a menée Peter Brown pour reconstruire le réseau des patrons de Pélage. Peter Brown et Robert Markus ont en outre mis en relief le contraste entre, d'un côté, le christianisme version élitiste propagé par Pélage et ses disciples et, de l'autre, le christianisme version moyenne (le bon catholique moyen) propagé par Augustin et d'autres évêques de l'antiquité tardive[15].

C'est Jean-Marie Salamito qui a récemment repris, développé et nuancé cette hypothèse à travers une très riche monographie, en mettant à contribution les catégories de la sociologie de Max Weber. Je me propose maintenant d'exposer l'hypothèse selon laquelle le pélagianisme est une doctrine adaptée aux besoins spirituels de l'aristocratie latine romaine dans sa version la plus accomplie, à savoir celle qu'envisage Salamito.

Le sous-titre de sa monographie parle assez modestement des *Aspects sociaux de la controverse entre Augustin et les Pélagiens*. Afin d'éviter des malentendus, il faut souligner que Salamito, selon ses propres dires, n'entend pas présenter une explication sociologique des positions doctrinales qui ont été formulées pendant la controverse. La recherche menée par Salamito est, quant à sa méthode, plus complexe et pour ainsi dire plus rusée : très loin d'un sociologisme primitif, il entend plutôt enrichir et compléter la discussion selon une perspective sociologique (« une perspective parmi bien d'autres ») tout en tâchant « plus modestement d'identifier les liens qui parfois se tissent entre les deux [c'est-à-dire entre le social

15. P. Brown, *Augustine of Hippo*, Londres 1967 ; R. A. Markus, *The End of Ancient Christianity*, Cambridge 1990.

et le théologique, W. L.], de signaler les interactions qui peuvent se développer entre ces deux domaines[16]. »

Salamito développe son projet en deux étapes. La première pose la question de l'existence, dans les positions pélagiennes, d'une « tonalité aristocratique » et, chez Augustin, d'une « tonalité différente[17]. » Salamito s'intéresse donc d'abord à la conceptualisation de « l'être chrétien individuel ». Il prend soin de distinguer de la première enquête une deuxième enquête : dans celle-ci, il entend comprendre si les Pélagiens et Augustin doivent être considérés comme les représentants de « conceptions antagonistes » de l'Église. Selon cette perspective, Pélage pourrait être conçu comme le défenseur d'un christianisme d'élite, alors qu'Augustin prônerait un « christianisme moyen », « un christianisme de masse[18] ».

Afin de mener à bien la première étape de sa recherche, Salamito essaie – sous divers aspects – de trouver des liens entre le social et le théologique : il parle ainsi d'« affinités électives » entre les modèles éthiques du pélagianisme et les valeurs et comportements du milieu social auquel appartiennent la plupart de ses adeptes[19]. Il analyse aussi la transposition des valeurs sociales, le vocabulaire adapté au milieu social des aristocrates, « la stratification sociale des exigences morales[20] » et la démocratisation de la culture et ses limites. Voici le portrait du pélagianisme qui ressort de cette analyse d'un point de vue sociologique.

1. Pélage prône la continuité plutôt que la discontinuité entre valeurs aristocratiques et valeurs chrétiennes. Par exemple, selon Salamito, Pélage souligne dans sa *Lettre à Démétrias* « une sorte de continuité entre l'éclat d'une famille et la sainteté de la vierge qui en est issue[21]. » Et Salamito essaie de conforter son interprétation en comparant l'opuscule de Pélage à la lettre de Jérôme à Démétrias et à certains écrits d'Augustin et de Paulin de Nole. Tandis que ceux-ci parlent d'un dépassement des honneurs terrestres par la vie d'ascèse, Pélage, aidé par sa conception

16. J.-M. Salamito, *Les virtuoses et la multitude*, p. 14-15.
17. *Ibid.* p. 12.
18. *Ibid.*, p. 12-13.
19. *Ibid.*, p. 88.
20. *Ibid.*, p. 89.
21. *Ibid.*, p. 31.

optimiste de la nature humaine (conception qui sans ambages tient en estime les vertus des philosophes païens eux aussi), envisage la gloire de la vierge Démétrias dans la droite ligne de l'éclat de ses ancêtres[22]. Salamito prend ici expressément ses distances par rapport à l'interprétation de Peter Brown : lorsque celui-ci parle à propos du pélagianisme d'un « christianisme de discontinuité », Salamito inverse cette interprétation en opposant « la continuité pélagienne » et « la conflictualité augustinienne » : celle-ci, aux dires de Salamito, accentue le scandale de la Croix, l'opposition totale des valeurs chrétiennes avec les valeurs de ce monde[23].

2. Salamito découvre chez Pélage un souci marqué de visibilité : la foi doit se manifester dans un comportement visiblement chrétien. De là vient que Pélage souligne l'importance des modèles à imiter, soit le bon exemple du Christ, soit l'exemple pernicieux d'Adam[24]. Or, la tendance à prôner la visibilité est encore rehaussée par la façon dont Pélage utilise le lieu commun de la vie ascétique comme une lutte dans l'arène. Par exemple, dans la *Lettre à Démétrias*, Dieu apparaît au jugement dernier moins comme un juge que comme un spectateur. Tout cela cadre bien avec la mentalité aristocratique qui convoite de tout temps la gloire et l'éclat[25]. À la visibilité pélagienne, Salamito oppose l'invisibilité des vrais chrétiens prônée par Augustin : celui-ci parle des secrets du cœur humain, des saints inconnus, de l'absence de justice immanente[26]. Adoptant un terme de Max Weber, on peut donc dire que Pélage est le partisan d'une « théodicée du bonheur », d'une continuité entre le succès mondain et la gloire céleste. La pensée d'Augustin, par contraste, est modulée par une forte tension eschatologique, qui aime déprécier les satisfactions de ce monde[27].

3. Selon Salamito, le pélagianisme se prête à une spiritualité de l'autosatisfaction : l'examen de conscience à la façon pélagienne découvre au fond de soi une sainteté

22. *Ibid.*, p. 41-45.
23. *Ibid.*, p. 45-47.
24. *Ibid.*, p. 49-51.
25. *Ibid.*, p. 51-53.
26. *Ibid.*, p. 54-58.
27. *Ibid.*, p. 64-66.

naturelle. Le disciple pélagien peut donc anticiper avec confiance sur le jugement dernier. L'orgueil n'est guère tempéré par une humilité qui se veut visible et, devenue « valeur sociale » dans le milieu de l'élite chrétienne, s'offre à l'admiration de tous[28]. L'optimisme et l'assurance des Pélagiens à l'égard de la capacité à progresser vers le bien s'opposent aux avertissements réitérés d'Augustin contre l'autosatisfaction et l'orgueil. D'après Augustin, dans la vie d'ici-bas, le chrétien ne pourra jamais réaliser la perfection. Même le progrès ininterrompu vers cette perfection est loin d'être garanti : le chrétien reste tout au long de sa vie entièrement dépendant de la grâce de Dieu. Salamito oppose cette « spiritualité de la dépendance », qui d'un point de vue sociologique cadre bien avec la mentalité des couches sociales inférieures, à l'autosatisfaction spirituelle propagée par le pélagianisme, qui s'accorde aux attitudes aristocratiques[29].

5. Salamito croit que la doctrine pélagienne effectue le double mouvement d'une « aristocratisation du discours chrétien » et d'une « christianisation de certaines valeurs aristocratiques[30] ». Pélage et ses disciples parlent de la noblesse et de la dignité des chrétiens et mettent ainsi les valeurs élitistes comme l'honneur ou la gloire à la portée de tous les hommes. Des femmes non aristocratiques doivent se modeler sur le comportement des filles nobles. De cette façon, les Pélagiens font « en quelque sorte descendre l'idée de la noblesse du sommet vers la base de la pyramide sociale[31]. » Cette démocratisation des valeurs reste pourtant beaucoup plus limitée qu'il n'apparaît à première vue : la base sociale du pélagianisme ne dépassait guère les rangs de l'élite sociale de l'Empire occidental[32].

La seconde étape de l'analyse de Salamito est consacrée aux ecclésiologies respectives des Pélagiens et d'Augustin. Pélage, d'après Salamito, parle comme s'il désirait que tous les chrétiens soient parfaits; or, son message s'adresse en réalité à l'élite des *happy few* : « Si tant est qu'il ait

28. *Ibid.*, p. 52-53, p. 69-70, p. 74-85.
29. *Ibid.*, p. 67-88.
30. *Ibid.*, p. 146.
31. *Ibid.*, p. 147-150.
32. *Ibid.*, p. 153-162.

vraiment le projet de réformer les mœurs de toute l'Église, sa méthode consiste alors à commencer par les grands de ce monde[33]. » Salamito dresse une liste de quatre oppositions fondamentales entre l'ecclésiologie pélagienne et l'ecclésiologie d'Augustin :

1. la « religiosité des virtuoses » de Pélage s'oppose à la « religiosité de masse » d'Augustin ;
2. pour ce qui est des critères d'appartenance à l'Église, les Pélagiens accentuent le comportement et le mode de vie, tandis que l'évêque d'Hippone met l'accent sur la confession de foi et les sacrements. En bref, on peut distinguer « une conception essentiellement éthique de l'Église » (Pélage) et « une conception sacramentelle et doctrinale » (Augustin) ;
3. ce sont aussi deux eschatologies qui s'opposent : celle de Pélage souligne la continuité entre le rang dans la vie d'ici-bas et les honneurs dans le royaume de Dieu. Augustin, au contraire, ne cesse de rappeler que ce n'est qu'au jugement dernier que la paille sera séparée du grain ;
4. l'opposition entre ces deux conceptions de l'Église recoupe la distinction de Max Weber entre les idéaux-types de la « secte » et de l'« Église ». Salamito souligne pourtant que c'est bien *l'idée* pélagienne de l'Église qui remplit les critères de l'idéal-type wébérien, tandis qu'en réalité les Pélagiens ne se séparaient point de l'Église[34].

Pour Salamito, le christianisme conçu par Augustin n'est pas tant un christianisme moyen à la manière d'une « moyenne empirique dans l'éventail des comportements effectifs des chrétiens » qu'une conception théologique aux contours précis : il s'agit des chrétiens qui observent les commandements sans pour autant chercher à accomplir les conseils évangéliques[35]. Salamito apporte donc une correction importante aux propositions de Robert Markus et Peter Brown : le christianisme de masse théorisé par Augustin ne doit pas se confondre avec un christianisme médiocre. Il s'agit plutôt d'une tentative

33. *Ibid.*, p. 182.
34. *Ibid.*, p. 201-205.
35. *Ibid.*, p. 248.

théologiquement assez ambitieuse de penser la diversité au sein même de l'Église. L'évêque s'intéresse à tous les chrétiens, les Pélagiens seulement aux chrétiens d'élite. Pour Salamito, Augustin apparaît ainsi comme le représentant d'un christianisme plus nuancé (permettant « une compréhension plus large, plus ouverte, de la notion même du salut »)[36], tandis que Pélage et ses disciples semblent incapables de dépasser les confins d'un rigorisme exclusif.

Dans les limites de ce chapitre, on ne peut pas rendre justice à tous les arguments et observations de la monographie si riche de Salamito. Son portrait du pélagianisme et de l'opposition entre pélagianisme et augustinisme sont encore plus différenciés qu'il ne ressort de cette rapide mise au point. Salamito consacre par exemple de longs passages à l'exposition de ce qu'il appelle « les limites des affinités de Pélage avec les valeurs aristocratiques[37] » : la discussion qu'y mène l'auteur rend son portrait de Pélage encore plus complexe. De plus, il m'est impossible de commenter ici le nouveau dialogue qu'instaure de façon si lumineuse Salamito entre la sociologie de Max Weber et les sources antiques.

On me permettra pourtant trois remarques.

– *Première remarque*

Salamito fonde son portrait du pélagianisme sur de multiples comparaisons entre des passages de Pélage et des passages d'autres auteurs contemporains, Augustin notamment. Ainsi, ses jugements sur la tonalité, les modulations et les accents de l'enseignement pélagien dépendent fortement de ces comparaisons et de leur justesse. Or, il est à noter que les textes comparés s'adressent souvent à des audiences assez diverses. À vrai dire, c'est précisément l'un des arguments de Salamito : les Pélagiens visent un autre public qu'Augustin.

Les Pélagiens et leurs adversaires s'adressent parfois pourtant au même public ou à la même personne, comme dans le cas de la vierge Démétrias et de sa richissime famille. Quand on compare la lettre à Démétrias

36. *Ibid.*, p. 250.
37. *Ibid.*, p. 107.

de Pélage et celle de Jérôme, il est frappant de constater que c'est Pélage, plutôt que Jérôme, qui semble souligner la discontinuité entre les valeurs aristocratiques et les valeurs chrétiennes. Par exemple, Pélage ne mentionne l'illustre famille de Démétrias que dans un chapitre qui apparaît comme une digression. En outre, ce chapitre commence par une exhortation à remplacer la vieille habitude (*consuetudo*) par un nouveau comportement. Pélage évoque d'abord l'ancienne gloire de la *gens Anicia* pour louer la gloire plus excellente encore de la jeune vierge :

> Bien qu'elles [la mère et la grand-mère de Démétrias] aient vu plusieurs de leurs ancêtres s'élever au plus haut degré des dignités, aucun cependant ne leur a causé autant de joie que toi-même, car elles n'avaient jamais rien vu d'aussi grand... Seule, en effet, tu as donné à ta famille l'illustration qu'elle n'a jamais eue dans les temps les plus reculés. Que tes ancêtres mâles aient rempli de glorieux consulats, que les noms de ton illustre famille aient souvent brillé dans l'ordre le plus élevé de l'État, rien dans ta famille ne surpasse jamais l'honneur que tu obtiens, honneur qui n'est pas écrit sur un monument périssable mais sur le livre d'éternelle mémoire. Tes ancêtres ont reçu partout des applaudissements dans les théâtres; le peuple joyeux a, par des acclamations unanimes, célébré les mérites éclatants des consuls, mais la gloire de l'honneur où tu es élevée est bien plus grande, puisqu'elle fait la joie du ciel et l'allégresse des anges[38].

On pourrait jusqu'ici parler d'une célébration de la continuité entre un passé glorieux et un présent plus glorieux encore. Mais Pélage va plus loin et ses remarques frôlent maintenant la satire :

> Tu n'enrichis pas les courtisanes mais tu nourris les vierges du Christ; tu ne prodigues pas vos largesses aux cochers du cirque mais tu soulages les pauvres du Christ. Sous les consulats de tes ancêtres, les diverses provinces de l'univers, auxquelles s'est étendue leur puissance, nous ont envoyé des

38. Pélage, *Dem.* 14, *PL* 30, 28 C-D. Voir aussi *Dem.* 22, *PL* 30, 36 C-D. J.-M. Salamito, *Les virtuoses et la multitude*, p. 30-31 croit que Pélage ici évoque un lien causal entre la nobilité de la famille de Démétrias et la nobilité qui est acquise par la vertu. Mais cette interprétation ne s'impose pas.

bêtes étrangères et des animaux inconnus ; le sol de la cruelle arène a été rougi, soit par le sang des bêtes, soit par le sang des hommes. À toi on envoie des vierges choisies pour être offertes au Seigneur comme le don le plus précieux[39]...

La manière dont Pélage oppose l'évergétisme des ancêtres de Démétrias et l'ascèse de la vierge semble presque dénigrer la gloire passée de la famille. En outre, quelques-uns de ces ancêtres dont Pélage satirise le comportement pourraient bien avoir été des chrétiens. Au siècle précédent, c'était Ammien Marcellin qui mettait déjà en lumière le carriérisme familial du grand-père de Démétrias, Sextus Petronius Probus[40]. La dernière phrase évoque très habilement le lieu commun des ascètes présentés comme prenant le relais des martyrs.

Les louanges de Démétrias que Jérôme chante sans réserves semblent élever la vierge aux nues : or, le moine de Bethléem ne se limite pas à mentionner son éclat qui a traversé tout l'Empire romain (à cet égard, nulle différence entre Pélage et Jérôme). Il semble même affirmer que la prise de voile par une fille de seize ans est à même de compenser la chute de Rome en 410. En évoquant la réaction émotionnelle de la mère et de la grand-mère de Démétrias à la nouvelle de sa décision de prendre le voile, Jérôme écrit :

À l'envi, elles couvrent de baisers leur petite-fille et fille. Elles versent en abondance des larmes de joie, la prennent par la main, la relèvent et l'embrassent encore toute tremblante. Elles reconnaissent dans son projet leur propre pensée, elles se félicitent de ce que, par sa profession de virginité, la jeune vierge ennoblit encore sa famille déjà si noble (*quod nobilem familiam virgo virginitate sua nobiliorem facit*)[41].

39. Pélage, *Dem.* 14.
40. Ammien Marcellin 27, 11, 3 ; voir J. MATTHEWS, *Western Aristocracies and Imperial Court, AD 364-425*, Oxford 1998, p. 195-197 ; A. CAMERON, *The Last Pagans of Rome*, Oxford 2011, p. 772-778. Cameron essaie de prouver que Sextus Petronius Probus était le patron de l'auteur de l'*Historia Augusta*.
41. Jérôme, *ep.* 130, 6, trad. J. LABOURT, *Lettres* VII, p. 171.

Par cette dernière phrase, Jérôme accentue encore plus fortement que Pélage la continuité entre noblesse familiale et noblesse ascétique[42]. Et Jérôme ajoute :

Elle a trouvé ce qui assurerait le prestige de sa race et adoucirait les malheurs de la ville de Rome, réduite en cendres[43]...

Et Jérôme continue en décrivant comment le renom de la vierge court à travers l'Empire romain :

Alors l'Italie quitta ses vêtements de deuil. Les palais de Rome à demi ruinés recouvrèrent en partie leur splendeur d'autrefois; Dieu, pensait-on, se montrait propice dans la transformation parfaite de leur compatriote. On aurait cru effacée l'oppression des Goths[44]...

À l'inverse, Pélage n'évoque la chute de Rome que pour rappeler à Démétrias la vanité des honneurs, des rangs et des distinctions du monde d'ici-bas. Selon lui, la prise de Rome par Alaric ne fut qu'une préfiguration de la fin du monde :

Tout récemment, c'est ce qui s'est passé et que tu as appris toi-même : Rome la maîtresse de l'univers (*domina orbis Roma*), abîmée par la crainte triste, tremblait au son de la trompette et aux clameurs des Goths : où était alors l'ordre de la noblesse ? Où les degrés distincts et particuliers de chaque rang (*ubi certi et distincti ullius dignitatis gradus*) ? Tout était mêlé et confondu dans l'effroi, dans toute maison ce n'était que pleurs et l'épouvante était la même chez tous. [...] Il n'y avait plus d'esclaves ni de maîtres, partout régnait l'image de la mort, à moins que ces hommes ne la craignent plus pour lesquels la vie avait eu le plus de charmes et de jouissances. Or, si des ennemis mortels et la puissance des hommes nous inspirent tant d'effroi, que ferons-nous lorsque du haut du ciel la trompette retentira avec un bruit effrayant[45]...

---

42. Salamito, il est vrai, souligne que c'est Jérôme plutôt que Pélage qui dramatise le conflit entre Démétrias et sa famille sur la décision de celle-là de prendre la voile (p. 34-36). Mais il faut noter que la petite mise en scène de Jérôme (*ep.* 130, 5) veut accentuer le courage de Démétrias, qui est ici stylisée comme un digne successeur de la martyre romaine Agnès.
43. Jérôme, *ibid.*
44. Jérôme, *ibid.*, trad. J. Labourt, *Lettres* VII, p. 172.
45. Pélage, *Dem.* 30, *PL* 30, 44A.

La lettre à Démétrias de Pélage peut aussi être comparée à la lettre 150 d'Augustin : ici, l'évêque d'Hippone s'adresse à la grand-mère (Proba) et à la mère (Juliana) de Démétrias qui lui avaient annoncé la prise de voile de la jeune femme. Augustin écrit :

> Comment dire assez dignement qu'il est incomparablement plus glorieux et plus profitable pour votre sang de donner des vierges au Christ que des consuls au monde? S'il est grand et beau de marquer de son nom le cours des temps, combien il est plus magnifique de surpasser les autres par la chasteté du cœur et du corps! Qu'une jeune fille, noble d'origine, plus noble parce qu'elle est sainte, se réjouisse bien plus d'obtenir en société divine une des premières places dans les cieux, que si, par une union humaine, elle donnait jour à des enfants appelés aux plus hautes dignités.

Et Augustin, tout comme Pélage et Jérôme, exprime son espérance que d'autres jeunes filles imitent l'exemple de Démétrias :

> Que les personnes de son service fassent comme elle; que celles qui ne sont pas nobles imitent celle qui l'est à un degré si élevé; que celles qui ont un rang périssable prennent pour modèle celle qui, plus haut placée qu'elles, se montre si humble; que les vierges qui se souhaitent la gloire de la famille d'Anicius, choisissent la sainteté[46].

Sans doute pourrait-on trouver plus d'exemples encore d'une continuité des valeurs aristocratiques et ascétiques chez des auteurs chrétiens contemporains[47].

Ces quelques observations à propos des lettres à Démétrias sont, bien entendu, loin de réfuter les pertinentes remarques de J. M. Salamito. Mais il semble clair que distinguer, par exemple, une rhétorique de continuité d'une rhétorique de discontinuité peut être parfois une chose assez délicate et difficile… et qu'elle ne peut que varier selon les éléments et les textes comparés.

46. Augustin, *ep.* 150, trad. M. Poujoulat, *Lettres de Saint Augustin* III, p. 225-226, retouchée.

47. Voir aussi Augustin, *Confessions* 8, 4, 9, éd. et trad. P. De Labriolle, t. I, p. 183.

– *Deuxième remarque*

L'exploitation des gloses exégétiques est un terrain particulièrement difficile pour l'historien : les accents théologiques qui se trouvent dans un commentaire ancien sont largement déterminés par le texte biblique même (c'est-à-dire par l'enchaînement des versets, par la logique même du texte), et de surcroît par la tradition antérieure des gloses et exégèses avec laquelle le commentateur entre en dialogue. Le *Commentaire* de Pélage dont les contours sont parfois vagues (nous ne disposons pas encore d'une édition tout à fait satisfaisante) ressemble parfois plus à un chantier, à un *work in progress* qu'à un texte stable, fournissant des interprétations définitives.

Citons un exemple : J. M. Salamito, afin d'illustrer son observation selon laquelle Pélage prône la continuité entre les valeurs aristocratiques et les valeurs chrétiennes, cite d'abord la glose de Pélage à propos de Phil 4, 8 (« Enfin, frères, tout ce qu'il y a de vrai, de pudique, de juste, de pur, d'aimable, d'une bonne opinion… ») :

> Toute la nature humaine sait aimer et louer ce qui est bon[48].

Puis, Salamito cite la glose de Pélage à propos de Rm 12, 17 (« Sans rendre à personne le mal pour le mal, ayant à cœur ce qui est bien devant tous les hommes… ») :

> La sagesse humaine consiste à rendre la pareille à ses ennemis : c'est en effet une folie en ce siècle que de vouloir tendre l'autre joue à celui qui te frappe. Mais si tu fais preuve d'une telle patience, d'une telle humilité, tu pourras être jugé d'approbation non seulement par le Seigneur mais aussi par tous les hommes[49].

Et Salamito commente :

> L'intérêt de ce passage réside en son apparente contradiction : d'abord une reprise de l'opposition paulinienne bien connue entre la folie des chrétiens et la sagesse du monde… ; ensuite, l'idée, à première vue surprenante que cette attitude d'humilité pourra recevoir l'approbation générale des humains.

---

48. Pélage, *In Phil. 4, 8*, éd. A. Souter, p. 413 ; trad. J. M. Salamito, *Les virtuoses et la multitude*, p. 43.
49. J.-M. Salamito, *Les virtuoses et la multitude*, p. 43.

Et Salamito conclut :

Il est possible de dépasser la contradiction en supposant que, dans l'esprit du commentateur, c'est seulement de prime abord et comme théorie que la morale chrétienne paraît aux païens une folie : une fois mise en pratique, une fois prêchée par l'exemple, elle suscite l'admiration. Il reste qu'une telle prise de position témoigne, chez Pélage, d'un optimisme assez vigoureux pour dépasser l'antithèse paulinienne entre la sagesse du monde et la sagesse de Dieu[50].

Pour commenter le commentaire de Salamito, il faut rappeler le texte biblique que glose ici Pélage. Dans le verset Rm 12, 17, l'apôtre exhorte les chrétiens de Rome à prendre à cœur ce qui est bon *devant les hommes*. De plus, en citant la glose de Pélage, Salamito l'a tronquée, car Pélage prend soin d'ajouter :

Prends seulement garde que tu ne le fasses pas pour plaire aux seuls hommes et pas à Dieu[51].

En ce qui concerne le reproche selon lequel Pélage néglige la théologie de la Croix, il faut aussi consulter son exégèse de 1 Co 2, 1-2. À propos de 1 Co 2, 2, *Non je n'ai rien voulu savoir parmi vous, sinon Jésus Christ, et Jésus Christ crucifié...*, il écrit : « C'est-à-dire que je ne me glorifie en aucun autre que dans le Christ. » Et il continue, à propos de *et celui-ci crucifié* : « [...] ce qui aux yeux des hommes apparaît comme stupide. » Il ajoute à propos de 1 Co 2, 3, *Moi-même je me suis présenté à vous faible, craintif et tout tremblant* : « Donc il n'avait pas convenu de prêcher Dieu autrement, à savoir par vantardise et par la gloire de la chaire[52]. »

De nouveau, ces remarques sont assurément loin de réfuter la thèse de Salamito sur la continuité des valeurs chez Pélage. Il m'importe ici tout simplement de signaler les difficultés bien réelles de toute tentative d'utiliser le *Commentaire* de Pélage pour illustrer des thèses plus générales. En vérité, comme l'a bien mis en évidence un bel article de J. Tauer sur le *Commentaire* de Pélage, nous

50. *Ibid.*, p. 43-44.
51. Éd. A. Souter, p. 100.
52. Pélage, *In 1 Cor* 2, 2-3, éd. A. Souter, p. 137.

ne sommes encore qu'au tout début d'une compréhension approfondie de l'exégèse pélagienne[53].

– *Troisième remarque*

Tout comme Harnack et Kessler, Salamito ne distingue pas non plus suffisamment entre les positions de Pélage et celles de ses disciples ou associés. Mais, comme Salamito lui-même le reconnaît parfois, il y a des différences bien réelles entre les positions de Pélage, celles de l'auteur du *Corpus Caspari* et celles de Julien d'Éclane. Par exemple, l'auteur du *Corpus Caspari* ne semble jamais proclamer une continuité quelconque entre l'excellence sociale et l'excellence ascétique. Bien au contraire : celui-ci – qui, à la différence de Pélage et Julien, était un membre de l'aristocratie sénatoriale – aime opposer la vie chrétienne et la vie traditionnelle des aristocrates. Selon lui, le comportement des aristocrates puissants ne se conforme point à l'humilité du Christ dont l'imitation est obligatoire pour les vrais chrétiens[54]. Dans les fragments de Julien d'Éclane au contraire – et ici je suis encore d'accord avec Salamito – on peut découvrir bien des traces d'une certaine arrogance intellectuelle et d'un dédain concomitant pour les masses, les artisans et les gens simples, qui sont censés approuver la doctrine traducianiste d'Augustin[55]. Le pélagianisme présente ainsi tout un éventail de positions, tout un spectre de nuances et de degrés. C'est l'hérésiologie ancienne (et nouvelle) qui lui impose une unité fictive, qu'on voit démentie par une analyse attentive des sources.

Qu'est-ce que le pélagianisme ? Esquisse d'une nouvelle réponse

Qu'est donc le pélagianisme ? Est-il seulement une littérature, un événement dans les réseaux littéraires chrétiens, un phénomène médiatique de l'antiquité tardive ?

53. J. TAUER, « Zur Bedeutung der *intentio auctoris* in der Paulusexegese des Pelagius », *Augustiniana* 56 (2006), p. 261-297. Voir aussi S. MATTEOLI, *Alle origini della teologia di Pelagio*, Pise, Rome 2011.

54. Voir J.-M. SALAMITO, *Les virtuoses et la multitude*, p. 118 *sq.* qui oppose Julien encourageant les chrétiens à assumer des charges publiques et l'auteur de *Corpus Caspari* voulant les dissuader de devenir juges.

55. J.-M. SALAMITO, *Les virtuoses et la multitude*, p. 207-242.

Cette idéologie a-t-elle une certaine épaisseur, une certaine réalité au-delà de la dimension purement littéraire? Dans le chapitre 1, j'ai déjà passé en revue les mesures prises par l'Église et par l'État contre les Pélagiens. Il me faut maintenant présenter tout d'abord un petit dossier sur des sources contemporaines attribuant des activités publiques aux Pélagiens[56]. Dans un second temps, j'entends m'occuper de la question de l'enjeu qui est au cœur du débat entre Augustin et Pélage.

Le pélagianisme comme phénomène public

Comme nous l'avons vu dans le premier chapitre, l'édit de l'empereur en 418 mettait en valeur le trouble et les désordres causés par les Pélagiens et par leurs arguments théologiques. Les indications de l'édit restent, bien sûr, assez vagues à cet égard. Mais déjà pour la période antérieure à 418, nous disposons d'informations sur des troubles, débats et dissensions suscités par les Pélagiens. Je vais présenter un dossier concernant ces informations, en les ordonnant selon le lieu et la région touchés par la controverse.

– *En Afrique*

• Augustin, *De peccatorum meritis et remissione* 3, 6, 12

Augustin relate que peu de temps auparavant, alors qu'il était à Carthage, il a appris, en écoutant par hasard la conversation de passants, la proposition selon laquelle les nouveau-nés ne devaient pas être baptisés en vue de la rémission des péchés, mais afin d'être sanctifiés dans le Christ.

• Augustin, *Sermo* 294, 1

Le 27 juin 413, Augustin introduit ce sermon sur le baptême des nouveau-nés en rappelant à son audience

56. Un dossier plus complet se trouve dans M.-Y. Perrin, « 'The blast of the ecclesiastical trumpet'. Prédication et controverse dans la crise pélagienne. Quelques observations », dans P. Nagy, M.-Y. Perrin, P. Ragon (éd.), *Prédication et controverses religieuses des origines du christianisme au XVIIe siècle. Actes de la journée d'étude du 8 février 2007*, Rouen 2011.

ce qui lui a fourni l'occasion de s'occuper de ce sujet, à savoir « les discussions de quelques-uns qui semblent se propager de plus en plus et entreprendre de bouleverser l'esprit de bien des gens[57]. »

• Augustin, *De Bono viduitatis* 17, 21 (vers 414)

« J'ai dû m'étendre sur ce premier avis car il est nécessaire de prévenir et d'arrêter les vains discours de certains qui ont commencé à s'insinuer de l'oreille jusqu'à l'âme de nombreux auditeurs, et qui, il faut le dire avec des larmes, sont les ennemis de la grâce du Christ[58]. »

• Augustin, *Lettre* 157, 22[59]

En 414, Augustin, répondant à une lettre de Hilaire de Syracuse, parle de la propagande pélagienne en Afrique du Nord :

> Je crois qu'il en reste encore, surtout à Carthage. Mais ils chuchotent en cachette, craignant l'orthodoxie solide de l'Église.

Augustin continue en évoquant le procès contre Céleste et conclut :

> Mais parce qu'il s'en est tiré [...], je crains que ce ne soit encore lui qui soit dans votre pays en train d'essayer de troubler votre foi, c'est pourquoi j'ai cru devoir mentionner son nom. Que ce soit lui en personne ou d'autres, solidaires de son erreur – car ils sont plus nombreux qu'on ne l'aurait pensé, et là où ils ne se heurtent pas à des réfutations (*ubi non redarguuntur*), ils séduisent les autres et les attirent vers leur secte...

On a l'impression d'un évêque qui craint, et ne peut contrôler, la propagande secrète des Pélagiens dans son Église. La doctrine pélagienne se répand, semble-t-il, par des arguments et par des discussions; on ne peut arrêter cette dissémination que par des réfutations.

---

57. Augustin, *Sermon* 294, 1, *PL* 38, 1336.
58. Trad. *BA* 3, p. 278.
59. Trad. *BA* 21, p. 79 *sq*.

• Augustin, *Sermo* 348A[60]

Dans ce sermon, prêché au printemps 416, Augustin demande à ses fidèles de l'informer des bruits et des débats suscités par des Pélagiens anonymes :

> Notre peur, c'est que le cancer ne se répande insensiblement : car si le cancer est ménagé, il serait possible que nous trouvions à l'improviste un grand nombre de gens que nous ne puissions guérir qu'à peine ou pas du tout[61].

Le sermon montre encore Augustin dans le rôle d'un pasteur inquiet qui veut regagner le contrôle des débats et des discours dans son Église[62].

• Augustin, *De gestis Pelagii* 25

Dans ce traité, rédigé fin 416-début 417, Augustin évoque la situation au début de la controverse :

> La faiblesse de beaucoup de nos frères était très fortement ébranlée par toutes ces questions et par les débats passionnés au sujet de ces thèses qui, désormais, bouillonnaient en tous lieux. (*His autem quaestionibus et istarum sententiarum contentiosissimis adsertionibus iam usquequaque ferventibus multorum fratrum perturbabatur infirmitas.*)

Et Augustin ajoute que le *comes* Marcellinus « subissait alors chaque jour l'assaut de ces polémistes fort importuns (*qui eos cotidie disputatores molestissimos patiebatur*)[63].

60. Le sermon a été édité par F. Dolbeau pour la première fois sur la base du manuscrit D.IX, 3 de la Biblioteca Malatestina à Cesena : F. Dolbeau, « Le sermon 348A de saint Augustin contre Pélage. Édition du texte intégral », *Recherches Augustiniennes* 28 (1995), p. 37-63. Le manuscrit de Cesena (C) date de 1453. Un peu plus tard, on a trouvé un deuxième manuscrit qui date du xiie siècle : voir F. Dolbeau, « Un second manuscrit complet du *Sermo contra Pelagium* [S. 348A augmenté] », *REA* 45 (1999). Une édition définitive de ce sermon est encore à faire.

61. Augustin, *s.* 348A, éd. F. Dolbeau, p. 58.

62. Cf. aussi Augustin, *ep.* 175, 4, *CSEL* 44, p. 658-659 ; J.-M. Salamito, *Les virtuoses et la multitude*, p. 160.

63. Augustin, *De gestis Pelagii* 25, *CSEL* 42, p. 78, *BA* 21, p. 489 (trad.) ; voir aussi *De gestis* 62, *CSEL* 42, p. 116.

• Augustin, *Sermo* 131, 10

Dans ce sermon, prêché en septembre 417[64], Augustin demande de nouveau à ses fidèles de lui dénoncer des Pélagiens :

> Quand vous trouvez de telles gens, ne veuillez pas les cacher ! N'ayez pas de pitié perverse ! C'est tout à fait simple : quand vous trouvez de telles gens, ne veuillez pas les cacher !

• Augustin, *Lettre* 194, 1, 2

Dans cette lettre au pape Sixte (fin 418-début 419), Augustin dénonce la propagande secrète des Pélagiens :

> Il y en a qui se croient encore très libres de défendre les impiétés si justement condamnées; il en est d'autres qui s'insinuent dans les maisons et ne cessent de répandre en secret ce qu'ils craindraient de soutenir ouvertement[65]...

– *En Palestine*

C'est probablement en mai 416 qu'Augustin mentionna dans le sermon 348A pour la première fois une attaque contre les monastères de Jérôme à Bethléem :

> Pourquoi ai-je voulu parler à votre foi de tout cela ? Parce que je ne sais quel grand trouble s'est passé à Jérusalem ; nous avons appris avec grande tristesse que deux monastères à Bethléem semblent avoir été mis à feu par une émeute populaire. Nous n'aurions pas à en parler si quelques-uns d'entre vous n'en avaient déjà été informés. Mais il serait mieux pour vous de l'apprendre par moi que d'être blessés par des rumeurs qui circulent dans le secret[66].

Augustin, c'est assez clair, réagit ici aux rumeurs qui circulaient déjà dans Hippone. Quant aux événements mêmes, le bref passage laisse entrevoir qu'il s'agit d'une émeute populaire à Jérusalem qui se poursuivit par l'agression des monastères. Quoique tout le sermon représente la première attaque ouverte d'Augustin contre Pélage, l'évêque d'Hippone évite de préciser tout rapport

---

64. *PL* 38, 734. Pour la date, voir O. Perler, *Les voyages de Saint Augustin*, Paris 1969, p. 464 *sq.*
65. *CSEL* 57, p. 177 ; trad. M. Poujoulat, *Lettres de Saint Augustin* IV, p. 125.
66. Augustin, *Sermon* 348A, 7, Augustin, *s.* 348A, éd. F. Dolbeau, p. 57.

de causalité entre la propagande pélagienne en Palestine et l'émeute ici évoquée.

Tout à la fin du *De gestis Pelagii* (fin 416-début 417), Augustin revient sur cet incident, pour donner à présent plus de détails. Il écrit :

> Quant aux crimes qui, après ce jugement [c'est-à-dire du synode de Diospolis], ont été commis là-bas avec une incroyable audace de la part de je ne sais quelle bande de gens sans aveu qui passent pour soutenir Pélage dans le mal – événements au cours desquels des serviteurs et des servantes de Dieu confiés à la direction du saint prêtre Jérôme ont fait l'objet d'une tuerie criminelle –, un diacre a été tué, les bâtiments des monastères incendiés, tandis que, grâce à la miséricorde de Dieu, une tour mieux fortifiée ne protégeait qu'à peine Jérôme contre l'attaque et l'assaut de ces impies[67]...

Ici encore Augustin évite d'impliquer Pélage directement, mais les coupables, laisse-t-il entendre, étaient des gens qui voulaient de cette manière soutenir Pélage. L'élément nouveau, par comparaison avec le passage du sermon 348A, c'est qu'Augustin suggère ici que l'incendie des monastères est une conséquence directe ou indirecte de l'acquittement de Pélage par le synode de Diospolis. Augustin était le seul, semble-t-il, à oser mettre nommément Pélage en cause dans cette affaire, ne serait-ce qu'indirectement. À l'inverse, Jérôme, qui avec l'aide d'Aurélius de Carthage sollicita le soutien d'Innocent de Rome, évitait apparemment de souffler mot de Pélage. En effet, Innocent se plaint ainsi dans sa réponse :

> Nous n'avons pas trouvé, à la lecture de ta lettre, contre qui nous avons à nous élever : il n'est pas désigné nommément et il n'est taxé d'aucun grief précis[68].

Dans son apologie pour Innocent de Rome, Pélage ne se sentit pas obligé, semble-t-il, de se défendre contre l'accusation d'une complicité quelconque dans cette affaire.

---

67. Augustin, *De gestis Pelagii* 66, *CSEL* 42, p. 121 *sq.*; *BA* 21, p. 577 (trad.).
68. Jérôme, *ep.* 136, trad. J. Labourt, *Lettres* VIII, p. 71. Paula et Eustochium n'étaient pas non plus prêtes à révéler le nom du coupable : Jérôme, *ep.* 137.

Dans la lettre 138, Jérôme informe son correspondant Riparius que, « sans aide humaine et proprement par la sentence du Christ », Pélage avait été forcé de quitter la Terre Sainte[69]. Par là, Jérôme ne me semble point faire référence, comme le veut F.-J. Thonnard, à une démarche du *comes* Plinta contre Pélage en raison des événements de Bethléem[70]. Il fait plutôt allusion à des mesures, prises par le nouvel évêque de Jérusalem ou par le gouverneur, par rapport à la triple condamnation de Pélage en 418. Ni dans la lettre à Jérôme d'Augustin (lettre 19*) ni dans les lettres africaines à Innocent de Rome de l'été 416, l'incident de Bethléem n'est mentionné.

L'agression contre les monastères de Jérôme à Bethléem était-elle une émeute populaire pro-pélagienne? Les indices en sont, semble-t-il, beaucoup trop faibles pour qu'on puisse l'affirmer.

– *Rome*

Dans le même sermon que nous venons de citer, Augustin évoque l'évêque Urbain de Sicca qui, pendant un séjour à Rome dont la date n'est point précisée, avait entendu un argument pélagien soutenant que la tentation évoquée par Mt 6, 13 (« Et ne nous mets pas à la tentation... ») se réfère à une chute de cheval, à une fracture ou à un attentat des brigands, plutôt qu'à la tentation de tomber dans le péché. François Dolbeau a suggéré que les informations sur la situation à Rome disséminées dans la lettre 177, 2 des cinq évêques à Innocent de Rome dérivent probablement du même évêque[71]. Les cinq évêques écrivent :

> D'après ce que nous avons appris, on trouve à Rome, où cet homme a longtemps vécu, des gens qui, pour divers motifs, lui sont favorables : les uns parce qu'il est parvenu à les persuader de ces choses, les autres parce qu'ils ne croient pas que cette doctrine soit la sienne et citent à sa décharge les actes ecclésiastiques faits en Orient[72]...

69. Jérôme, *ep.* 138, éd. et trad. J. Labourt, *Lettres* VIII, p. 73.
70. Voir *BA* 21, p. 636.
71. Augustin, *s.* 348A, éd. F. Dolbeau, p. 44, n. 48.
72. *CSEL* 44, p. 670; trad. M. Poujoulat, *Lettres de Saint Augustin* III, p. 480, retouchée. Voir aussi Augustin, *De peccato originali* 24, *CSEL* 42, p. 183.

Dans sa réponse aux cinq évêques, Innocent doit avouer qu'il ne sait pas si Pélage a des disciples à Rome et, si oui, où ils se cachent : étant donné le grand nombre des habitants, dit-il, ils sont difficiles à détecter[73].

Les lettres et les édits publiés par l'empereur et ses officiels en 418 laissent entendre que les autorités romaines suspectaient et Pélage et Céleste de séjourner à Rome[74]. Les indications sur des dissensions et des troubles suscités par l'hérésie restent pourtant très vagues[75]. Comme je l'ai déjà dit, je crois que cela reflète une incertitude réelle de la part de l'empereur et de ses hauts fonctionnaires. Leur législation ne peut pas être comprise comme la réaction mesurée à un danger clairement perçu. Tout au contraire : ils manquent d'informations précises et il leur faut par conséquent faire confiance aux vagues rumeurs et aux insinuations des ennemis de Pélage et de Céleste.

L'auteur romain Marius Mercator mentionne une certaine propagande à Rome de Pélage et surtout de Céleste. Dans son *Commonitorium adversum haeresim Pelagii et Caelestii*, il remarque :

> Celui-ci (c'est-à-dire Céleste) est formé par Pélage; il a assimilé sans aucun mélange ces idées très impies et, avec une loquacité incroyable, il a fait participer et rendu complices de sa démence beaucoup de gens, et osé disséminer ouvertement et en public ces idées parmi le peuple[76]... (suivent les propositions de Céleste condamnées par le synode de Carthage en 411).

La propagande pélagienne ici évoquée est à dater d'avant 410. En fait, au cours du synode de Carthage en 411, Céleste avait indiqué qu'un certain prêtre Rufin, séjournant en ce temps-là dans la maison du sénateur Pammachius, avait nié la transmission du péché originel[77].

73. Augustin, *ep.* 183, 2, *CSEL* 44, p. 726.
74. Voir *PL* 56, 492.493.500. Voir p. 17-19.
75. *PL* 56, 491.
76. *ACO* I, 5, p. 6.
77. Augustin, *De gratia Christi et de peccato originali* 2, 3, *CSEL* 42, p. 168.

– *Sicile*

En 414-415 environ, Hilaire, un fidèle de Syracuse (Sicile), écrit une lettre à Augustin dans laquelle il relate certaines propositions de chrétiens anonymes de Syracuse. Ils disent que :

> l'homme peut être sans péché et que, s'il le veut, il observe aisément les commandements de Dieu; qu'il ne serait pas juste que l'enfant mort sans baptême périsse, puisqu'il naît sans péché. Ils disent en plus que le riche ne peut entrer dans le royaume de Dieu, à moins qu'il n'ait vendu tout ce qu'il possède, que même les œuvres bonnes qu'il accomplirait à l'aide de ses richesses ne lui serviraient de rien, et qu'on ne doit jurer en aucune manière. Et ils désirent aussi savoir si l'Église sans ride et sans tache dont parle l'Apôtre est celle où nous sommes présentement réunis ou bien celle que nous espérons : certains chrétiens croient que cette Église est celle où maintenant se pressent les peuples et qu'elle peut être sans péché[78].

Comme les propos sur l'Église sont formulés comme des questions, il semble que leurs auteurs – des Pélagiens séjournant en Sicile – entendaient susciter des débats.

Ce n'est qu'après la triple condamnation de 418 que la répression violente du pélagianisme suscita des réactions parfois également violentes. Dans sa chronique, Prosper d'Aquitaine relate pour l'année 418 qu'un certain Constantius, un ancien *vicarius* très engagé dans la lutte antipélagienne, devint la victime des attaques des Pélagiens *quae illum sanctis confessoribus sociaverunt* (« qui l'associèrent aux saints confesseurs »)[79]. Le sens de cette phrase latine n'est pas tout à fait clair : Constantius était-il mort ? Prosper ne nous le dit pas.

À peine un an plus tard, la situation s'est renversée. Ce sont maintenant des évêques catholiques qui, selon la plainte de Julien d'Éclane, adversaire acharné d'Augustin et l'un des dix-huit évêques qui avaient refusé de souscrire à la *Tractoria* du pape Zosime, excitent la masse

---

78. Augustin, *ep.* 156, *CSEL* 44, p. 448 *sq.*, trad. M. Poujoulat, *Lettres de Saint Augustin* III, p. 288, légèrement retouchée.

79. Prosper d'Aquitaine, Chron., *MGH a.a.9*, p. 468; Praedestinaus, *Haer.* 88, *PL* 53, 618; *PCBE* 2, 1, p. 475.

des simples chrétiens contre les Pélagiens[80]. Ces luttes se passent à Rome et en Afrique.

Quand on dresse le bilan de ce dossier sur l'activité des groupes et des individus pélagiens, on en arrive à la conclusion que ceux-ci tâchaient principalement de répandre et de soumettre à discussion leur doctrine par des arguments et des sermons. Ce qui trouble Augustin, ainsi peut-être que quelques-uns de ses collègues africains, c'est l'émergence d'une propagande doctrinale qui n'est plus soumise au contrôle de l'évêque et de son clergé. Comme les Pélagiens prenaient tout particulièrement pour cible la doctrine d'Augustin, celui-ci considérait non sans raison que son autorité était mise en cause. Augustin s'efforce donc de regagner le contrôle[81] et veut pour cela soit obtenir de Pélage et de ses disciples une rétractation publique, soit parachever la condamnation de Pélage par un synode. En tout cas, ce qui importe à Augustin, c'est de défaire publiquement la doctrine pélagienne afin d'arrêter sa diffusion secrète. Étant donné les difficultés à dépister les agents divers de la propagande pélagienne et à contrôler la circulation de leurs écrits, cette démarche semblait offrir à Augustin la seule chance d'atteindre son but.

Jean-Marie Salamito a suggéré que la propagande pélagienne s'est basée sur des « cénacles de sénateurs ou de notables chrétiens » qui répandaient la doctrine parmi leurs amis et dans leurs maisons. Il conclut :

> La diffusion du pélagianisme semble tout simplement passer par les réseaux de relations – relations à égalité comme relations de dépendance – des élites sociales du moment[82].

C'est un modèle bien admissible, mais il est tout de même possible que la diffusion des idées pélagiennes ait été bien plus fortuite que ne le pense Salamito. Les remarques d'Augustin et d'Innocent de Rome semblent indiquer que les évêques n'avaient qu'une idée assez vague

---

80. Augustin, *Op. imperf.* 3, 35, *CSEL* 85, 1 p. 374 *sq.* Voir G. de Plinval, *Pélage*, p. 344 *sq.*

81. Voir M. Kulikowski, *Late Roman Spain and Its Cities*, Baltimore 2004, p. 243-249 qui interprète l'affaire Priscillien d'Avila dans le même sens.

82. J.-M. Salamito, *Les virtuoses et la multitude*, p. 162.

des modalités de la propagande pélagienne. Or, Salamito a sûrement raison de souligner que le mouvement pélagien n'a jamais été un mouvement de masse[83].

En tout cas, il ne faut pas sous-estimer le rôle des *disputationes* : il y avait apparemment des Pélagiens anonymes, des *disputatores* itinérants, qui répandaient leurs arguments à travers des débats publics. Les questions posées durant ces débats étaient assez simples : le péché est-il une substance ou un acte? S'il est une substance, comment Dieu le créateur a-t-il créé le péché? S'il est un acte, comment peut-il être transmis d'Adam à sa postérité? etc.

Des groupes dissidents comme les Manichéens ou les Eunomiens (les « Néo-Ariens » dont un certain Eunomius était le protagoniste) avaient propagé leurs doctrines de la même manière[84]. Augustin lui-même avait fait face à des Manichéens comme Secundinus dans des débats publics. Céleste, l'associé de Pélage, plus que Pélage lui-même, était un semblable dialecticien (*disputator*). Plein de confiance, il se présenta au premier synode de Carthage. Ses définitions servent d'argumentations modèles pour d'autres Pélagiens. De même, le traité *De natura* était probablement une argumentation modèle, destinée à des disciples de Pélage comme Timase et Jacques.

Ainsi les Pélagiens ne sont pas seulement, comme le veut A. Kessler, des *exhortatores*, mais aussi des *disputatores*, des dialecticiens. Or, pour eux, les armes de la dialectique ne servent pas seulement à défendre leur doctrine contre les attaques de leurs adversaires. Les disputations n'avaient pas non plus uniquement une visée missionnaire. Il s'agissait probablement tout aussi bien de prémunir leurs auditeurs contre des arguments et des pensées qui pouvaient faire obstacle à leur progrès spirituel. Tout comme dans la philosophie antique, la dialectique et la thérapie des âmes étaient étroitement liées.

---

83. *Ibid.*
84. Voir R. Lim, *Public Disputation, Power and Social Order in Late Antiquity*, Berkeley, 1995.

L'enjeu du débat entre Augustin et Pélage

Une autre approche de la question « qu'est-ce que le pélagianisme ? » consisterait à se demander quel est l'enjeu intellectuel des débats entre les Pélagiens et leurs adversaires. Or, il faut différencier : il suffit de lire le tout premier écrit d'Augustin sur le pélagianisme, son *De meritis peccatorum et remissione*, pour constater que l'évêque d'Hippone, informé par le *comes* Marcellinus, avait à faire face à un bon nombre de propositions et d'arguments différents. Ainsi, l'enjeu du débat varie fortement selon les époques et les argumentations proposées. Cela est vrai même si l'on exclut des propositions fictives, à savoir les argumentations qui sont prêtées aux Pélagiens par leurs adversaires.

Je veux à présent m'occuper plus particulièrement du débat entre Pélage et Augustin. Son point de départ en 411 (qui est aussi, il faut le souligner, celui du débat entre Jérôme et Pélage) est bien le problème de l'impeccance[85]. Cette question forme le sujet du deuxième livre du *De peccatorum meritis et remissione* et du *De spiritu ac littera*. Un laïc éminent comme le *comes* Marcellinus s'inquiéta de la proposition d'Augustin selon laquelle l'impeccance de l'homme est possible avec l'aide de Dieu mais que personne, excepté le Christ, n'est vraiment sans péché[86]. En dernier lieu, dans le *De natura et gratia*, Augustin essaie de réfuter les arguments du traité pélagien *De natura* : or, toute l'argumentation de ce dernier traité s'occupe de défendre précisément la possibilité de l'impeccance.

En dépit de l'optimisme pélagien à l'égard des facultés de la nature humaine (optimisme à visée psychagogique, comme nous l'avons relevé dans le chapitre 2), Pélage et ses associés ne soutiennent pas forcément l'existence

85. Y.-M. Duval, *L'affaire Jovinien*, Rome 2003, p. 315-365 a mis en lumière la relation entre, d'un côté, la discussion sur l'impeccance pélagienne, et, de l'autre, le débat antérieur sur la 2e thèse de Jovinien selon laquelle tous ceux qui ont été régénérés par le baptême ne peuvent plus être tentés par le diable. Par la suite, je préfère explorer la parallèle entre la sainteté pélagienne et l'idéal philosophique du sage parfait. S. Matteoli, *Alle origini della teologia di Pelagio*, Pise, Rome 2011, p. 175-188 discute l'impeccance pélagienne dans le cadre du commentaire sur les épîtres de Paul.

86. Augustin, *De spiritu et littera* I, *CSEL* 60, p. 155.

d'hommes parfaits et sans péchés. Dans le traité *De natura*, l'auteur insiste sur le fait qu'il ne se prononce que sur *la possibilité* d'être sans péché – il est loin d'affirmer l'existence d'un homme parfait et sans péché :

> Nous disputons de pouvoir et ne pas pouvoir (*de posse et non posse*), non pas d'être et ne pas être[87].

De même, Augustin, s'attaquant à l'optimisme pélagien, semble nier qu'aucun homme ne puisse atteindre la perfection dans la vie d'ici-bas. Dans son traité *De peccatorum meritis et remissione*, Augustin, tout comme Pélage, se limite à consentir à la possibilité de la perfection tout en niant l'existence de saints parfaits[88]. Mais, souligne-t-il, ceux-là aussi qui ont bien progressé dans leur cheminement vers le but de la perfection peuvent être appelés en un certain sens « parfaits[89] ».

Dans la recherche moderne sur le pélagianisme, on n'a pas suffisamment souligné le fait que ce paradoxe fondamental du débat entre Pélage et Augustin (l'affirmation de la possibilité d'un état de perfection dont on conteste pourtant l'existence) se trouve aussi dans la philosophie antique et plus particulièrement dans sa version la plus pratique, le stoïcisme. Selon les Stoïciens, il n'y a que très peu de gens, ou peut-être personne, qui atteignent le but de la perfection et accomplissent la transformation en sages parfaits[90]. Paul Veyne parle du « paradoxe de l'extrême rareté des sages – ou même de leur inexistence » et soutient que c'est précisément ce paradoxe qui révèle « la structure profonde du stoïcisme ». Selon Veyne, c'est la pureté de cet idéal du sage qui donne orientation et valeur à l'existence quotidienne de tous ceux qui s'efforcent d'approcher cet idéal dans la vie d'ici-bas. Veyne écrit :

---

87. Augustin, *De natura et gratia* 8, *CSEL* 60, p. 237.
88. Augustin, *De peccatorum meritis.* 2, 8, *CSEL* 60, p. 78 *sq.*
89. Augustin, *De peccatorum meritis* 2, 22, *CSEL* 60, p. 94 *sq.*
90. Chrysippe : Diogénien chez Eusèbe de Césarée, *Préparation Évangélique* 6, 8, 12-3 ; Plutarque, *Contradictions stoïques* 30 (1047) ; *Notions communes* 33 (1076B) ; voir S. Husson, « Le convenable, les passions, le sage et la cité », dans J.-B. Gourinat – J. Barnes (dir.), *Lire les stoïciens*, Paris 2009, p. 126.

Oui, Sénèque croyait vraiment à la réalité du sage : il y croyait comme à une réelle possibilité ; possibilité rarement devenue effective, mais dont le raisonnement prouvait la cohérence et l'utilité quotidienne[91].

Veyne relève que l'affirmation de cet idéal et la compréhension de l'empirie comme une « rationalité approximative » permettent aux Stoïciens de se défendre contre l'objection selon laquelle ils prôneraient le modèle platonicien, avec son écart fondamental entre la région des formes idéales et le monde temporel[92].

Pour Pélage et Augustin, en tant que théologiens chrétiens, il s'agit, comme pour les Stoïciens, de maintenir la rationalité d'un discours tout en évitant la dérive dualiste. Or, ce discours est constitué par un nombre assez restreint d'axiomes qui énoncent, limitent et encadrent la théologie chrétienne dans l'antiquité : Dieu est bon et juste tout en étant tout-puissant ; l'homme est libre et responsable de ses péchés, Dieu veut le salut de tous les hommes. La dérive dualiste consisterait dans les doctrines gnostiques et manichéennes contre lesquelles s'est formé le discours théologique dominant. Or, ni Augustin ni Pélage ne veulent accepter la solution dualiste et son corollaire, une ecclésiologie qui distingue l'élite des chrétiens parfaits d'une masse qui ne peut qu'espérer un salut de qualité assez médiocre[93].

Augustin et Pélage partagent donc certains présupposés fondamentaux. Nous avons déjà relevé qu'ils se fondent aussi sur la même anthropologie de base[94] quant aux conceptions fondamentales des premiers mouvements

---

91. P. VEYNE, *Sénèque. Entretiens. Lettres à Lucilius*, Paris 1993, p. LXXII.
92. P. VEYNE, *Sénèque*, p. LXXIII.
93. VOIR R. M. MARKUS, *The End of Ancient Christianity*, Cambridge 1990, p. 65.
94. Je parle expressément d'anthropologie de *base*, c'est-à-dire de certains présupposés fondamentaux. Je suis bien conscient de leurs différences profondes, tout comme du fait que ni Pélage ni Augustin n'utilisent la terminologie technique stoïcienne. Il s'agit d'un stoïcisme altéré, atténué (voir C. TIBILETTI, « Moduli stoici in Pelagio » ; J. B. VALERO, « El estoicismo de Pelagio »). Peut-être vaudrait-il mieux parler de deux anthropologies stoïcisantes. Ici je développe et précise certaines conclusions de mon article « Augustinus, Pelagius und der Streit um die christliche Lebensform ».

et de l'habitude. Or, cette anthropologie est d'inspiration stoïcienne : ramenant les passions (les péchés) aux jugements erronés ou instables, elle souligne le rôle principal et la responsabilité du libre arbitre, qui juge les pensées par le consentement ou par le rejet.

Augustin, pour sa part, accentue – tout comme les Stoïciens – le contraste total entre la liberté de l'impeccance et l'esclavage de l'homme soumis aux passions et aux péchés. Dans ses *Confessions* (notamment dans le livre 8), Augustin évoque vivement le conflit entre deux volontés : l'une qui se délecte en la loi de Dieu, l'autre en la loi du péché. La bonne volonté est stimulée par la connaissance de la vérité et du vrai bien qui est Dieu. Mais il lui faut lutter contre la mauvaise volonté qui poursuit les biens imaginés :[95] celle-ci, formée par le consentement répété aux suggestions pécheresses, s'est solidifiée en habitude (*consuetudo*) peccamineuse. Ainsi, Augustin écrit dans *Conf.* 8, 5, 10 :

> L'ennemi tenait en main mon vouloir, il en avait forgé une chaîne qui lui servait à me lier. Car c'est la volonté perverse qui crée la passion, c'est l'assujettissement à la passion qui crée l'habitude (*consuetudo*), et c'est la non-résistance à l'habitude qui crée la nécessité[96].

Pour Augustin tout comme pour Pélage, le péché devenu habitude et nécessité est donc une maladie de l'âme. On pourrait rapprocher leurs vues du passage suivant de Sénèque :

> Les maladies de l'âme sont les vices invétérés, indurés, comme l'avarice, comme l'ambition. Ces vices enserrent terriblement l'âme dans leurs replis et passent à l'état de maux permanents. Pour en donner une définition brève, la

95. Augustin, *Confessions* 2, 2, 2 ; 3, 1, 1 ; 4, 6, 11 ; 6, 6, 9 ; 6, 11, 20 ; 8, 5, 12, éd. et trad. P. De Labriolle, t. I, p. 30-31 ; p. 45-46 ; p. 73-74 ; p. 126-127 ; p. 137 ; p. 185-186.

96. Trad. P. de Labriolle, t. I, p. 184. Sur le rôle du consentement (consensus, consensio), voir aussi Augustin, *De peccatorum meritis et remissione* 2, 4, *CSEL* 60, 152 ; *sermo* 98, 5. 7, *PL* 38, 593. 595 ; *sermo* 318, 2, *PL* 38, 1439; *de continentia* 3, *PL* 40, 352. Voir aussi T. Fuhrer, « Zum erkenntnistheoretischen Hintergrund von Augustins Glaubensbegriff », dans T. Fuhrer – M. Erler (éd.), *Zur Rezeption der hellenistischen Philosophie in der Spätantike*, Stuttgart 1999, p. 191-211.

maladie de l'âme consiste dans une perversion opiniâtre du jugement, qui porte à croire vivement désirable ce qui ne l'est que médiocrement[97]...

Selon Augustin, après s'être libérée des passions-péchés par la grâce de Dieu, la volonté de l'homme est guérie et unifiée; désormais l'homme n'est plus que sujet à des tentations[98]. De même, selon les Stoïciens, le sage en homme parfait n'est plus vraiment blessé par les passions, bien qu'il n'en soit pas totalement libéré.

Ici il faut noter que M. Frede, dans son livre récent, est arrivé à la conclusion que la conception augustinienne de la volonté est largement tributaire des doctrines stoïciennes. C'est bien entendu un stoïcisme intégré dans une vision du monde platonicienne[99]. Frede soutient que c'est le Stoïcien Épictète qui est le premier à avoir développé une conception méditée de la volonté libre. D'après les Stoïciens, la volonté est une faculté de la raison de faire des choix, de se décider. Or, le développement de cette faculté dépend de nous, de nos efforts, de notre attention ou négligence[100]. Il est bien dommage que, pour ce qui est d'Augustin, l'étude de Frede s'occupe presque exclusivement du traité *De libero arbitrio* et s'arrête ainsi juste avant le début de la controverse pélagienne.

Pour Augustin et Pélage, tout comme pour des Stoïciens comme Sénèque ou Épictète, se posent les mêmes questions : comment se libérer de la mauvaise habitude (*consuetudo*) ? Comment effectuer la transformation intérieure de l'homme ?

---

97. Sénèque, *ep.* 75, 11, trad. H. Noblot, rév. P. Veyne, dans *Sénèque. Entretiens. Lettres à Lucilius*, p. 810.
98. Voir J. Müller, *Willensschwäche in Antike und Mittelalter. Eine Problemgeschichte von Sokrates bis Johannes Duns Scotus* (« Ancient and medieval philosophy » 40), Louvain 2009, p. 336.
99. M. Frede, *A Free Will. Origins of the Notion in Ancient Thought* (« Sather Classical Lectures » 68), Berkeley 2011, p. 155 : « His view of the world is pervasively stoic but embedded in a Platonist notion of the world. »
100. M. Frede, *A Free Will*, p. 48 : « With Stoicism, then, we get for the first time a notion of the will as an ability of the mind or of reason to make choices and decisions. [...] How it develops is crucially a matter of the effort and care with which we ourselves develop this ability, which we might also neglect to do. »

D'une certaine façon, des œuvres littéraires comme les *Lettres à Lucilius* de Sénèque ou les *Confessions* d'Augustin essaient de présenter ce processus de transformation d'une manière invitant à l'imitation. En ce sens, les *Confessions* comportent aussi un discours protreptique.

Or, il ne faut jamais oublier qu'à l'arrière-plan de ces œuvres se trouvent des conceptions anthropologiques définitives. La description de la conversion d'Augustin au livre 8 des *Confessions* culmine avec une décision qui consiste dans l'acquiescement d'Augustin à Romains 13, 13-14 (« Non en banquets et beuveries, non en luxures et impudicités, non en contention et jalousie, mais endossez le Christ, le Seigneur Jésus et n'allez point pourvoir la chair dans les convoitises »). Par son acquiescement au verset biblique, Augustin brise l'habitude mauvaise. De nouveau, la mise en scène de la conversion indique en arrière-fond une anthropologie stoïcienne[101].

Comment donc se transformer ? Comment surmonter l'habitude qui rend l'homme esclave de la nécessité peccamineuse ?

Autant que je sache, la réponse des Stoïciens était la suivante : la transformation peut se réaliser par l'exhortation, par des préceptes et des maximes, par des exercices spirituels et, aussi et surtout, par la fréquentation des vrais sages, à savoir les maîtres spirituels de la philosophie pratique[102]. Les Stoïciens, tout comme les chrétiens, étaient en outre convaincus que la nature de l'homme (à savoir de tous les hommes, les Stoïciens rejetant l'anthropologie élitiste d'Aristote[103]) est fondamentalement bonne et que la providence divine s'occupe d'aider tous les hommes dans leur progrès moral[104].

---

101. Voir Augustin, *Confessions* 8, 12, 29, éd. et trad. P. De Labriolle, t. I, p. 199-200.

102. Voir Jérôme, *Lettre* 133, 1. Voir aussi J.-B. Gourinat, « La sagesse et les exercices philosophiques », dans J.-B. Gourinat – J. Barnes, *Lire les stoïciens*, Paris 2009, p. 193-200 ; J. Sellars, « Stoic Practical Philosophy in the Imperial Period », dans R. Sorabji – R. W. Sharples, *Greek & Roman Philosophy 100BC-200AD*, vol. I, Londres 2007, p. 115-140. Voir aussi P. R. Kolbet, *Augustine and the Cure of the souls*, Notre Dame 2010, p. 52-56 sur la psychagogie selon Sénèque.

103. M. Frede, *A Free Will*, p. 86.

104. Voir J. Wildberger, *Seneca und die Stoa* I, Berlin – New York 2006, p. 286-292.

Comme nous l'avons vu dans le chapitre 2, Pélage en tant que chrétien partage les éléments clés de la réponse des Stoïciens. Il adapte le discours protreptique et la méthode des exercices spirituels à ses propres fins. Ce faisant, il semble poursuivre l'utopie fondatrice de la philosophie stoïcienne et de toute la philosophie antique : trouver un discours capable de transformer les hommes et leurs comportements et, par conséquent, leur vision du monde et d'eux-mêmes. Pour Pélage, c'est la loi de Dieu et l'évangile de Christ qui remplissent ce rôle. Son propre discours protreptique n'est que le prolongement de l'enseignement du maître qui est le Christ.

Dans un fragment de son traité *Pro libero arbitrio*, Pélage écrit à propos de Phil 2, 13 (« C'est Dieu en effet qui opère en vous à la fois le vouloir et l'accomplissement ») :

> Il opère en nous la volonté qui opte pour le bien, pour la sainteté, en nous enflammant par la grandeur de la gloire future et la promesse des récompenses... il opère ce vouloir, dis-je, en réveillant par la révélation de sa sagesse le désir de Dieu dans notre volonté engourdie, en nous conseillant ce qui est bien[105].

En évoquant la révélation divine et son pouvoir transformateur, Pélage semble parler de son propre discours protreptique. Ce fragment pélagien peut être rapproché d'un passage de Grégoire le Thaumaturge qui évoque de même l'effet du discours protreptique d'Origène de la façon suivante :

> Nous avions été frappés comme d'un trait, dès le premier jour, par sa parole, car il y avait en elle un mélange de grâce et de douceur, de persuasion et de contrainte, mais nous nous détournions encore et nous réfléchissions, sans nous décider tout à fait à nous attacher fortement à la philosophie; et cependant nous ne pouvions, je ne sais pourquoi, nous en aller, attirés sans cesse vers lui par ses paroles comme par de fortes contraintes... il nous avait enfin immobilisés par ses procédés sans artifice, comme des gens ensorcelés, et il nous

105. Augustin, *De gratia Christi* 10, 11, *CSEL* 42, p. 133 *sq.*, *BA* 22, p. 75 (trad.). Peut-être Pélage réagit-il ici à sa façon au défi d'Augustin dans les *Confessions* : parler de l'action salutaire et transformatrice de Dieu d'une manière plus intime.

avait fixés auprès de lui par ses paroles, je ne sais comment, avec une sorte de force divine[106]...

Ce qui semble distinguer Pélage des Stoïciens, au moins dans la *Lettre à Démétrias*, c'est son insistance plus accentuée sur la bonté de la nature humaine et sur son potentiel inaltérable pour la transformation vers le bien. Pélage et Céleste soutiennent que le péché n'est qu'un acte et qu'un acte ne peut jamais blesser la substance même de l'homme. Cette distinction entre la substance et l'acte est tout à fait étrangère à l'anthropologie stoïcienne; elle vient, en effet, de la polémique anti-gnostique et anti-manichéenne[107]. En considérant cette distinction et les argumentations qui se fondent sur elle, on pourrait bien en arriver à la conclusion que Pélage ne prévoit aucune transformation véritable de l'homme, puisque, selon lui, la substance même de l'homme reste en tous les cas inviolée. Autrement dit, l'anthropologie de Pélage ne prend qu'insuffisamment en compte les effets de l'habitude pécheresse.

Augustin ne partage plus la conviction de Pélage que le seul discours protreptique est à même de réaliser la transformation de l'homme en sage parfait. Pour envisager la critique augustinienne de Pélage dans son contexte, il faut remarquer que l'utopie du discours protreptique conçue par la philosophie antique est souvent accompagnée d'une réflexion critique sur les limites de ces exhortations, réflexion qui, chez Pélage, semble faire défaut. Ainsi, en dépit de son admiration affichée pour les facultés psychagogiques d'Origène, Grégoire doit avouer que son propre progrès vers le but de la philosophie fut assez lent et difficile :

> Et pourtant, malgré tout son zèle, il n'a pas encore réussi à nous rendre justes, tempérants, forts, à cause de notre lenteur et de notre nonchalance. En effet, nous ne possédons aucune vertu, humaine ou divine, nous n'en approchons pas même encore, et il s'en faut de beaucoup[108].

---

106. Grégoire le Thaumaturge, *Discours* 78. 80, trad. H. Crouzel, *SC* 148, p. 127.
107. Voir M. Frede, *A Free Will*, p. 113-124.
108. Grégoire le Thaumaturge, *Discours* 145, trad. H. Crouzel, *SC* 148, p. 155.

Dans sa lettre 94 à Lucilius[109], Sénèque prend part au débat sur le pouvoir transformateur du discours philosophique. Il se pose la question suivante : les principes généraux de la philosophie stoïcienne peuvent-ils transformer l'homme ou vaut-il mieux se fier aux préceptes détaillés pour chaque personne? La lettre discute ainsi l'efficacité transformatrice de la philosophie stoïcienne en relation avec sa structure. Sénèque cite et réfute en particulier la position d'Ariston de Chios, qui veut limiter le discours transformateur de la philosophie à « la pure philosophie dogmatique avec la définition du souverain bien. » Pour Ariston, la philosophie est une thérapie de l'âme : selon lui, comme selon Pélage et Augustin, les hommes soumis aux passions sont des malades. Or, Ariston dit :

> L'erreur est la cause de nos fautes. Les préceptes ne nous en délivrent pas, ils ne viennent pas à bout des opinions fausses touchant le bien et le mal.

Et Sénèque, qui croit que la philosophie doit énoncer les deux ensemble, à savoir les doctrines principales et les préceptes, commente :

> J'accorde que, par eux-mêmes, les préceptes n'ont pas assez de force pour détruire des convictions erronées[110]...

Ariston insiste :

> Il est insensé de prescrire au malade ce qu'il doit faire, comme si on le supposait bien portant; c'est la santé qu'il faut lui rendre, sans quoi les préceptes sont vains[111].

Et il dit :

> La philosophie se divise en deux choses : un savoir, un certain état de l'âme. Si l'on n'a fait que s'instruire et qu'apprendre ce qu'il faut faire et ne pas faire, on n'est pas encore sage : il faut pour cela avoir l'âme transformée en ce qu'on a appris. La troisième partie, celle des préceptes, tient à la fois des deux premières, des dogmes et de la façon d'être. Elle n'apporte

109. Pour toutes les citations, je reprends la traduction de H. Noblot, revue par P. Veyne, dans *Sénèque. Entretiens. Lettres à Lucillus*, Paris 1993, p. 939, 945, 943.

110. Sénèque, *ep.* 94, 21. J'utilise l'édition de L. D. Reynolds, *L. Annaei Senecae Ad Lucilium Epistulae Morales*, Oxford 1965, p. 368 *sq.*

111. Sénèque, *ep.* 94, 22, éd. L. D. Reynolds, *L. Annaei Senecae*, p. 369.

donc aucun complément à la vertu, les deux autres étant suffisantes[112].

Dans la même lettre, Sénèque fait entrer d'autres philosophes dans le débat : il cite, par exemple, Posidonius qui demande que les lois et les préceptes soient brefs afin de convaincre et de mener ainsi à leur accomplissement :

> La loi doit être brève, pour que les ignorants aient plus de facilité à la retenir. Qu'elle soit comme une voix partie du ciel : qu'elle ordonne et qu'elle ne discute pas[113]...

Or, dans sa critique de Pélage, Augustin formule sa propre critique de l'efficacité limitée du discours protreptique. Par cela, il s'en prend aussi à la conception pélagienne de la grâce. Il prend pour cible la confiance de Pélage en l'efficacité de l'exhortation par la loi et l'évangile. En citant et commentant le fragment justement évoqué du traité *Pro libero arbitrio*, Augustin écrit :

> Le nom de la grâce, de cette grâce par laquelle Dieu opère en nous le vouloir qui opte le bien, il l'accorde simplement à la loi et à la doctrine. C'est dans la loi et la doctrine des Saintes Écritures qu'est promise, en effet, la grandeur des récompenses et de la gloire à venir. De la doctrine relève aussi la révélation de la sagesse; à la doctrine ressortit pareillement l'exhortation touchant tout ce qui est bien. Et s'il y a quelque différence entre instruire, conseiller ou plutôt exhorter, elle est comprise sous le terme général de la doctrine, qui englobe n'importe quelle classe de discours ou d'écrits[114]...

Et Augustin continue :

> Mais nous voulons que ces Pélagiens confessent une bonne fois cette grâce qui non seulement promet la grandeur de la gloire à venir, mais nous fait aussi croire et espérer; qui ne se contente pas de nous révéler la sagesse, mais aussi nous la fait aimer; qui ne se borne pas à nous conseiller tout ce qui est bien, mais qui encore nous rend convaincus[115]...

---

112. Sénèque, *ep.* 94, 48, éd. L. D. Reynolds, *L. Annaei Senecae*, p. 375.
113. Sénèque, *ep.* 94, 38 ; éd. L. D. Reynolds, *L. Annaei Senecae*, p. 372 *sq.*
114. Augustin, *De gratia Christi* 11, *CSEL* 42, p. 134, *BA* 22, p. 75, 77 (trad.)
115. *Ibid.*

Augustin distingue ainsi, d'un côté, l'exhortation, soit par la loi, soit par l'Évangile, qui n'est que doctrine et, de l'autre, la grâce qui est quelque chose de plus.

Dans son traité *De spiritu ac littera*, Augustin apporte quelques précisions. Au chapitre 60, tout en expliquant par une référence à 1 Co 4, 7 l'influence de la grâce divine sur l'homme, il parle des actions divines qui s'adressent à l'intellect humain (*anima rationalis*). Or, il distingue l'action extérieure de la grâce de son action dans l'intériorité de l'homme. L'action extérieure, ce sont les exhortations par l'évangile et par les préceptes de la Loi : elles enjoignent à l'homme de reconnaître et d'avouer sa propre faiblesse et de chercher refuge auprès de Dieu. Ainsi, selon Augustin, la fonction propre du discours protreptique divin est d'inaugurer l'examen de conscience de la part de l'homme. De cette façon, la doctrine augustinienne de la grâce transforme le discours protreptique même : étant donné qu'il entend inciter à l'amour de Dieu, il doit avant tout enseigner de considérer toute vertu comme un don pour lequel il faut prier Dieu et Lui rendre grâce[116].

Mais l'exhortation ne suffit point : l'action intérieure de Dieu, qui est pour Augustin proprement la grâce effective, envoie dans l'esprit de l'homme certaines pensées (Augustin parle de « la persuasion par des visions[117] ») auxquelles l'homme peut ou non consentir. Augustin écrit :

> [...] soit l'action dans l'intériorité de l'homme où personne ne peut influencer ce qui vient à l'esprit, mais c'est seulement le consentement ou le dissentiment qui relève de la propre volonté[118].

Augustin, en docteur de la grâce, ne fait que reprendre et développer le discours philosophique sur l'efficacité même de la philosophie. Or, Augustin se méfie des maîtres

116. Augustin, *De bono viduitatis* 20, *BA* 3, p. 274-278. Toute la deuxième partie de ce traité se veut une exhortation. Voir aussi *De natura et gratia* 82-84, *CSEL* 60, p. 297-299.
117. « *visorum suasionibus* » – il faut d'ailleurs se rappeler que Cicéron appelle *suasio* un discours délibératif, voir Cicéron, *Divisions de l'art oratoire* 95, éd. et trad. H. Borneque, p. 37.
118. Augustin, *De spiritu ac littera* 60, *CSEL* 60, p. 220. Voir aussi Augustin, *Ad Simplicianum* 2, 21.

spirituels humains qui prétendent pouvoir transformer l'homme et guérir la volonté pervertie par le péché. Ainsi c'est Dieu même, le bien suprême, qui intervient. Les *Confessions* mettent en scène les méthodes et les discours divins qui transforment l'homme Augustin. Dans un certain sens, les discours et les actions de Dieu veulent réorienter la volonté humaine en l'attirant vers le vrai bien[119]. La recherche moderne a de plus en plus reconnu dans les *Confessions* d'Augustin une sorte d'exhortation, de discours protreptique[120].

La critique d'Augustin à l'égard de la méthode protreptique de Pélage avait été devancée par une critique de Pélage à l'égard d'Augustin. Nous savons qu'en 405 Pélage s'échauffa à propos d'une sentence-clé des *Confessions* devant un ami d'Augustin, l'évêque Evodius d'Uzalis. La sentence qui, répétée trois fois au livre X des *Confessions*, – suscite son dégoût est la suivante : « Donne ce que tu commandes et commande ce que tu veux ! » Le contexte des trois occurrences de cette sentence dans les *Confessions* (*Conf.* 10, 30-39)[121] est formé par les remarques d'Augustin sur la triple convoitise (*triplex cupiditas*). Elles introduisent l'exhortation d'Augustin à une vie ascétique. Or, tout comme Pélage, Augustin s'adresse à ceux qui ont perdu l'espérance et se disent : *Non possum! Impossibile est.* Augustin écrit :

---

119. Augustin, *Sermon* 26, 8, *PL* 38, 174 caractérise la position pélagienne de cette façon : « [...] et iacentem miserum hominem ideo extollentes, ne manu sibi desuper porrecta valeat surgere. » Pour le motif de la main de Dieu, voir M. ERLER, « Die helfende Hand Gottes. Augustins Gnadenlehre im Kontext des kaiserzeitlichen Platonismus », dans T. FUHRER, *Die christlich philosophischen Diskurse der Spätantike : Texte, Personen, Institutionen*, Stuttgart 2008, p. 189-204.

120. Il faut se rappeler la distinction de Sophie van der Meeren entre un *logos protreptikos* au sens strict et des textes à fonction protreptique : c'est cette dernière catégorie qui semble applicable aux *Confessions*.

121. Pour une collection utile des occurrences de la formule dans les œuvres d'Augustin (qui omet pourtant *ep.* 179, 5), voir P.-M. HOMBERT, *« Gloria Gratiae ». Se glorifier en Dieu, principe et fin de la théologie augustinienne de la grâce* (Collection des Études Augustiniennes », série « Antiquité » 148), Paris 1996, p. 593-594. À proprement parler, comme Hombert le relève, la formule ne se trouve que dans les *Confessions*, le *De peccatorum meritis et remissione*, le *De Spiritu et littera* et le *De dono perseverantiae* (avec référence aux *Confessions*).

> Donne ce que tu commandes et commandes ce que tu veux : Tu nous as commandé la continence. Quelqu'un dit : parce que personne ne peut être continent à moins que Dieu ne le lui donne, c'est déjà de la sagesse même que de savoir d'où vient ce don (voir Sag 8, 21)[122].

Ainsi, pour Augustin, l'homme se rapproche d'autant plus du but de la sagesse qu'il réalise sa dépendance à Dieu, qui est le souverain bien. La méditation de la sentence *Da quod iubes et iube quod vis* fait partie d'un exercice spirituel radicalement opposé à la méthode d'exhortation qu'évoque Pélage dans sa *Lettre à Démétrias.*

La vive réaction de Pélage en 405 pourrait indiquer que, pour le maître breton, la méthode d'exhortation d'Augustin se révèle fausse et inefficace : au lieu d'aider les disciples dans leurs efforts d'ascension au sommet de la perfection, Augustin les démoralise. Aimé Solignac a même suggéré que Pélage avait écrit son traité *De natura* en réponse aux *Confessions* d'Augustin. On peut également supposer que *Dem.* sert à cette fin[123].

Ce n'est pas par hasard que le débat entre Augustin et Pélage se focalise sur la puissance transformatrice du christianisme. Par là même, il se présente sous divers aspects comme une reprise ou bien un développement de débats philosophiques similaires. Il convient de se rappeler dans ce contexte que, dès les apologètes du IIe siècle, les chrétiens défendent leur philosophie en faisant valoir que seul le christianisme, et non la philosophie de la Stoa, de Platon ou d'Aristote, peut transformer effectivement tous les hommes et tout l'homme.

Or, si le débat se présente sous divers aspects comme une reprise, il apporte aussi des éléments nouveaux. On peut même dire que, dans un certain sens, le débat sur la nature et la grâce surpasse le discours philosophique antérieur. Ainsi, Pélage et Augustin essaient l'un et l'autre d'explorer les points que le discours philosophique a laissés obscurs et inexpliqués. En bons chrétiens et en directeurs de conscience, Pélage et Augustin s'intéressent

122. Augustin, *Confessions* 10, 29, 40, trad. P. De Labriolle, t. II, p. 270.
123. A. Solignac, « Autour du *De natura* de Pélage », dans *Valeurs dans le stoïcisme. Du Portique à nos jours (Mélanges en l'honneur de M. le Doyen Spanneut*), Lille 1993, p. 181-192.

particulièrement à la pratique, au processus même de la transformation : à cet égard, la philosophie stoïcienne tout comme les autres philosophies laissaient beaucoup de questions sans réponse. Or, ni Pélage ni Augustin ne partagent l'utopie de la philosophie stoïcienne évoquée si lumineusement par Paul Veyne. Ils dépassent cet utopisme stérile en essayant de clarifier les rôles respectifs de l'homme et de Dieu dans le processus de la transformation de l'homme. Par là, ils en arrivent, on le sait bien, à des solutions tout à fait divergentes.

Augustin et Pélage, tout comme Jérôme, Paulin de Nole, Rufin et d'autres, appartenaient à une génération brillante d'intellectuels chrétiens qui s'étaient convertis à un christianisme intense. Ils ne pouvaient pas ne pas se poser des questions fondamentales sur l'essence même du christianisme, qui se présentait à eux comme une forme de vie encore à l'état de construction et de définition. Cela s'est fait d'autant plus naturellement que l'éclosion de toute une gamme de versions du christianisme, au sein des Églises et en dehors d'elles, mettait en question l'identité même de la nouvelle foi. La loi du Christ recèle-t-elle en effet une multiplicité de lois et de formes de vie ? Et, étant donné le fait que le comportement de trop de chrétiens ne diffère guère ou aucunement de celui des païens, quelle est à vrai dire la *différence chrétienne* ?

La qualité et l'intensité de la controverse entre Augustin et Pélage instaurent un nouveau discours quant à la possibilité, la réalité et les modalités de la transformation de l'homme. À la suite de ce débat, le christianisme occidental discute de la nature et de la grâce, selon des catégories introduites par ce débat même, lorsqu'il traite de la force transformatrice du christianisme.

Annexe

I. Tableau chronologique

410	Prise de Rome
410/11	Séjour de Pélage en Afrique
411	Conférence de Carthage : réconciliation des donatistes
411 (?)	Condamnation de Céleste par un synode à Carthage (*libellus* de Paulin de Milan)
412/3	Augustin s'occupe de la réfutation des doctrines pélagiennes (par ex. *De meritis peccatorum et remissione*; *sermo* 294 etc).
413	*Lettre à Démétrias* de Pélage
415	Timase et Jacques communiquent à Augustin le traité *De natura*
415	28 juillet : colloque de Jérusalem
415	20 décembre : synode de Diospolis
416	été : conciles de Carthage et de Milève
417	27 janvier : confirmation de la condamnation africaine de Pélage et Céleste par le pape Innocence de Rome
417	mars : mort d'Innocence / élection de Zosime
417	21 septembre : réhabilitation de Pélage par Zosime
417	automne/hiver : protestations des évêques africaines
418	30 avril : édit de l'empereur Honorius
418	1er mai : concile de Carthage
418	juin/juillet : Tractoria du pape Zosime

II. L'acte d'accusation du synode de Carthage (411) contre Céleste

(trad. De Plinval – De La Tullaye, *BA* 21)

1. Adam a été créé mortel, en sorte que soit qu'il péchât, soit qu'il ne péchât pas, il était voué à la mort.

2. Que le péché d'Adam n'a fait tort qu'à sa seule personne et non au genre humain.

3. Que la loi conduit au royaume tout comme l'Évangile.

4. Qu'avant l'avènement du Christ il y eut des hommes sans péché.

5. Que les nouveau-nés se trouvent dans l'état où s'est trouvé Adam avant la prévarication.

6. Que le genre humain dans son ensemble ne meurt pas à cause de la mort et de la prévarication d'Adam, pas plus que dans son ensemble il ne ressuscite en vertu de la résurrection du Christ.

III. L'acte d'accusation du synode de Diospolis (415)

(trad. *BA* 21)

1. Nul ne peut être sans péché, hors celui qui aura possédé la connaissance de la Loi.

2. Tous sont gouvernés par leur propre volonté.

3. Au jour du jugement, il ne devra pas exister de pardon pour les impies, mais qu'ils devront brûler au feu éternel.

4. Le mal ne vient même pas à la pensée.

5. Le royaume des cieux a été promis dans l'Ancien Testament.

6. L'homme peut, s'il le veut, être sans péché.

(1.-6. : tirés des *Extraits* / *Eclogae* de Pélage)

7. Que la piété, qui nulle part ne se rencontre, trouve chez toi un refuge ; que la justice partout étrangère trouve chez toi une demeure ; que la vérité, désormais ignorée de tous, devienne ta compagne familière et ton amie, et que la loi de Dieu méprisée par presque tous les hommes, soit honorée par toi seule ! (Pélage [?], *Lettre à une veuve*)

8. Oh ! tu es heureuse et bienheureuse si la justice qui, nous devons le croire, n'existe plus qu'au ciel, se découvre chez toi seule sur la terre ! (Pélage [?], *ibid.*)

9. Celui-là élève dignement les mains vers Dieu, celui-là émet sa prière avec une bonne conscience qui peut dire : « tu connais, Seigneur, combien sont saintes, innocentes et exemptes de toute malice, de toute iniquité, de toute rapacité, ces mains que je tends vers toi ; combien justes, pures et dépourvues de tout mensonge sont mes lèvres par lesquelles je t'offre ma prière pour que tu aies pitié de moi. » (Pélage [?], *Liber de vita christiana*).

10-15. Voir II, 1-6.

16. L'homme peut, s'il le veut, être sans péché.

17. Les enfants mêmes non baptisés auront la vie éternelle.

18. Les riches baptisés, à moins de renoncer à toutes leurs richesses, ne retirent aucun mérite du bien qu'ils paraissent accomplir et il leur est impossible d'avoir le royaume de Dieu.

19. L'église ici-bas est sans tache ni ride. (*16.-19. : propos des pélagiens recueillis par Hilaire de Syracuse)*

20. Que nous faisons plus qu'il n'est prescrit dans la Loi et Évangile. (*Livre de Céleste*, c. 1)

21. La grâce et l'aide de Dieu ne nous sont pas accordées pour chacun de nos actes mais résident dans le libre arbitre, ou encore dans la Loi et la doctrine. (*Ibid.*, c. 3)

22. La grâce de Dieu nous est accordée selon nos mérites, car si Dieu l'accordait aux pécheurs, il semblerait injuste. [Et il conclut par ces mots] :

> Voilà pourquoi la grâce de Dieu a été déposée en ma volonté, que j'en aie été digne ou indigne. Car si nous accomplissions tout, au moyen de la grâce, lorsque nous sommes vaincus par le péché, ce n'est pas nous qui sommes vaincus, mais la grâce de Dieu qui voulait nous aider de toute manière et n'a pas pu. (*Ibid.*, c. 3)

23. Si c'est une grâce de Dieu que nous triomphons du péché, Dieu lui-même est en faute lorsque nous sommes vaincus par le péché, car il n'a absolument pas pu ou pas voulu nous garder. (*Ibid.*, c. 3)

24. Tout homme est susceptible de posséder toutes les vertus et toutes les grâces et d'éliminer ainsi la diversité des grâces enseignée par l'Apôtre. (*Ibid.*, c. 5)

25. Ne peuvent être appelés enfants de Dieu que ceux qui auront été délivrés du péché d'une façon complète. (*Ibid.*, c. 6)

26. L'oubli et l'ignorance ne relèvent pas du péché, puisqu'il proviennent non de la volonté, mais de la nécessité. (*Ibid.*, c. 7)

27. Le libre arbitre n'existerait si l'homme avait besoin de l'aide de Dieu, puisque chacun possède en sa volonté propre la faculté d'accomplir ou de ne pas accomplir quelque chose. (*Ibid.*, c. 10)

28. La victoire est nôtre, puisque c'est avec notre propre volonté que nous avons pris les armes, de même qu'inversement la défaite est nôtre, puisque nous avons négligé de nous servir des armes de notre propre volonté. (*Ibid.*, c. 12)

29. Le pardon est accordé à ceux qui se repentent, non pas selon la grâce et miséricorde de Dieu, mais selon leur mérite et l'effort de ceux qui, par la pénitence, auront été dignes de la miséricorde. (*Ibid.*, c. 13)

IV. Concile de Carthage (1 mai 418) : résumé des canons
(trad. dans C. J. Hefele, *Histoire des conciles d'après les documents originaux*, t. II/1, Paris 1908, p. 192-193)

Propositions anathématisées

c. 1 : La mort d'Adam n'est qu'une nécessité de la nature, non pas le salaire du péché.

c. 2 : Le baptême des enfants n'est pas pour la rémission des péchés, car ils n'ont pas en eux le péché originel transmis d'Adam.

c. 3 : Il y a un lieu intermédiaire, dans le royaume de Dieu ou ailleurs, où les enfants morts sans baptême vivent heureux.

c. 4 : La grâce de Dieu procure la rémission des fautes déjà commises, mais ne fait pas éviter les fautes à venir.

c. 5 : La grâce nous aide vers l'impeccabilité parce qu'elle nous procure une intelligence plus claire des commandements divins, mais non pas parce qu'elle nous donne une force pour accomplir ce que nous savons être bon.

c. 6 : La grâce nous a été donnée uniquement pour que nous accomplissions avec *plus de facilité* ce que nous sommes tenus de faire.

c. 7 : 1 Jean 1, 8 (« Lorsque nous disons que nous sommes sans péché, nous nous trompons nous-mêmes) veut dire que c'est par pure humilité que nous devons nous reconnaître pécheurs.

c. 8 : Mt 6, 12 (« Pardonne-nous nos péchés ! ») n'est pas écrit à propos des saints, mais pour les autres.

c. 9 : Les saints prononcent Mt 6, 12 par pur sentiment d'humilité, et non pas dans toute la vérité du mot.

V. *Augustin, De gestis Pelagii* 46
(trad. *BA* 21)

(1) Car, pour parler plutôt de mon propre cas, j'ai connu le nom de Pélage, tout d'abord quand il était au loin établi à Rome, entouré de grands éloges ; (2) puis un bruit a commencé à nous arriver qu'il raisonne contre la grâce de Dieu. Bien que je le déplorasse et que j'eusse fait crédit à ceux qui me l'avaient dit, j'aurais voulu connaître, venant de lui ou de l'un de ses livres, une assertion telle que, si j'entreprenais de le réfuter, il ne puisse se dérober. (3) Mais, après être arrivé en Afrique, il fut reçu en mon absence sur la côte d'Hippone où, comme je l'ai appris par des amis, rien de tel ne fut entendu de sa part, car il partit plus vite que l'on ne pensait. (4) Peu après, autant que je m'en souvienne, j'ai aperçu une fois ou deux son visage à Carthage, au moment où j'étais extrêmement occupé par l'organisation de la conférence que nous étions sur le point d'avoir avec les hérétiques donatistes ; mais lui se hâta de partir outre-mer. (5) Pendant ce temps, ces doctrines, propagées par la bouche de ceux qui – comme on colportait – étaient ses disciples bouillonnaient à tel point que Céleste dut venir devant un tribunal ecclésiastique et en remporta un verdict digne de ses erreurs. (6) Nous pensions, en tout cas, que l'on agirait plus sainement contre eux, si, tout en taisant le nom des auteurs, on se contentait de les dénoncer et de les réfuter, eux et leurs erreurs. Ainsi seraient-ils plutôt amendés par la crainte du tribunal ecclésiastique que punis par le jugement. Nous

n'arrêtions donc pas les polémiques contre de tels maux, soit dans nos livres, soit dans nos instructions au peuple.

VI. *Les quatre thèses de Jovinien*

D'après Jérôme, Contre Jovinien 1, 3, *PL* 23, 214 B

I. Les vierges, les veuves et les mariées sont d'un mérite égal si elles ont reçu le baptême chrétien.

II. Ceux qui ont été régénérés dans le baptême avec une foi complète ne peuvent pas être ébranlés par le diable.

III. Il n'y a aucune différence entre le jeûne et la prise d'un repas avec action de grâces.

IV. Il n'y a qu'une récompense dans le royaume de cieux.

Bibliographie

L. Alfonsi, « La consuetudo nei protrettici », *Vigiliae Christianae* 18 (1964), p. 32-36.

J. A. Baer, *De Operibus Fastidii, Britannorum Episcopi*, Nuremberg 1902.

K. Berger, « Hellenistische Gattungen im Neuen Testament », H. Temporini, W. Haase (éd.), *Aufstieg und Niedergang der römischen Welt*, vol. II, t. 25/2, Berlin – New York 1991, col. 1031-1432.

E. Bermon, *Le cogito dans la pensée de Saint Augustin*, Paris 2001.

I. Bochet, « Une nouvelle lecture du *Liber ad Honoratum* », *REA* 45 (1999), p. 335-351.

A. Bonner, « The Scale, Context, and Implications of the Manuscript Transmission of Pelagius' *Ad Demetriadem* » (thèse non publiée), Cambridge 2012.

K. D. Bowes, *Private Worship, Public Values, and Religious Change in Late Antiquity*, Cambridge 2008.

P. Brown, *Augustine of Hippo. À Biography*, Londres 1967.

P. Brown, « The Patrons of Pelagius. The Roman Aristocracy between East and West », *Journal of Theological Studies* 21 (1971), p. 56-72.

M. Caltabiano, « Agostino d'Ippona e la comunicazione scritta con gli eretici », *Acme* 49 (2006), 55-73.

A. Cameron, *The Last Pagans of Rome*, Oxford 2011.

G. Caruso, « L'esegesi di 1 Cor 7 nell'epistola pelagiana *De castitate* », *Augustinianum* 45 (2005), p. 467-499.

C. P. CASPARI, *Briefe, Abhandlungen und Predigten aus den zwei letzten Jahrunderten des kirchlichen Alterthums und dem Anfang des Mittelalter*, Christiania 1890 (réimp. Bruxelles 1964).

N. CIPRIANI, « La morale pelagiana e la retorica », *Augustinianum* 31 (1991), p. 309-327.

P. COURCELLE, « Les lacunes de la correspondance entre Paulin de Nole et Saint Augustin », *Revue des études anciennes* 53 (1951), p. 253-300.

H. CROUZEL, « L'Hadès et la Géhenne selon Origène », *Gregorianum* 59 (1978), p. 291-331.

H. CROUZEL, *Les fins dernières selon Origène*, Londres 1990.

B. E. DALEY, *The Hope of the Early Church. A Handbook of Patristic Eschatology*, Cambridge 1991.

E. DASSMANN, « Hiob », *Reallexikon für Antike und Christentum* 15 (1991), Bonn 1991, p. 366-405.

T. DE BRUYN, *Pelagius's Commentary on St Paul's Epistle to the Romans*, Oxford 1993.

F. DOLBEAU, « Le sermon 348A de saint Augustin contre Pélage. Édition du texte intégral », *Recherches Augustiniennes* 28 (1995), p. 37-63.

F. DOLBEAU, « Un second manuscrit complet du *Sermo contra Pelagium* d'Augustin (S. 348A augmenté) », RÉA 45 (1999), p. 353-360.

V. H. DRECOLL (éd.), *Augustin Handbuch*, Tubingue 2007.

H. J. W. DRIJVERS, *Bardaisan of Edessa*, Assen 1966.

W. DUNPHY, « A Lost Year. Pelagianism in Carthage 411 A. D. », *Augustinianum* 45 (2005), p. 389-466.

W. DUNPHY, « A Prelude to the Synod of Diospolis : The *Liber Apologeticus of Orosius* », *Academia* 62 (1995), p. 123-153.

W. DUNPHY, « Caelestius's *De possibilitate non peccandi ?* » *Academia* 66 (1997), p. 65-81.

W. DUNPHY, « Concerning the Synod of Diospolis and its Acts », *Academia* 63 (1996), p. 101-117.

W. DUNPHY, « Rufinus the Syrian : Myth and Reality », *Augustinianum* 59 (2009, 1), p. 79-157.

W. Dunphy, « Saint Jerome and the *Gens Anicia* (*Ep.* 130 to *Demetrias*) », *Studia Patristica* 18/4 (1990), p. 139-145.

Y.-M. Duval, « Pélage est-il le censeur inconnu de l'*Adversus Jovinianum* à Rome en 393 ? Du "portrait-robot" de l'hérétique chez S. Jérôme », *Revue d'histoire ecclésiastique* 75 (1980), p. 525-557.

Y.-M. Duval, « La date du "De natura" de Pélage. Les premières étapes de la controverse sur la nature de la grâce », *REA* 36 (1990), p. 257-283.

Y.-M. Duval, « Jérôme ennemi de l'hérésie, non de l'hérétique : de la proclamation d'un principe à son application pratique », J.-M. Poinsotte (éd.), *Les chrétiens face à leurs adversaires dans l'Occident latin au IVe siècle. Actes des Journées d'Études du GRAC, Rouen, 25 avril 1997 et 28 avril 2000*, Rouen 2001, p. 211-231.

Y.-M. Duval, *L'affaire Jovinien. D'une crise de la société romaine à une crise de la pensée chrétienne à la fin du IVe et au début du Ve siècle*, Rome 2003.

Y.-M. Duval, « Note sur la lettre d'Evodius à l'abbé Valentin d'Hadrumète », *REA* 49 (2003), p. 123-130.

P. J. van Egmond, « *Haec fides est.* Observations on the textual tradition of Pelagius's *Libellus fidei* », *Augustiniana* 57 (2007), p. 345-385.

M. Erler, « Die helfende Hand Gottes. Augustins Gnadenlehre im Kontext des kaiserzeitlichen Platonismus », T. Fuhrer (éd.), *Die christlich philosophischen Diskurse der Spätantike : Texte, Personen, Institutionen*, Stuttgart 2008, p. 189-204.

R. F. Evans, *Pelagius. Inquiries and Reappraisals*, New York 1968.

R. F. Evans, *Four letters of Pelagius*, Londres 1968.

R. Flechner, « Compte rendu de K. George, *Gildas's* De excidio Britonum *and the early British church* », *The Journal of English and Germanic Philology* 109 (2010), p. 523-525.

M. Frede, *A Free Will. Origins of the Notion in Ancient Thought* (« Sather Classical Lectures » 68), Berkeley 2011.

T. Fuhrer, « Zum erkenntnistheoretischen Hintergrund von Augustins Glaubensbegriff », dans T. Fuhrer, M. Erler (éd.), *Zur Rezeption der hellenistischen Philosophie in der Spätantike*, Stuttgart 1999, p. 191-211.

K. GEORGE, *Gildas's* De excidio Britonum *and the Early British Church*, Woodbrige 2009.

R. GOULET (éd.), *Dictionnaire des philosophes antiques* I, Paris 1989.

J.-B. GOURINAT, *Les stoïciens et l'âme*, Paris 1996.

J.-B. GOURINAT, « La sagesse et les exercices philosophiques », J.-B. GOURINAT, J. BARNES (éd.), *Lire les stoïciens*, Paris 2009, p. 193-200.

M. GRAVER, *Stoicism and Emotion*, Chicago 2007.

P. HADOT, *Qu'est-ce que la philosophie antique?*, Paris 1995.

W. HALLER, *Jovinianus. Die Fragmente seiner Schriften, die Quellen zu seiner Geschichte, sein Leben und seine Lehre*, Leipzig 1897.

A. VON HARNACK, *Lehrbuch der Dogmengeschichte*, *t.* III, *Die Entwicklung des kirchlichen Dogmas II/III*, Darmstadt 1964.

A. VON HARNACK, *Das Wesen des Christentums. Sechzehn Vorlesungen vor Studierenden aller Fakultäten im Wintersemester 1899/1900 an der Universität Berlin gehalten von Adolf v. Harnack*, Tubingue 2012.

P.-M. HOMBERT, « *Gloria Gratiae* ». *Se glorifier en Dieu, principe et fin de la théologie augustinienne de la grâce* (« Collection des Études Augustiniennes », série « Antiquité » 148), Paris 1996.

D. G. HUNTER, *Marriage, Celibacy, and Heresy in Ancient Christianity. The Jovinianist Controversy*, Oxford 2007.

S. HUSSON, « Le convenable, les passions, le sage et la cité », J.-B. Gourinat, J. BARNES (éd.), *Lire les stoïciens*, Paris 2009, p. 115-131.

A. JACOBS, « Writing Demetrias : Ascetic Logic in Ancient Christianity », *Church History* 69 (2000), p. 719-748.

B. JEANJEAN, *Saint Jérôme et l'hérésie* (« Collection des Études Augustiniennes », série « Antiquité » 161), Paris 1999.

G. JENAL, *Italia ascetica atque monastica. Das Asketen- und Mönchtum in Italien von den Anfängen bis zur Zeit der Langobarden (ca. 150/250-604)* (« Monographien zur Geschichte des Mittelalters » 39), Stuttgart 1995.

R. KANY, « Die gottgeschenkte Freiheit. Eine antike Sentenz bei Porphyrius, Sextus und Pelagius », N. EL-KHOURY, H. CROUZEL, R. REINHARDT (éd.), *Lebendige Überlieferung. Prozesse der Annäherung und Auslegung ; Festschrift für Hermann-Josef Vogt zum 60. Geburtstag*, Beirut – Ostfildern 1992, p. 153-170.

J. N. D. KELLY, *Jerome. His Life, Writings and Controversies*, Londres 1975.

A. KESSLER, *Reichtumskritik und Pelagianismus. Die pelagianische Diatribe* De divitiis *: Situierung, Lesetext, Übersetzung, Kommentar* (« Paradosis » 43), Fribourg 1999.

P. R. KOLBET, *Augustine and the Cure of souls*, Notre Dame 2010.

G. KUEN, *Die Philosophie als "dux vitae"*, Heidelberg 1994.

M. KULIKOWSKI, *Late Roman Spain and Its Cities*, Baltimore 2004.

P. LAURENCE, « Proba, Juliana et Démétrias. Le christianisme des femmes de la gens Anicia dans la première moitié du ve siècle », *Revue des études augustiniennes* 48 (2002), p. 131-163.

R. LIM, *Public Disputation, Power and Social Order in Late Antiquity* (« The transformation of the classical heritage » 23), Berkeley 1995.

W. LÖHR, *Basilides und seine Schule*, Tubingue 1996.

W. LÖHR, « Pelagius' Schrift *De natura* : Rekonstruktion und Analyse », *Recherches augustiniennes* 31 (1999), p. 235-294.

W. LÖHR, « Compte rendu de Andreas Kessler, Reichtumskritik und Pelagianismus », *Zeitschrift für antikes Christentum* 5 (2001), p. 171-4.

W. LÖHR, *Pelagius. Portrait of a Christian Teacher in Late Antiquity* (« Alexander Souter Memorial Lectures on Late Antiquity » 1), Aberdeen 2007.

W. Löhr, « Augustin, Pelagius und der Streit um die christliche Lebensform », T. Fuhrer (éd.), *Die christlich-philosophischen Diskurse der Spätantike : Texte, Personen und Institutionen*, Stuttgart 2008, p. 221-243.

W. Löhr, « Augustinus und sein Verhältnis zu Pelagius. Eine Relecture der Quellen », *Augustiniana* 60 (2010), p. 63-86.

S. Matteoli, *Alle origini della teologia di Pelagio. Tematiche e fonti delle expositiones XIII epistularum Pauli*, Pise, Rome 2011

J. Matthews, *Western Aristocracies and Imperial Court A. D. 364-425*, Oxford 2001.

R. A. Markus, *The End of Ancient Christianity*, Cambridge 1990.

J. L. Maxwell, *Christianization and Communication in Late Antiquity. John Chrysostom and his Congregation in Antioch*, Cambridge 2006.

S. van der Meeren, *Exhortation à la philosophie. Le dossier grec : Aristote*, Paris 2011.

G. Morin, « Un manuscrit inconnu et complet de trois des opuscules de l'évêque breton Fastidius », *Basler Zeitschrift für Geschichte und Altertumskunde* 26 (1927), p. 234-241.

J. Müller, *Willensschwäche in Antike und Mittelalter. Eine Problemgeschichte von Sokrates bis Johannes Duns Scotus* (« Ancient and Medieval Philosophy » 40), Louvain 2009.

H. F. North, « The "Acropolis of the Soul" », R. M. Rosen, J. Farrel (éd.), *Nomodeiktes. Greek Studies in Honour of Martin Ostwald*, Ann Arbor 1993, p. 423-433.

F. Nuvolone, A. Solignac, *Pélage et pélagianisme* (« Dictionnaire de Spiritualité » 12/2), Paris 1986, col. 2889-2942.

D. Ogliari, « An Anti-Pelagian Caveat : Augustine's *ep.* 188 to Juliana », *Augustiniana* 54 (2004), p. 203-222.

D. Ogliari, *Pelagio. Epistola a Demetriade*, Rome 2010.

J. J. O'Donnell, *Augustine's Confessions* III, *Commentary on books 8-13*, Oxford 1992.

O. Perler, *Les voyages de Saint Augustin*, Paris 1969.

M.-Y. Perrin, « Le témoignage des ralliés : une arme de la polémique doctrinale entre chrétiens dans l'antiquité tardive », D. Tollet (dir.), *La religion que j'ai quittée*, Paris 2007, p. 65-86.

M.-Y. Perrin, « "The blast of the ecclesiastical trumpet". Prédication et controverse dans la crise pélagienne. Quelques observations », P. Nagy, M.-Y. Perrin, P. Ragon (éd.), *Prédication et controverses religieuses des origines du christianisme au XVIIe siècle. Actes de la journée d'étude du 8 février 2007*, Rouen 2011.

C. Pietri, *Roma christiana. Recherches sur l'église de Rome, son organisation, sa politique, son idéologie de Miltiade à Sixte III (311-440)*, Rome 1976.

G. de Plinval, *Pélage. Ses écrits, sa vie et sa réforme. Étude d'histoire littéraire et religieuse*, Lausanne 1943.

G. de Plinval, *Essai sur le style et la langue de Pélage*, Fribourg 1947.

S. Prete, « Lo scritto pelagiano *De castitate* è di Pelagio ? », *Aevum* 35 (1961), p. 315-322.

S. Rebenich, « Freund und Feind bei Augustinus und in der christlichen Spätantike », T. Fuhrer (éd.), *Die christliche philosophischen Diskurse der Spätantike : Texte, Personen, Institutionen*, Stuttgart 2008, p. 11-31.

B. R. Rees, *Pelagius. Life and Letters*, Woodbridge 1998.

R. F. Réfoulé, « Datation du premier concile de Carthage contre les Pélagiens », *Revue des études augustiniennes* 9 (1963), p. 41-49.

F. Refoulé, « La distinction "Royaume de Dieu – Vie éternelle" est-elle pélagienne ? », *Revue des sciences religieuses* 51 (1963), p. 247-254.

M. Ribreau, « Augustin hérésiologue dans le *Contra Iulianum* », *REA* 55 (2009), p. 189-213.

J.-M. Salamito, *Les virtuoses et la multitude. Aspects sociaux de la controverse entre Augustin et les pélagiens* (« Nomina »), Grenoble 2005.

J. SELLARS, «Stoic Practical Philosophy in the Imperial Period,» R. SORABJI, R. W. SHARPLES (éd.), *Greek and Roman Philosophy, 100 BC-200 AD*, t. I, Londres 2007, p. 115-40.

A. SOLIGNAC, *Autour du* De natura *de Pélage, Valeurs dans le stoïcisme, Du Portique à nos jours (Mélanges en l'honneur de M. le Doyen Spanneut)*, Lille 1993, p. 181-192.

R. SORABJI, *Emotion and Peace of Mind. From Stoic Agitation to Christian Temptation*, Oxford 2000.

R. SORABJI, « What is new on emotion in Stoicism after 100 B. C. ? », R. SORABJI, R. W. SHARPLES (éd.), *Greek and Roman Philosophy, 100 BC-200 AD*, t. I, Londres 2007, p. 163-174.

C. SOTINEL, « La circulation de l'information dans les églises », L. CAPDETREY, J. NELIS-CLÉMENT, *La circulation de l'information dans les états antiques*, Paris 2006, p. 177-194.

A. SOUTER, *A Glossary of Later Latin to 600 A. D.*, Oxford 1957.

A. SOUTER, *Pelagius's Expositions of Thirteen Epistles of St.Paul* I-III, Cambridge 1922 ; 1926 ; 1931.

J. TAUER, « Zur Bedeutung der *intentio auctoris* in der Paulus exegese des Pelagius », *Augustiniana* 56 (2006), p. 261-297.

S. THIER, *Kirche bei Pelagius* (« Patristische Texte und Studien » 50), Berlin – New York 1999, p. 148-149.

C. TIBILETTI, « Moduli stoici in Pelagio *(A* Demetriade*)* », S. BOLDRINI, *Filologia e forme letterarie : studi offerti à Francesco della Corte* V (1987), p. 109-119.

J. B. VALERO, *Las bases antropologicas de Pelagio en su tratado de las Expositiones*, Madrid 1980.

J. B. VALERO, « El estoicismo de Pelagio », *Estudios Eclesiásticos* 57 (1982), p. 39-63.

A. J. VOELKE, *La Philosophie comme thérapie de l'âme*, Fribourg 1993.

A. de VOGÜÉ, *Histoire littéraire du mouvement monastique dans l'antiquité*, t. 5-6, Paris 1998, 2002.

O. Wermelinger, *Rom und Pelagius. Die theologische Position der römischen Bischöfe im pelagianischen Streit in den Jahren 411-432* (« Päpste und Papsttum » 7), Stuttgart 1975.

O. Wermelinger, « Das Pelagiusdossier in der Tractoria des Zosimus », *Fribourger Zeitschrift für Philosophie und Theologie* 26 (1979), p. 336-368.

O. Wermelinger, « Le *tempus medium* selon Pélage », M.-A. Vannier, O. Wermelinger, G. Wurst (éd.), *Anthropos Laikos* (Mélanges Alexandre Faivre), Fribourg 2000, p. 361-368.

J. Wildberger, *Seneca und die Stoa : Der Platz des Menschen in der Welt* I, II (« Untersuchungen zur antiken Literatur und Geschichte » 84), Berlin 2006.

M. Winterbottom, « Pelagiana », *Journal of Theological Studies* 38 (1987), p. 106-129.

Table des matières

N° d'éditeur : 15697

Réalisation : Cécile Guivarch
Service des publications de l'EPHE

Achevé d'imprimer par Corlet, Imprimeur, S.A. - 14110 Condé-sur-Noireau
N° d'Imprimeur : 175132 - Dépôt légal : août 2015 - *Imprimé en France*